O PSICANALISTA, O TEATRO DOS SONHOS
E A CLÍNICA DO *ENACTMENT*

Blucher

KARNAC

O PSICANALISTA, O TEATRO DOS SONHOS E A CLÍNICA DO *ENACTMENT*

R. M. S. Cassorla

O psicanalista, o teatro dos sonhos e a clínica do enactment
© 2015 R. M. S. Cassorla
© 2016 Editora Edgard Blücher Ltda.

2ª reimpressão – 2019

Equipe Karnac Books
Editor-assistente para o Brasil Paulo Cesar Sandler
Coordenador de traduções Vasco Moscovici da Cruz
Revisora gramatical Beatriz Aratangy Berger
Conselho consultivo Nilde Parada Franch, Maria Cristina Gil Auge, Rogério N. Coelho de Souza, Eduardo Boralli Rocha

Blucher

Rua Pedroso Alvarenga, 1245, 4º andar
04531-934 – São Paulo – SP – Brasil
Tel.: 55 11 3078-5366
contato@blucher.com.br
www.blucher.com.br

Segundo o Novo Acordo Ortográfico, conforme 5. ed. do *Vocabulário Ortográfico da Língua Portuguesa,* Academia Brasileira de Letras, março de 2009.

É proibida a reprodução total ou parcial por quaisquer meios sem autorização escrita da editora.

Todos os direitos reservados pela Editora Edgard Blücher Ltda.

FICHA CATALOGRÁFICA

Cassorla, R. M. S.

O psicanalista, o teatro dos sonhos e a clínica do *enactment* / R. M. S. Cassorla. – São Paulo: Blucher, 2016. 312 p.

Bibliografia

ISBN 978-85-212-1124-2

1. Psicanálise 2. Acting out (Psicologia) I. Título

16-1277   CDD 150.195

Índice para catálogo sistemático:
1. Psicanálise

Conteúdo

Prefácio	7
Introdução	13
1. Campo analítico e sonhos-a-dois	23
2. Sonhando sonhos não sonhados	37
3. O teatro dos sonhos	55
4. Não-sonho e *enactment*	79
5. Simbolizando traumas: o *enactment* agudo	89
6. Do baluarte ao *enactment*: modelos intersubjetivos	103
7. *Enactment* e função alfa implícita na análise de configurações *borderline*	121
8. Sonhando objetos bizarros e traumas iniciais: o *continuum* sonho <-> não-sonho	147
9. O que acontece antes e depois do *enactment* agudo: validando fatos clínicos	175
10. Quando o analista se torna estúpido: entre Narciso e Édipo	211

6 CONTEÚDO

11. Édipo, Tirésias e a Esfinge: do não-sonho
às transformações em sonho 235

12. Sonho sem sombras e sombrações não
sonhadas: reflexões sobre experiência emocional 251

Referências 283

Prefácio

Quando Roosevelt Cassorla me convidou para escrever o prefácio deste livro, senti-me honrado pela deferência e quando penso em Cassorla surge uma multiplicidade de ângulos a partir dos quais poderia falar dele à guisa de introdução. Poderia falar do amigo leal com quem troco ideias já há 28 anos! Poderia comentar seus trabalhos, sua carreira acadêmica ou as mil histórias que ouvi dele a respeito de sua vida ou comentar os memoráveis jantares que tivemos com todo o grupo de Campinas em minha casa.

Como não sei que ângulo privilegiar, falarei um pouco de cada um destes aspectos. Mantive durante cerca de 15 anos um grupo em minha casa de campo nas cercanias de Campinas que se reunia uma vez por mês para tratar de temas psicanalíticos. Este grupo de pessoas muito interessadas, competentes e sensíveis é inesquecível e foi fonte de muito prazer para mim. Foi Cassorla que propôs que iniciássemos estes encontros. Eu tinha chegado havia muito pouco tempo de uma estadia de 13 anos na Europa, dos quais 10 na Inglaterra, onde eu e minha mulher Elizabeth fizemos nossa formação psicanalítica. Para mim, este convite foi uma das formas mais sim-

8 PREFÁCIO

páticas de nos dar (a mim e à minha mulher) as boas-vindas, assim como uma expressão de confiança em minha capacidade de aportar algo ao pensamento psicanalítico do grupo de Campinas. Isto aconteceu há muitos anos, num momento em que certos meios psicanalíticos ainda mantinham alguma hostilidade às pessoas recém-chegadas de lugares considerados centros colonizadores, no caso a Inglaterra. Neste contexto, o convite de Cassorla foi mais que boas-vindas, foi também um ato de coragem. Essa coragem caracteriza todo o trabalho de Cassorla, sobretudo no que se refere aos seus trabalhos dos últimos muitos anos dedicados a um tema espinhoso, este "tal de *enactment*" que ele tenta desvendar e aprofundar com sua compreensão e exposição.

Enactment é um termo mais abrangente, embora com algum parentesco, do que *atuação* ou *acting-out*. Durante minha estadia em Londres frequentei um seminário do Professor Joseph Sandler sobre "*Enactment* e/ou *Acting Out*" e ele definia jocosamente estes conceitos como compreendendo tudo aquilo que o paciente fazia e que o analista não gostava e que se aplicava também ao analista quando este fazia coisas que a IPA criticaria (Joseph Sandler era presidente da IPA nessa época). Era uma brincadeira, claro, mas nesta estava contida a advertência de que estávamos pisando num terreno minado e trabalhávamos com um conceito fronteiriço do que poderia ser considerado uma violação ética de fronteiras. Daí a necessidade de certa coragem para aprofundar seu estudo. Cassorla o faz com maestria e sensibilidade. Estas qualidades se manifestam de cara, no próprio título de seus artigos, títulos que são frequentemente provocativos e instigantes e por isto convidam à leitura e à reflexão. Recordemos alguns destes trabalhos: "Reflexões sobre não-sonho-a-dois, *enactment* e a função alfa implícita do analista"; "Quando o analista torna-se estúpido: uma tentativa de entender o *enactment* usando a teoria do pensar de Bion"; "Do baluarte ao *enactment*: o não-sonho no teatro da análise"; "O que acontece antes e depois do *enactment* agudo..." etc.

Talvez o que melhor caracteriza a psicanálise contemporânea, em contraste com o que ela propunha inicialmente, é um foco nos processos intersubjetivos, e em decorrência desta aproximação, uma forma de interpretar que incorpora a *escuta* analítica e o processo subsequente que ocorreu em nossas mentes como função desse tipo particular de abordagem. Nessa caracterização da psicanálise fica claro que não mais podemos ignorar o impacto que o paciente tem sobre o analista e este sobre o paciente como resultado direto de seu método. Cassorla investiga estes processos e as maneiras pelas quais eles se manifestam, e no decorrer de sua abordagem cunha conceitos que vieram para ficar por serem instrumentos de compreensão muito esclarecedores de como operam os processos mentais do par analista-paciente. Dentre estes conceitos podemos citar *"enactment crônico"*, *"enactment agudo"*, *"não-sonho-a-dois"*. Cassorla hoje é um autor de conceitos que faz parte da bagagem da cultura internacional da psicanálise.

Neste livro veremos um conjunto de reflexões ilustradas com abundante material clínico sobre essa complexa interação e impacto mútuo que ocorre numa relação analítica e que demanda reflexões aprofundadas, dada suas extensas implicações. A maneira de o paciente se relacionar conosco a partir de sua presença e a seguir de sua fala tem um efeito sobre nós – seja sob a forma de sentimentos vividos, pensamentos evocados, sensações corpóreas, desejos que se delineiam, estados de espírito que se impõe, às vezes agradáveis, outras fortemente desagradáveis – e sugere a existência de um fenômeno peculiar em curso. Sendo a psicanálise uma forma de relação única, esta não pode evitar indagar sobre o que fazer com estas experiências. Ignorá-las? Considerá-las fruto de idiossincrasias pessoais?

10   PREFÁCIO

Considerá-las manifestações neuróticas e assim, descartá-las? Buscar entendê-las como formas de comunicação operadas por um intenso tráfico de identificações projetivas, que nos conta algo sobre o paciente e parte do contexto relacional vivido? Como processá-las? Deveríamos nos tornar atentos observadores do que se passa em nosso mundo interno e tentar colocar em palavras os sentimentos despertados em nós pela presença do paciente?

Pierre Fédida (1991), refletindo a partir da apropriação francesa do conceito de contratransferência e preocupado com a possibilidade de transformação da psicanálise numa psicologia da comunicação e/ou das relações interpessoais, adverte para a necessidade de construirmos uma metapsicologia da contratransferência. No caso esta teria como modelo a metapsicologia do sonho e, sobretudo *a lógica que articula o trabalho onírico*. O alvo de sua crítica ao fazer esta reflexão, era a descrição dos fenômenos contratransferenciais em termos limitados aos processos de comunicação em curso associados no mais das vezes *apenas* aos pensamentos latentes ocultos, deixando para um segundo plano a problemática *dos cenários inconscientes que estavam sendo atuados na relação com o analista*. Em consequência de uma abordagem cada vez mais abrangente dos processos contratransferenciais, passamos a buscar desvendar os fenômenos intersubjetivos presentes na sessão analítica.

René Roussillon em diversas falas no último congresso da IPA sublinhou que a psicanálise moderna está mais voltada para compreender processos psíquicos complexos e a partir destes elaborar conceitos metapsicológicos que nos permitam melhor compreender a clínica atual.

Roosevelt Cassorla ao estudar o *enactment* insere este conceito no quadro de preocupações acima referido. O *enactment* não se resume a um ato ou a uma resposta, mas *refere-se a um processo complexo* e frequentemente longo que se manifesta clinicamente, mas se constitui igualmente num conceito metapsicológico.

As ideias de Cassorla foram profundamente discutidas pelo Comitê de Investigação Clínica da IPA, num Relatório apresentado no Congresso do México, em 2011. Seu autor, Donald Moss (2011), escreve:

> *Cassorla offers us his vision. The vision is deep and elaborate, a thick mix of developmental, structural, and clinical dimensions. The vision is, in my view, quite beautiful, reminiscent, I think, of the kind of beauty available in some Renaissance paintings – iconography and technical mastery combining to produce a picture of extraordinary narrative force and conviction. [...] Cassorla brilliantly generates a clinical/conceptual molecule by which he can simultaneously ask and answer a set of questions posed by way of a moment of clinical surprise.*[1]

Cassorla recebeu vários Prêmios por suas investigações. Entre eles o Parthenope Bion Talamo Prize (Boston, 2009) e o IPA Best Research Prize on Symbolization (Praga, 2013).

Como Professor Cassorla não limitou sua contribuição às Sociedades de Psicanálise e desde cedo desenvolveu uma profícua carreira acadêmica. Tornou-se Professor Titular da Universidade Estadual de Campinas onde implantou trabalhos com a comunidade e a Pós-Graduação "strictu senso" em Saúde Mental. Foi também Professor Titular da Pontifícia Universidade Católica de Campinas e tem co-

12 PREFÁCIO

laborado como Assessor na Pontifícia Universidade Católica do Rio Grande do Sul, na Universidade de São Paulo e na Universidade de Uberaba.

Finalizo dizendo que a leitura deste livro não apenas nos ensinará muito mas também nos proporcionará grande prazer fruto do estilo agradável e profundo do Professor Roosevelt Cassorla.

Boa leitura.

Elias Mallet da Rocha Barros

Nota

1. "[...] Cassorla nos oferece sua visão. É uma visão profunda e elaborada, um espesso conjunto de dimensões envolvendo desenvolvimento, estrutura e clínica. Em minha opinião sua visão, muito bonita, lembra – penso eu – esse tipo de beleza disponível em algumas pinturas-iconografias da Renascença que, combinadas com maestria clínica, produzem um quadro de extraordinária força narrativa e convicção. [...] Cassorla brilhantemente gera uma molécula clínica/conceitual através da qual ele pode, ao mesmo tempo, fazer e responder um conjunto de questões que surgem a partir de um momento de surpresa clínica".

Introdução

Psicanálise é uma "coisa de dois". Ainda que essa afirmação, cunhada por Grinberg (1996), pareça óbvia, ela contraria certas ideias que supõem que o analista "analisa o paciente". A análise envolve a participação de ambos os membros da dupla analítica e esse fato vem sendo abordado, em profundidade, pela psicanálise contemporânea. Tanto paciente como analista se envolvem emocionalmente nos encontros e desencontros que ocorrem durante as sessões. O analista, utilizando sua intuição analiticamente treinada, ao mesmo tempo que participa das trocas emocionais, toma distância do que está vivendo, observando o que ocorre entre os dois, e imagina o que pode ser feito dessas observações para que ocorra desenvolvimento. O paciente, por sua vez, aprende emocionalmente com suas experiências. Aos poucos, as contribuições pessoais de paciente e analista se mesclam e a dupla se encontra com produtos do campo analítico, frutos da relação intersubjetiva.

A impressão que a psicanálise se dedica a conhecer o inconsciente do paciente, avança para o estudo dos fenômenos que se apresentam no campo analítico, fatos inconscientes deformados,

14   INTRODUÇÃO

como fenômenos da transferência/contratransferência. Mais um passo e o analista percebe que deve valorizar o que acontece dentro dele – analista. O analista sempre soube que deve conhecer-se para poder ser analista. Esse autoconhecimento, da pessoa real ou singular que ele é, o protege da realização de fantasias contratransferenciais, mas tem também relação com o conhecimento de sua mente, seu instrumento de trabalho.

O analista pode imaginar que está em contato com o que ocorre no campo analítico, mas logo se dará conta que somente tem acesso à sua própria mente, isto é, à forma como as percepções, sentimentos e intuições relativas ao campo analítico é representada dentro de si. Observando a si mesmo estará percebendo os reflexos daquilo que captou da relação com seu paciente. À medida que sua capacidade de observação se desenvolve, maior contato terá com os fatos intersubjetivos, a "coisa de dois". Este é um dos motivos que têm levado a psicanálise a interessar-se cada vez mais pela pessoa do analista, em particular os fatos que tornam este analista similar e, ao mesmo tempo, diferente de todos os outros analistas. Cada dupla analítica, cada análise, será totalmente diferente das demais, ainda que fatos comuns existam. Esses fatos comuns permitem que nossa arte se aproxime do conhecimento científico hegemônico, mas as peculiaridades individuais nos levam para outros conhecimentos, mais necessários e interessantes, que fazem parte da ciência-arte da psicanálise.

Neste livro pretendo dividir com o leitor experiências emocionais que ocorrem no campo analítico. Essa expressão – experiência emocional – já revela pressupostos do autor. Que seres humanos se constituem e desenvolvem a partir de experiências e que essas experiências são de ordem emocional.

A escrita científica não é suficiente para representar essas experiências. Elas apenas são. Comunicação artística, por outro lado, é limitada pelo meio de expressão e por deficiências do autor. O leitor frente a um livro, assim como o psicanalista, somente pode perceber o que está vivenciando observando a si mesmo, enquanto lê e, posteriormente, quando o produto da leitura estiver decantado. Espera-se que, se ele for psicanalista, o texto reverbere dentro dele – sentindo que o que está lendo não lhe é estranho, ainda que não o conheça. Assim como o processo analítico, a leitura é fator de emoções. Esta proposta segue uma ideia maior: que o pensar é um processo emocional. Autores contemporâneos a tem desenvolvido influenciados, cada qual à sua maneira, por Bion.

As variadas emoções podem ser conhecidas a partir de três emoções básicas: amar, odiar e conhecer. Os vínculos humanos se valem dessas emoções, tanto positivas como negativas. A negatividade implica em transformações onde a capacidade de vinculação dessas emoções é atacada. O desejo de conhecer é substituído pelo desejo de desconhecer ou provocar mal-entendidos. A idealização e a superproteção, quando negativos do amor, e a hipocrisia, como negativo do ódio, somadas ao mal-entendido, podem predominar sobre os vínculos positivos. Nesse caso o pensar que acompanha a crítica criativa se torna impossível.

Por outro lado experiências emocionais somente podem ter sentido, ou significado, se for possível representá-las. Para isso a mente aciona sua capacidade de simbolização. Ao escrever busco transformar experiências emocionais relativas a fatos e conhecimentos psicanalíticos, em símbolos verbais que, por sua vez, estão sendo transformados em símbolos da escrita. Se tiver sucesso posso transferir minhas ideias aos colegas. O termo transferir implica tanto o conceito psicanalítico, como a comunicação comum entre seres humanos (Cassorla, 2012b).

Portanto, o leitor está frente a transformações de experiências emocionais efetuadas pelo autor, transformações essas cujo sentido será

16   INTRODUÇÃO

criado por ele mesmo – o leitor – a partir de suas próprias experiências e conhecimentos. O leitor psicanalista praticante terá mais facilidade para tal. O leitor não praticante poderá vencer as dificuldades.

Diferencio a experiência analítica das variadas teorias que, ao mesmo tempo, facilitam e dificultam o contato com a experiência emocional. A aversão por teorias totalizantes é uma característica da psicanálise contemporânea, mais ainda quando elas se tornam rígidas, dificultando que analista e paciente se tornem "si mesmos". Análise teórica pode tornar-se adaptativa às expectativas conscientes ou inconscientes da teoria do analista. Não se deve esquecer que teorias são construções hipotéticas que buscam organizar fatos clínicos e iluminam sua compreensão, e que devem ser modificadas ou descartadas sempre que necessário. Caso contrário, configuram um suposto saber alucinatório que obstrui o contato com o desconhecido. Teorias explícitas (com o nome de determinados autores) podem servir para criar a ilusão de identidade grupal transformando-se em fatos dogmáticos. Os analistas que questionam os dogmas são considerados inimigos. Guerras "religiosas" ocorrem dentro da psicanálise da mesma forma que nas demais áreas científicas e humanas.

Esses fatos tendem a diminuir graças aos desenvolvimentos da psicanálise e aos questionamentos efetuados a posturas autoritárias. A transição tem sido lenta em algumas culturas psicanalíticas, mas a tendência é que cada psicanalista se reconheça em sua identidade própria, fruto de sua experiência e reflexões. Será essa identidade que permitirá que ele dialogue, criativamente, com seus colegas, cada um com sua identidade própria. Entre eles existe algo em comum: a psicanálise, um corpo de conhecimentos, práticas e métodos de investigação, com invariantes que unem os diferentes vértices teóricos e práticos. Esse diálogo pode ser difícil, em alguns momentos, devido a diversos enfoques conceituais, mas sempre é possível quando se lida com a prática, a clínica, o campo comum a todas as teorias.

Além das teorias explícitas o analista se vale de teorias implícitas que vai criando, inconscientemente, frente às experiências emocionais da dupla. As teorias implícitas vão muito além da suposta teoria explícita que o analista acredita utilizar, e por vezes, vai em direção oposta, mas o analista não se dá conta do fato. A identificação e compreensão das teorias implícitas fazem parte do processo analítico. Comumente o analista se vale do diálogo com seus colegas para identificá-las. É impossível ser psicanalista sem a troca de experiências com outros colegas, porque o desconhecido somente se revela na intersubjetividade.

A comunicação entre analistas, incluindo a publicação científica, decorre dessa necessidade. Neste livro busco descrever a experiência clínica utilizando o mínimo de construções teóricas. Esse mínimo é indispensável para a comunicação científica e artística e poderá causar estranheza aos leitores habituados a digressões teóricas. O autor aposta que os riscos de simplificar são menores que os de saturar o leitor. Evidentemente o leitor se dará conta das preferências teóricas do autor. Este, por sua vez, tem certeza que elas seriam outras, se vivesse em outras culturas e épocas e se tivesse tido a chance de conviver com outros mestres. Construções teóricas decorrem não somente de características pessoais de cada analista, mas de fatores aleatórios, socioculturais e históricos.

O autor espera e deseja que os leitores possam construir suas próprias hipóteses teóricas a partir de sua experiência. Este é um motivo para a ênfase no material clínico. Alguns psicanalistas desprezam os relatos clínicos vistos como artifícios para justificar as ideias do autor. O relato do material incluiria deformações que levam o leitor para onde o autor deseja. Estas considerações devem ser levadas em conta. Por outro lado, sabemos que o paciente deseja levar seu analista para onde ele imagina que vai inibir seu sofrimento, ainda que bloqueie seu desenvolvimento. Todo psicanalista ou leitor psicanalista sabe disso. O analista, frente ao material clínico, compara consciente e inconscientemente fatos que vivencia, com sua própria experiência e o resultado – tanto na análise, como na leitura – será a criação de novos fatos, novas experiências que, em seguida serão validadas ou invalidadas. Análises ou textos que são idealizados pelo paciente – ou pelo leitor – remetem a discursos indutores que, aparentando desenvolver o pensamento, em geral o bloqueiam. O risco de que isso ocorra com relatos clínicos não existe quando o leitor é analista praticante.

Um problema sempre presente, para o autor psicanalista, é como relatar material clínico mantendo o sigilo ético. Para tal, ele pode valer-se da autorização do paciente, o que deve ocorrer muito tempo após a análise ter sido concluída. Isto ocorre facilmente quando o paciente também se dedica à psicanálise. Todo psicanalista sabe que essa solicitação pode não ser inócua. Mais comumente o autor deforma o material, de forma que ele seja transformado em vinhetas, cenas e trechos de uma história hipotética. Nada muito diferente do que faz um romancista. Sabemos que a literatura de ficção, muitas vezes, relata fatos da vida com mais sucesso que histórias reais, quando o autor consegue transmitir em forma genuína as emoções envolvidas. O autor psicanalista tenta fazer algo parecido, mesmo que lhe falte a vertente literária. Dessa forma, o leitor deverá ver o material clínico como fatos da vida, que foram construídos de forma a manterem invariância com fatos clínicos. São frutos de experiências clínicas, supervisões, seminários clínicos e fatos da vida do analista. Algumas das transformações efetuadas seguiram sugestões de Gabbard (2000).

O autor imagina que os parágrafos anteriores fizeram sentido ao leitor. Esse "imaginar" é uma fantasia do autor. O estudo dessa fantasia sugere algumas possibilidades:

O autor (A) poderia supor que o leitor (L) percebe e vivencia a realidade que ele comunica da mesma forma que ele, o autor, a vivencia. Neste caso a "imaginação" do autor é que, nessa área a mente de L é similar à de A. Essa relação pode ser representada por 1+1=1. Trata-se de uma relação indiscriminada, dual, não havendo separação entre *self* e objeto.

Em certo jargão psicanalítico se diz que A projeta e identifica partes ou aspectos de sua mente (representadas pelas ideias do texto) em L. Os termos transferência e identificação projetiva fazem parte do jargão. Suponhamos, porém, que a saúde mental de A não esteja perturbada e que ele saiba que a "imaginação" de que L vai vivenciar os fatos comunicados de forma similar a ele, A, é apenas uma hipótese, suposição, preconcepção. Sabe das limitações de sua hipótese, porque L nunca poderia vivenciar os fatos da mesma forma que A, por ser outra pessoa. A esperança de A é, somente, que L compreenda o que está desejando comunicar, da forma que for possível a L.

A certeza de que L, por ser outra pessoa, terá vivências diferentes, abre as possibilidades de que A suporte a frustração de não ter seu texto compreendido, da forma que ele imagina ou desejaria. Terá que lidar com seus aspectos narcísicos, mais ainda se for criticado. Se isso for possível A se beneficiará do fato de L ser outra pessoa. É a diferença que promove fertilização e novas ideias.

Caso o autor (A) tome seu texto como se fosse um sonho sonhado desperto, poderá tomar a crítica como um sonho do leitor (L) que está ressonhando seu sonho (do autor). O autor poderá, então, ressonhar o sonho do crítico e assim por diante, constituindo-se criativos sonhos-a-dois, que ampliarão o alcance das ideias do texto. Nesta situação o autor mantém sua capacidade de sonhar e pensar sendo capaz de viver na realidade triangular onde *self* e objeto, discriminados, têm mente própria. Podemos

20   INTRODUÇÃO

representar esta situação como 1+1= 3. O número 3 representa ele mesmo e todos os números posteriores. As mentes de A e L se modificam, cada qual de seu jeito, e temos pelo menos dois textos que ao se fertilizarem resultam em novos textos, e assim por diante.

O contrário ocorrerá, se a parte psicótica do autor predominar. Ao confundir seu texto com seu *self* vivenciará as críticas como ameaça de aniquilamento de si mesmo. Nessa situação o autor poderá ser dominado por uma espécie de delírio, não-sonho, em que tomará o leitor crítico como um inimigo pessoal. A relação dual, antes idealizada (quando A imaginava que L vivenciaria os fatos da mesma forma que ele), se transforma em persecutória. A triangularidade é destruída.

A questão da idealização remete à possibilidade do autor vivenciar seu *self* como inseguro e frágil. Pode projetar sua necessidade de proteção no leitor, que se tornará idealizado. A possível crítica desse leitor será aceita sem pensar. A necessidade de agradar, de fazer L=A, faria o autor atacar sua capacidade de pensar. Não suportando 1+1=3 mantém a configuração 1=1=1.

As situações descritas são similares às que podem ocorrer entre os membros da dupla analítica. Em áreas de simbolização possível, paciente e analista "sonham", cada qual a seu modo e também em conjunto, o que ocorre no campo analítico. Existe discriminação entre *self* e objeto, isto é, possibilidade de triangulação edípica. É possível a transformação de (1+1= 1) em (1+1=3). É importante que essas configurações oscilem, isto é, que (1+1=1 <-> 1+1=3). A identificação dual provisória é necessária e antecipa a discriminação triangular. E, a discriminação triangular deve permitir novas identificações, isto é, relações duais provisórias. Portanto, em área de sonho e pensamento (não psicótica) a função primordial da identificação projetiva é comunicar estados emocionais em forma simbólica, havendo discriminação *self*-objeto.

Quando o paciente não suporta a triangularidade mantém-se a configuração 1+1=1, ou se reverte desesperadamente a ela. Há uma importante diferença entre a situação autor-leitor e paciente--analista. Nesta última, graças aos dispositivos do enquadre analítico, estimula-se a identificação projetiva. O paciente imagina – inconscientemente – que o analista é uma parte de si mesmo, ainda que conscientemente saiba que é outra pessoa.

O modelo acima, no entanto, é mais complexo. Isso porque o analista também coloca, inconscientemente, objetos internos e partes de sua mente, dentro de seu paciente. Esses aspectos, comumente, são ativados ou estimulados pelas identificações projetivas do paciente. A análise pessoal, as supervisões e o contato com outros analistas têm por função tornar os aspectos próprios do analista melhor conhecidos, de forma a que não interfiram no trabalho analítico. No entanto, essa interferência é inevitável e o melhor que o analista pode fazer é aproveitá-la ainda que isso ocorra posteriormente, num "segundo olhar", numa "escuta da escuta" ou ao recuperar-se de uma catástrofe psicológica que ameaçou destruir o campo analítico.

Imagino que o leitor que ainda esteja debruçado, pacientemente, sobre esta Introdução aguarda saber "O que é afinal, esse tal *enactment*?". Esse é o título de um texto dedicado a curiosos analistas em formação (Cassorla, 2013c). Os parágrafos anteriores, sobre relações duais e triangulares introduzem o tema.

A psicanálise vem se dedicando ao estudo profundo de situações complexas, onde organizações resistenciais imperceptíveis atacam a capacidade de sonhar e pensar. O analista entra em contato com essas áreas, quando se defronta com relações duais, indiscriminação *self*-objeto, das quais não se dá conta. Constituem o que será chamado *enactments crônicos*. Quando essa relação se desfaz bruscamente, o campo analítico é traumatizado devido à dificuldade de viver na realidade triangular. Esses fatos são chamados *enactments agudos*. Nos capítulos deste livro serão discutidos origens, fatores, dinâmica, consequências e teorias sobre esses fatos. Seu estudo nos levará, obrigatoriamente, a abordar aspectos da teoria e técnica psicanalítica, quando lidamos com pacientes de difícil acesso. Além da clínica contaremos com o auxílio de modelos artísticos e míticos.

Algumas das ideias principais deste livro já foram publicadas em revistas científicas, originalmente em inglês. Os textos foram modificados para esta publicação. O núcleo principal, que discute progressivamente os fatos clínicos e sua teorização, constituem os capítulos 5, 6 e 7. Eles foram baseados nos seguintes trabalhos citados nas Referências, ao final do livro, como Cassorla 2001, 2005a,2008a e 2009a. A validação clínica internacional das hipóteses, levantadas nesses capítulos, se encontra no capítulo 9, baseada em Cassorla 2012a. O capítulo 10, que introduz o tema "estupidez" foi modificado de Cassorla 2013b, 2013d, 2014d. O capítulo 3, que aborda modelos artísticos para os fatos que ocorrem no campo analítico, é baseado em Cassorla 2003 e 2005b. O capítulo 11 se reporta a modelos literários de histórias míticas para descrever experiências emocionais e se baseiam em Cassorla, 2008b, 2010a, 2010b. Outras formas de simbolizar experiências emocionais se encontram no capítulo 12, modificado de Cassorla 2012c.

Caso o leitor leia os capítulos do livro em sequência se deparará com algumas repetições de ideias abordadas em capítulos anteriores. O autor tem a esperança que o leitor as considere toleráveis. É possível, como ocorre na clínica psicanalítica, que repetições – por fazerem parte de novos contextos – possam ampliar a compreensão delas mesmas.

1. Campo analítico e sonhos-a-dois

A psicanálise ocorre entre duas pessoas. O paciente busca revelar-se em sua subjetividade ao analista, ainda que isso possa ser difícil. O analista, por sua vez, participa do processo analítico acolhendo e interpretando o que o paciente revela e/ou esconde. Discute-se se o analista se dedica a compreender objetivamente o funcionamento mental de seu paciente, ou se ele vive, subjetivamente, experiências emocionais que surgem no encontro. Isto é, o quanto o analista será objetivo ou subjetivo. Encontramos dois hipotéticos extremos: no primeiro teremos um ideal de analista *objetivo*, que não se envolve com seu paciente, observando o material de fora, como um frio cientista no laboratório. No outro extremo o analista que desiste de qualquer objetividade e se fixa naquilo que *sente*, acreditando que esse *sentir* é o único instrumento confiável para sua atividade.

Para a psicanálise o paradigma objetivo <-> subjetivo é limitante. Analista e paciente se envolvem emocionalmente um com o outro e essa turbulência faz parte das relações humanas. Importa que o analista seja capaz de deixar-se levar pelo que está ocorrendo no campo analítico, ao mesmo tempo que observa minuciosamente os fatos dos quais participa. Portanto, o analista busca objetivar para si mesmo aquilo que vivencia subjetivamente.

Consideramos como *campo analítico* (Baranger & Baranger, 1961-1962), o espaço/tempo onde ocorre o processo analítico. Ambos os membros da dupla analítica se influenciam mutuamente e nada ocorre com um deles que não repercuta no outro. Estes fatos estão relacionados com a ideia de transferência como situação total. Klein (1952) afirma que para "[...] desenredar os detalhes da transferência, é essencial pensar em termos de *situações totais* transferidas do passado para o presente, bem como em termos de emoções, defesas e relações de objeto." (p. 78, grifos da autora). Betty Joseph (1985) postula que *situação total* é "[...] tudo aquilo que o paciente traz para a relação." (p. 163). Ela nos diz que isso pode ser aferido focalizando nossa atenção naquilo que está acontecendo dentro da relação, compreendendo "[...] como nossos pacientes agem sobre nós para que sintamos coisas pelos mais variados motivos; como tentam nos atrair para seus sistemas defensivos; como atuam [*act out*] inconscientemente conosco na transferência, tentando fazer com que atuemos [*act out*] com eles; como transmitem aspectos de seu mundo interior, desenvolvidos desde a infância – elaborados na vida infantil e adulta, experiências muitas vezes para além da utilização de palavras, que frequentemente só podemos apreender através de sentimentos provocados em nós por meio de nossa contratransferência, usada no sentido amplo da palavra" (p. 163).

Essa autora nos chama a atenção, detalhadamente, para aquilo que os pacientes inconscientemente fazem com o analista. É evidente que este somente poderá *captar as experiências*, ou *apreender através de sentimentos*, se esses aspectos puderem ser pensados pelo analista. Coloco aqui o termo *pensar* como a transformação dessas experiências, pelo profissional, em algo simbólico, isto é, que tenha qualidade psíquica. E, o primeiro passo do pensar será *sonhar* essas experiências.

Neste momento nos encontramos com o que Bion (1962b, 1992) chama *trabalho de sonho alfa* ou simplesmente *função alfa*, uma função mental hipotética que transforma elementos brutos (aqueles que não adquiriram qualidade psíquica), chamados *elementos beta*, em *elementos alfa*. Os elementos beta não podem conectar-se, vincular-se uns aos outros, e por isso, não podem ser utilizados para o sonhar, o pensar, a memória. O contrário ocorre com os elementos alfa, que já têm qualidade psíquica e constituem a matéria prima para os sonhos. A vinculação de elementos alfa constitui uma barreira de contato, isto é, uma barreira que separa e, ao mesmo tempo, comunica consciente com inconsciente.

O sonhar ocorre tanto quando dormimos, como na vida inconsciente de vigília. A ideia ampliada de sonho inclui os sonhos diurnos e os sonhos noturnos, fatos da categoria C da grade (Bion, 1977). No caso dos sonhos que ocorrem durante o sono, podemos ter algum acesso a seu conteúdo latente, a partir da compreensão do conteúdo manifesto que continua com associações, imagens atraídas ou em sequência ao relato do sonho noturno. Isto é, o sonho continua sendo sonhado quando se está acordado. Em relação ao sonho ou pensamento inconsciente da vigília, seu conteúdo latente tenta manifestar-se através dos devaneios, imagens visuais que passam pela mente do sonhador acordado, principalmente se este se mantiver num estado de suspensão de desejo e memória. O conceito de identificação projetiva auxilia a compreender o que ocorre no campo analítico. O paciente, em fantasia, coloca partes do *self*, objetos e suas relações, dentro do analista, que é visto de maneira deformada, como que contendo aspectos do paciente. No entanto, se essas identificações projetivas forem patológicas, massivas, elas agem para além da fantasia, invadindo o receptor e podendo controlá-lo por dentro. O analista é recrutado a ser parte do paciente, sendo compulsoriamente forçado a atuar os aspectos projetados.

No modelo bioniano continente-contido (Bion, 1962b) a compreensão desses fatos se amplia. Se a função alfa está prejudicada, e o continente não é capaz de transformar percepções externas e internas em algo passível de pensamento, estamos frente a configurações disfuncionais onde a dupla analítica não pode sonhar e pensar adequadamente. Resultam situações de esterilidade ou enrijecimento do pensamento que podem ser nomeadas *não-sonhos*, matéria prima para o que será descrito adiante como *enactment*. Os não-sonhos são constituídos por configurações que se comportam como elementos beta, buscando descarga. O *não*, qualificativo, indica que se trata de um sonho potencial que não ocorreu, mas que poderá ser sonhado caso encontre uma mente continente, sonhante, pensante. A dificuldade em sonhar e pensar ocorre no que Bion (1957, 1962a) denomina parte psicótica da mente. Ela se estende para áreas traumatizadas arcaicas e áreas sem representação (Cassorla, 2009a, 2014a), que podem ser superpostas, de alguma forma, ao inconsciente não reprimido da segunda tópica freudiana (Freud, 1923; Bollas, 1992; Sapisochin, 2007).

Os elementos alfa constituem o primeiro nível de significação, um esboço de pensamento em imagens, que ao se vincularem entre si constituem o pensamento inicial. Os símbolos imagéticos buscam símbolos verbais. Quando há sonho é porque essa simbolização já está ocorrendo.

Recordemos que símbolos são elementos que permitem lidar com a realidade em sua ausência e se caracterizam pela capacidade de vinculação, de se articularem em redes, em tramas simbólicas, cujas conexões ampliam a capacidade de pensar. Por exemplo, uma palavra ouvida numa língua estranha, ao não ter significado não pode entrar em qualquer rede simbólica. Não ocorre pensamento. O contrário ocorrerá se soubermos sua tradução à nossa língua, sua palavra-símbolo, que atrairá outros símbolos, entrando na trama simbólica. Outro exemplo: neste texto, a palavra *alfa* não passaria de uma letra grega, sem significação, a não ser que ela se conecte à trama simbólica sobre a teoria do pensamento de Bion. Há, também, que lembrar que essas redes simbólicas não representam o pensamento, elas *são* o pensamento, e sua capacidade de conexão faz com que se criem novas possibilidades, novos pensamentos.

Deficiência da função alfa fará com que os símbolos percam suas funções. As redes simbólicas não se formam adequadamente, se desfazem ou ocorre um estancamento em que as supostas ideias se enrijecem. Este último fato ocorreria, por exemplo, se o termo *função alfa* fosse usado, não como uma hipótese para ampliar a capacidade de pensar, mas como uma crença irrefutável, inabalável, certeza final. Nesse caso serviria para *não pensar* e quando surgisse na mente faria parte de um *não-sonho*. O paciente externaliza, no campo analítico, esses aspectos não simbolizados, através de afetos, sons, atos não pensados, crenças, sintomas e vazios, descargas essas que podem invadir o analista, através de identificações projetivas massivas. Elas estimulam mais seu sentir que seu ouvir. São não-sonhos que, potencialmente, poderão ser transformados em sonhos por um analista com função alfa disponível.

A situação descrita acima, em que o termo *função alfa* se torna uma crença, transformação em alucinose (Bion, 1965), deixando de ser um símbolo utilizável, um pensamento, demonstra o que se chama *reversão da função alfa* (Bion, 1963), destruição de formação simbólica. Aquilo que antes serviria como pensamento se transforma em algo sem essa capacidade, que funciona em forma similar a elementos beta.

28 CAMPO ANALÍTICO E SONHOS-A-DOIS

Dessa forma, fazem parte do não-sonho tanto elementos que nunca adquiriram pensabilidade, como aqueles, produto da reversão da função alfa, e que se manifestam como somatizações, sintomas, *actings*, crenças, delírios e alucinações e qualquer outra forma de não-pensamento. Caper (1997) diferencia uma função alfa sintética, que lida com estados não mentais (sensações e percepções brutas) e uma função alfa analítica que lida com estados mentais insuportáveis, isto é, delírios, alucinações, objetos bizarros, ódio moralista etc., produtos da reversão da função alfa, ou de uma hipotética função antialfa (Sandler, 1997).

O processo onírico implica um trabalho de elaboração de experiências emocionais que buscam expressão através de imagens, isto é, figurabilidade. A migração para a figurabilidade (Freud, 1900) ocorre numa atmosfera afetiva que inconscientemente determina o sonho, produzindo-se imagens que captam e expressam as formas iniciais de constituição do significado dessas experiências, numa espécie de metabolização da vida emocional (Barros, 2000). Com esse autor, chamamos pictograma afetivo à primeira forma de representação mental de experiências emocionais que constitui o início do pensamento onírico. Podemos dizer que a função alfa pictografa as experiências sem significação. O pictograma afetivo contém, potencialmente, no processo de sua constituição e na própria figuração, significações ocultas e ausentes, que pressionam a mente a ampliar seus instrumentos de representação.

O analista é chamado a responder a essa pressão, com sua mente, a contracenar com os elementos imagéticos colocados em cena. Correndo os riscos de engolfar-se nessa pressão, sua função será tentar desvendá-la, mostrando e criando significados, rumo a novas formas de representação, principalmente pelas palavras – símbolos por excelência. Num primeiro momento, ou mesmo depois, é possível que ele também não as encontre, e a cena continuará numa busca de significação, até que símbolos verbais surjam. Estes atraem novos símbolos, sensoriais, imagéticos e principalmente verbais, ampliando os significados. Com isso se alarga o universo mental, abrindo a experiência para novas conexões simbólicas, novos significados, maior desenvolvimento emocional e riqueza do trabalho da dupla. Cenas e enredos que ocorrem no teatro da análise, se ampliam e sofisticam, e isso nunca se completa, numa ampliação contínua do mundo interno.

Nesse modelo nos defrontamos com um trabalho, o esforço de uma mente, de uma personalidade, em dar sentido ao mundo. Quando nos referimos à transformação em imagens pictográficas manifestadas no campo analítico consideramos que já ocorreu certo grau de simbolização. Pelo menos aquela possível para a constituição dessas imagens e enredos. O paciente pode sonhar e a função do analista será sonhar, em outras vertentes, o sonho que o paciente sonha. Isto é, o analista ressonha o sonho, e, ao captar novos significados amplia a trama simbólica. Neste momento estamos em área não psicótica, com simbolização possível.

Quando lidamos com área psicótica e traumática não é possível sonhar e o paciente nos trará não-sonhos para serem sonhados pelo analista. Em resumo, em área não psicótica ressonhamos o sonho do paciente, e em área psicótica tentamos sonhar o não--sonho do paciente.

Um não-sonho, por vezes, pode simular um sonho – no entanto, ele é identificado como falso porque se repete, estereotipado, e parece recrutar o analista a não sonhá-lo. Será estático, sem movimento no enredo, ou com um pseudomovimento paralisante. Os sonhos traumáticos têm essa característica enquanto não são sonhados (Cassorla, 2005b).

30 CAMPO ANALÍTICO E SONHOS-A-DOIS

Por exemplo, Helen Keller viveu o trauma de lesão neurológica com cegueira e surdez, aos 19 meses de idade. A descrição que se segue não é muito diferente da relatada por pacientes que vivenciaram áreas psicóticas e traumáticas de não-sonho, quando recuperados. "Vivia num mundo que era um não mundo [...]. Eu não sabia que não sabia nada, que vivia, agia ou desejava. Não tinha nem desejo nem intelecto. Era conduzida entre os objetos e atos por um certo ímpeto natural cego. Tinha uma mente que me fazia sentir fúria, satisfação, desejo. Estes dois fatos levaram a supor que eu desejava e pensava. [...] Nunca vi nada de antemão ou o escolhi. Também ressalto que nunca num gesto ou numa batida de coração senti que amava ou cuidava de algo. Minha vida interior, então, era sem atrativo, sem passado, presente ou futuro, sem esperança ou antecipação, sem interrogante, prazer ou fé" (Keller, 1902, p. 141).

O sonho-a-dois

A partir das considerações efetuadas, impõe-se o fato de que a situação analítica se constitui num *sonho-a-dois* (ou, se o processo analítico não se desenvolve num complexo de não-sonhos). O analista se deixa tomar pelo sonho do paciente e o ressonha. Esse novo sonho é contado ao paciente através de intervenções. Quando elas se conectam à rede simbólica do paciente este ressonha o sonho do analista. E, assim por diante. Dessa forma, se constitui uma trama de *sonhos-a-dois*. Podem aplicar-se, neste modelo, as ideias de Ogden (1996a, 1996c) – os sonhos-a-dois mantêm relação dialética com os sonhos de cada membro da dupla – e de Ferro (1995) – os sonhos-a--dois se constituem como holografias afetivas do campo. Essas ideias derivam, em grande parte, de ideias de Bion.[1]

Nas palavras de Meltzer (1983): "O que acontece [...] é que o analista escuta o paciente e observa a imagem que surge na sua imaginação. Poderíamos, portanto, afirmar que o analista deixa que o paciente evoque um sonho em si mesmo [no analista]. *Este sonho, certamente, será seu [do analista] e estará influenciado pelas vicissitudes de sua própria personalidade* [...] Desse ponto de vista poderíamos imaginar que toda tentativa de formular uma interpretação de um sonho de um paciente, implicaria no seguinte preâmbulo: 'Enquanto ouvia seu sonho, tive um sonho na minha vida emocional que significaria o seguinte, algo que desejaria compartilhar com você com a esperança que lance alguma luz sobre o significado que o sonho tem para você'" (p. 100, tradução e grifos meus).

Ao percebermos que o sonho sonhado pelo analista, ainda que na tentativa de sonhar o do paciente, é um sonho próprio do analista, fica evidente que fatores próprios, da pessoa *real* do analista entram em jogo. Eles serão tanto mais exigidos quanto menor a capacidade de simbolizar do paciente.

Grotstein (2000, 2007) explicita, em outros termos, que o analista é chamado, provocado ou instado a responder às emoções e associações do analisando com suas próprias emoções pessoais. O analista, em contato com os derivados de seu pensamento onírico observa as imagens visuais que passam por sua mente. Sua função alfa faz com que emoções e experiências próprias que ressoam a verdade emocional do paciente sejam localizadas e reunidas inconscientemente, indicando como *senso ou sentido comum* (Bion, 1963; Sandler, 2005) a verdade clínica do momento. O paciente, por sua vez, ao ressonhar o sonho contado pelo analista lhe mostra, como "seu melhor colega" (Bion, 1980; Ferro, 1996) o efeito do seu trabalho, e assim por diante. Portanto, ambos os membros da dupla, ao mesmo tempo, sonham e são sonhados.

O devaneio do analista, *rêverie*, se refere ao surgimento *espontâneo* de imagens em sua mente. A espontaneidade se refere à necessidade de refrear memória e desejo. Para isso pode ser necessário um exercício ativo, por parte do analista, para contrariar a tendência da mente a buscar imagens, ideias ou afetos passados, que fazem parte da memória, ou ideias e afetos desejados. Em outras palavras, que se suporte o *não saber*, o caos, até que algo tome forma naturalmente. Com a prática, esse exercício ativo tende a tornar-se automático.

Penso que esta regra, aparentemente simples, mas que exige disciplina e autoconhecimento intensos para sua execução, se constitui na maior descoberta técnica da psicanálise, a regra da *atenção flutuante*, contrapartida da regra fundamental, da *associação livre*, que se solicita ao paciente.

No entanto, muitas vezes, mesmo acreditando estar atento à atenção flutuante, o analista não percebe que a atenção se enrijeceu, que em algumas áreas estancou. Esse enrijecimento se manifesta de vários modos e envolve não-sonhos. Um deles é a utilização de teorias (do analista, de algum autor) que são descritas ao paciente, quase sempre explicativas, onde o material do paciente é encaixado, empacotado rigidamente, fato que o paciente que resiste a pensar pode aceitar prazerosamente.

Outro fator que enrijece a atenção flutuante é quando o analista dirige sua atenção a fatos passados ou expectativas futuras, por não ter a paciência necessária para aguardar o emergir do sonho da dupla. Nessas situações o analista procura explicar o que ocorre através de reducionismos relativos ao que já aconteceu antes, ou tenta prever, por vezes transformar o paciente, sua vida, em função de expectativas e desejos quanto ao futuro. Se no primeiro caso (reducionismo ao passado) o processo analítico se limita na área em questão, no segundo (expectativas do analista) o processo também deixa de ser analítico e se transforma em propaganda, isto é, o analista está sugestionando ou dirigindo a vida do paciente.

É possível que a utilização de teorias explicativas e sua comunicação ao paciente tenham tido origem nos esforços de Freud para testar suas ideias com seus pacientes, como vemos em alguns de seus textos. No entanto, sua genialidade o fez alterar teorias e por vezes modificá-las radicalmente. Outros autores fizeram o mesmo, mas o analista corre o risco de identificar-se adaptativamente com seus mestres, analistas e teorias, devotando-lhes um temor reverencial. Nessas situações o analista, mesmo quando potencialmente capaz de captar fenômenos emocionais, tem sua capacidade de sonhar e pensar prejudicadas.

Alguns autores, principalmente nas últimas décadas, têm alertado para a possibilidade de estancamento de procedimentos técnicos. A ênfase dada por Bion (1967) à necessidade do analista trabalhar em estado de *não memória, não desejo, não intenção de compreender*, foi uma importante contribuição. Uma consequência dessa regra técnica foi a retomada da ênfase nas fantasias conscientes, nos devaneios do analista, na revalorização das imagens, das cenas organizadas visualmente, como aspectos privilegiados para identificar o reprimido e seu retorno (Freud, 1915; Isaacs, 1948). No entanto, há que diferenciar a *memória-sonho* e o *desejo-sonho* (Bion, 1970), frutos do sonho da dupla analítica, que surgem espontânea e naturalmente na mente preparada do analista, da utilização da memória e do desejo fruto da ansiedade em preencher o não-saber.

Em resumo, o modelo em questão implica em algumas possibilidades.

a. quando o paciente comunica seus sonhos ao analista, isto é, quando o paciente comunica algo que já adquiriu qualidade psíquica (fruto da função alfa), dizemos que ocorreu identificação projetiva como forma de comunicação,

34 CAMPO ANALÍTICO E SONHOS-A-DOIS

normal ou realística. O analista sonhará os sonhos sonhados do paciente em outras vertentes, buscando ampliação de significado;

b. quando o paciente traz não-sonhos, eles podem "entrar dentro" do analista através de identificações projetivas normais ou massivas e será função do analista desemaranhar-se destas e tentar sonhar os não-sonhos não sonhados pelo paciente, para que eles adquiram qualidade psíquica. Caso ele não se desemaranhe também *não-sonhará*.

Dessa forma, o processo analítico é resultado de uma relação intersubjetiva em que nos importa tudo aquilo que ocorre no espaço/tempo analítico, sonhos e não-sonhos, observados e trabalhados por mente preparada. O analista dispõe de sua *intuição analiticamente treinada* (Sapienza, 2001) para tal. Graças a ela se envolve com seu paciente e se deixa influenciar por seus sonhos e não sonhos, ao mesmo tempo que observa o que ocorre consigo, seus próprios sonhos e não-sonhos.

Acaba por ocorrer um sonho-a-dois, produto terceirizado dos sonhos e não-sonhos sendo sonhados, envolvendo ambos os membros da dupla e que vão além de sua simples soma. Para cada paciente, em particular, o analista procurará desvendar como se sonha ou não se sonha cada aspecto e buscará formas de sonhá--los, sonhar em outras vertentes aquilo que já vem como sonho e transformar em sonho os não-sonhos.

Quando o não-sonho do paciente é projetado dentro do analista de tal forma que sua capacidade de sonhar se deteriora, dizemos que estão ocorrendo *não-sonhos-a-dois*. Como o analista não percebe o que está ocorrendo os não-sonhos-a-dois resultam em conluios imperceptíveis para ambos os membros da dupla analítica.

Constituem a matéria prima do que será estudado, nos próximos capítulos, como *enactment* crônico.

Nota

1. O pensamento bioniano tem sido aprofundado por vários autores contemporâneos. Por exemplo, Meltzer (1978, 1983, 2005, 2009); (Ferro, 1995, 1998, 2000, 2002, 2005, 2006, 2009); Ogden (1989b, 1996c, 2005, 2013), Rezende (1995), Tabak de Bianchedi (1999), Symington & Symington (1996), Grotstein (2000, 2007, 2009); López-Corvo (2006); Brown (2011), Chuster (2003), Junqueira Filho (2003), Sandler (2005, 2009, 2011, 2013), Pistiner de Cortiñas (2009); Civitarese (2013b); Levine & Brown (2013).

2. Sonhando sonhos não sonhados

Como vimos a função alfa transforma experiências emocionais em elementos alfa, matéria prima do pensamento onírico. Por outro lado, sabemos com Freud (1900) que o pensamento onírico inconsciente é transformado em sonho manifesto, através de um trabalho de figurabilidade do qual fazem parte condensações, deslocamentos e revisões secundárias.

O sonho manifesto comunica ao sonhador (e a seu analista) os pensamentos oníricos inconscientes, em forma disfarçada. As imagens do sonho buscam símbolos verbais e dessa forma o sonhador transforma símbolos imagéticos, inicialmente inconscientes, em pensamento verbal consciente. Essa transformação permite novas vinculações conscientes e inconscientes com outras experiências e pensamentos, ampliando-se a capacidade de pensar. Por exemplo, o químico Kekulé buscava a fórmula do benzeno e, por mais que pensasse, ela não lhe vinha à mente. Uma noite sonhou com várias cobras que mordiam o rabo uma da outra, formando certas configurações geométricas. Isto é, suas experiências emocionais, fruto de suas investigações, foram transformadas em pensamento onírico inconsciente. O trabalho de sonho transformou esse pensamento em imagens, as cobras do sonho manifesto. Quando acordou Kekulé associou essas imagens a um hexágono e em seguida se deu conta que havia encontrado o que buscava significar: a fórmula do benzeno.

Sabemos que um pesadelo pode fazer o paciente acordar. Esses sonhos ou não-sonhos são interrompidos (Ogden, 2005) porque a simbolização não é possível e a descarga se impõe. Outras vezes a pessoa acorda para poder entrar em contato com a solução de seu problema, realizado durante seu sonho inconsciente e comunicado, de alguma forma, pelo sonho manifesto. O acordar criativo de Kekulé é diferente do acordar de um pesadelo/não-sonho traumático.

A ideia de que o sonho é um teatro gerador de significados (Meltzer, 1983) se refere aos processos constituintes e transformadores da rede simbólica inconsciente. Os significados gerados, isto é, sonhados inconscientemente, buscam também compreensão inconsciente por parte do sonhador (Grotstein, 2000). Quando afirmamos que o paciente sonha durante o dia e durante a noite, estamos nos referindo ao pensamento onírico inconsciente que, como a respiração e a digestão, ocorrem 24 horas por dia. O sonho manifesto, tanto o diurno como o noturno, revela o conflito entre a verdade e os mecanismos que tentam escondê-la. Durante a sessão analítica o paciente sonha inconscientemente o que está ocorrendo no aqui-e-agora, e esses pensamentos se revelam, também de maneira deformada, através do relato das fantasias conscientes, sentimentos e ideias que passam por sua mente. Esses relatos são acompanhados por expressões emocionais e ações. O analista é incluído transferencialmente nesses sonhos e a compreensão da transferência/contratransferência, como situações totais, revela as fantasias inconscientes que envolvem o conflito entre prazer e realidade. A afirmação: "o analista sonha a sessão" (Bion, 1992) pode ser ampliada para "paciente e analista sonham a sessão analítica".[1]

A capacidade de simbolizar se vincula à possibilidade de viver na triangulação edípica. Essa triangulação ocorre na posição depressiva (Klein, 1946) e esta, por sua vez, é resultado da mesma triangulação. *Self* e objeto são vivenciados separados, tendo vidas próprias. A capacidade de simbolizar depende não só da capacidade do continente (mãe, analista etc.) transformar elementos beta em alfa, mas também da oscilação adequada entre fatos dispersos da posição esquizoparanoide (PS) e a organização (inclusive edípica) da posição depressiva (PS<->D) (Bion, 1962a, b).

Podendo simbolizar o paciente consegue, na maior parte do tempo, observar-se e perceber-se discriminado do mundo externo. A eventual confusão entre realidade interna e realidade externa é percebida, num segundo olhar ou quando é mostrada pelo analista. Estamos em área não psicótica ou neurótica (Bion, 1962a), onde é possível sonhar – tanto dormindo como acordado. O paciente consegue perceber que sonhou durante a noite ou que está frente a sonhos diurnos.

Nessa área (não psicótica) o paciente externaliza formações de compromisso entre representações de impulsos e defesas, isto é, objetos e relações objetais internas simbolizados inconscientemente. Como vimos, o campo analítico é tomado por sonhos (conscientes e inconscientes) que estão sendo sonhados pelo paciente – no aqui e agora – e que incluem transferencialmente fantasias sobre os sonhos e a pessoa do analista. Os sonhos penetram o analista que, a partir de sua capacidade analítica, os ressonha (consciente e inconscientemente) ampliando seu significado. Ao mesmo tempo o analista toma a distância necessária para observar o que está ocorrendo entre os dois membros da dupla analítica. Os sonhos do analista (que incluem os do paciente) podem ser transformados em intervenções e interpretações que, por sua vez, ampliam a capacidade de sonhar do paciente e da dupla analítica. Como vimos, à medida que o processo analítico se desenvolve, os sonhos de ambos os membros da dupla constituem um complexo, sonhos-a-dois, onde nem sempre é possível diferenciar a contribuição de cada um.

Na parte psicótica da personalidade a triangulação edípica foi perturbada e o paciente não consegue discriminar-se adequadamente do objeto. A capacidade de simbolização se encontra prejudicada e ocorre confusão entre mundo interno e mundo externo. O campo analítico é tomado por não-sonhos, descargas em atos e no corpo, compulsões, cenas e enredos repetitivos, vazios, fanatismo, onisciência e outras transformações em alucinose. Os não--sonhos penetram o analista que deve transformá-los em sonhos. Eventualmente, identificado massivamente com os não-sonhos, o analista pode ter sua capacidade de simbolização atacada, constituindo-se não-sonhos-a-dois. A área não psicótica coexiste, em todos os seres humanos, com a área psicótica. Esta área deve ser expandida para áreas traumáticas e primitivas que fazem parte do inconsciente não reprimido (Freud, 1923).

Podemos identificar um espectro para o não-sonho, envolvendo um contínuo entre elementos beta rumo aos alfa, portanto caminhando na direção do sonho. Como exemplos, num dos extremos teríamos um paciente catatônico, que absolutamente não consegue falar nem movimentar-se, nada ocorrendo ao analista; próximo ao outro extremo do não-sonho (mais próximo do sonho), o paciente jorra ruído sem significação, mas juntamente comunica imagens visuais, que querem esboçar um enredo, mas há obstrução na verbalização simbólica e as cenas permanecem estanques.

Sabemos que a psicanálise defrontou-se com problemas sérios quando os primeiros analistas correram o risco de envolvimento emocional com seus pacientes. Em algumas áreas o processo analítico era transformado em colusões duais estanques e repetitivas.

O acesso à rede simbólica estava prejudicado e o analista não conseguia sonhar. As recomendações técnicas de Freud (1912b, 1913) indicavam como lidar com fatos dessa natureza, visando transformar comportamentos estanques e descargas em pensamento. Devido ao desenvolvimento de sua teoria, Freud privilegiava o que temos chamado área de sonho. No entanto, ele já apontava para situações de não-sonho, quando se refere ao *Agieren* (Freud, 1914) e às construções ou reconstruções hipotéticas em relação a traumas que nunca serão lembrados (Freud, 1937).

A psicanálise das últimas décadas vem buscando trabalhar com configurações *borderline*, perversas, psicóticas e autistas onde encontramos dificuldades, bloqueios e ataques que impedem o desenvolvimento adequado da rede simbólica do pensamento. O analista, frente a essas configurações, trabalha em condições insalubres sujeito a ter atacadas suas próprias funções mentais.

Desenvolvimentos técnicos significativos ocorreram a partir da teoria das relações objetais. A ideia de identificação projetiva como algo além de uma fantasia inconsciente (Bion, 1959; Grinberg, 1979; Rosenfeld, 1965), isto é, que "faz algo" com o analista, reforçou a utilização da contratransferência como instrumento (Heimann, 1950; Money-Kyrle, 1956; Racker, 1948, 1953). Ainda que persistam controvérsias, a contratransferência é vista como um terreno comum às várias abordagens da psicanálise contemporânea (Gabbard, 1995). Quando bem utilizada ela se torna um recurso potente para entrar em contato com áreas com déficit de simbolização. A ênfase na intersubjetividade, uma característica da psicanálise contemporânea, vem sendo desenvolvida a partir dessas contribuições (Brown, 2011).

Existe uma tendência a substituir a ideia de contratransferência por *rêverie*, que englobaria aquela ideia mas a amplia (Ogden, 2013,

Civitarese, 2013, Barros & Barros, 2014). *Rêverie* se relaciona com imaginação, imagens visuais ou não, fantasias, percepções e sentimentos imaginados, devaneios, sonhos. Assim como ocorre com a mãe do bebê, o analista também utiliza sua capacidade de *rêverie* durante a sessão. É necessário que o analista se permita "perder-se" ou "ficar à deriva" enquanto espera que, naturalmente, as *rêveries* façam sentido. O analista não treinado costuma ignorar suas *rêveries* ou imaginar que elas são produto de perturbações próprias, sem dar-se ao trabalho de investigá-las (Ogden, 2013). Bion (1962b) nos diz que *rêverie* é aquele estado de mente aberto à recepção de qualquer estado emocional do objeto amado, isto é, das identificações projetivas sentidas tanto como boas quanto como más.

A capacidade de *rêverie* envolve um estado de mente ativo que busca contato com área de fantasia, reserva natural (Freud, 1911) onde predomina o processo primário. O analista se deixa levar pelas *rêveries* mas, ao mesmo tempo, as observa e busca compreendê-las. O estado de *rêverie* permite que experiências emocionais brutas sejam captadas e transformadas em pensamento onírico inconsciente. Estamos frente à função alfa. Essas experiências são vinculadas a outras experiências emocionais, conscientes e inconscientes, que já haviam sido significadas e/ou estão sendo significadas. As imagens que vêm à mente do analista, também chamadas *rêveries*, constituem fantasias ou sonhos diurnos manifestos que revelam os pensamentos oníricos que estão sendo gerados e trabalhados inconscientemente pelo analista e pela dupla analítica (sonhos-a-dois). Além da figurabilidade as *rêveries* também se formam a partir dos demais mecanismos do trabalho de sonho: condensação, deslocamento e revisão secundária. Esses mecanismos se valem também do que ocorre no campo analítico manifestando-se como fatos da transferência/contratransferência que estão sendo sonhados no aqui-e-agora. É provável que as revisões secundárias sejam mais sofisticadas, já que o paciente, acordado, tem acesso aos processos secundários. Dessa forma o relato pode parecer lógico e organizado com o uso de fatos e lembranças que encobrem a verdade/realidade. Não-sonhos que se manifestam através de descargas, somatizações, transformações em alucinose, vazios são "imaginados" pelo analista e essas *rêveries*, interpretadas consciente e inconscientemente pelo analista, promovem significação. Em áreas primitivas da mente o analista pode ser solicitado a utilizar construções (*via di levare*) (Freud, 1937).

Para que a capacidade de *rêverie* se torne presente, as funções do aparelho mental descritas por Freud (1911) (consciência, atenção, memória, juízo, ações pensadas) devem ser alteradas e o analista faz isso ativamente. A atenção que periodicamente se volta para o mundo externo, deve evitar essa busca, mantendo-se flutuante e sem dar importância maior ou menor àquilo que observa. Memória, desejos, expectativas são também ativamente bloqueados. Resulta um estado alterado de consciência, entre o sono e a vigília. Esse estado de mente pode ser obtido a partir das recomendações de Bion (1967, 1992): o analista deve trabalhar sem memória, sem desejo, sem intenção de compreender. Constitui-se um processo circular: o estado de *rêverie* é fruto dessas recomendações e essas recomendações são possíveis quando se atinge esse estado. Ele se aproxima daquele que ocorre de modo espontâneo no paciente gravemente regredido e, por isso, é importante que o analista tenha vivenciado aspectos primitivos em sua análise pessoal. Bion (1970) nos lembra que o analista que se dispõe a usar essas regras se sentirá perturbado a despeito de sua própria análise. O analista sabe que perdeu sua capacidade de *rêverie* quando se percebe dominado por desejos e memórias.

Os fatores relacionados à capacidade de *rêverie* e sua utilização clínica não são claros. Um fator importante é a busca ativa da atemporalidade. Ao ignorar-se passado e presente (memória e desejo) tudo o que ocorre no campo analítico parece ocorrer num tempo presente. No entanto, o termo "tempo presente" se opõe a tempo passado e futuro. Como estes "deixam de existir" estamos no terreno do atemporal onde não existe presente, passado e futuro, o não-tempo do inconsciente. O adendo "sem intenção de compreender" seria dispensável já que intenção é um fato que remete ao futuro. Penso que esse reforço mostra que Bion intuía como seria difícil vivenciar o "não saber". Graças a esse "não-saber" o analista pode vivenciar outro saber que se manifesta de outras formas – englobando pensamento onírico – para além e aquém do processo secundário.

No decorrer de sua obra Bion utiliza outros modelos para explicitar suas propostas técnicas. Elas se vinculam à capacidade do continente suportar frustração e ataques e manter-se vivo e pensante. Bion propõe que o analista desenvolva sua *capacidade negativa*, expressão encontrada em uma carta de Keats: "quando o homem é capaz de viver incertezas, mistérios, dúvidas, sem qualquer busca irritadiça de fatos e motivos". O suportar a capacidade de não-saber é, também, reforçada pela ideia de Maurice Blanchot (que ele ouviu de André Green): "*La réponse est le malheur de la question*" (Bion, 1967, 1970).

Bion (1970) utiliza também o termo *intuição* para o instrumento capaz de captar fenômenos emocionais. Ela deve sobrepor-se à observação pelos órgãos dos sentidos. Em outro momento, Bion (1967) nos lembra da carta de Freud a Andreas Salomé, onde ele propõe que o analista deve cegar-se artificialmente para melhor ver a luz.

Derivado da teoria do pensar, Bion propõe que o analista suporte o caos até que surja o *fato selecionado*. Esse fato dará sentido ao caos. O caos se relaciona a fatos da posição esquizoparanoide (PS) e a organização a fatos da posição depressiva (D). O analista deve transitar entre as duas posições – suportar o caos e, ao mesmo tempo, não prender-se rigidamente a D – e desse trânsito PS<->D adequado depende o vigor de sua capacidade analítica (e também da capacidade de pensar). Bion recomenda *paciência* durante PS enquanto o trabalho inconsciente de sonho ocorre até que advenha *segurança,* quando o caos se organiza (PD). Essa segurança deverá, em seguida, desfazer-se para permitir a nova experiência. Bion propõe que o analista tenha *fé* de que seu sonho inconsciente, em algum momento, dará significado aos não-sonhos.

Derivadas dessas ideias Meltzer (2005) propõe que o analista se mantenha num estado de repouso que é, ao mesmo tempo, altamente vigilante, esperando pacientemente que surjam significados incipientes que são frutos de sua imaginação receptiva, aberta para o possível, sem levar em conta o provável. O analista é um "gerador de poesia", que abandona o pensar (ciência) pela intuição (arte, poesia).

Retomemos o estudo da capacidade de *rêverie* quando o analista se defronta com áreas em que a simbolização se encontra prejudicada. O analista ouve o paciente mas principalmente *sofre* em si mesmo a ação das identificações projetivas. O analista vivencia o produto dessas identificações como incômodos, dor mental, sintomas, dificuldades ou bloqueios no pensar, acompanhados ou não de esboços de cenas. Esses esboços são pobres, sem ressonância emocional e indicam o contato com esboços fracassados de símbolos, eventualmente equações simbólicas, que pressionam a mente do analista em busca de significação.

O analista se sente pressionado a livrar-se dos não-sonhos que o paciente lhe introduz. Concomitantemente, graças a sua função analítica, se sente estimulado a buscar formas de simbolizá-los. Inicialmente, como vimos, através de imagens que, por sua vez, pressionam por novas formas de representação, principalmente

46 SONHANDO SONHOS NÃO SONHADOS

por meio de palavras. Num primeiro momento, ou mesmo depois, é possível que o analista não as encontre. A situação continuará, numa busca de significação, enquanto o analista mantém sua capacidade negativa até que surja o fato selecionado. As imagens atraem novos símbolos, sensoriais, imagéticos e principalmente verbais, ampliando os significados. Abre-se a experiência para novas conexões simbólicas, novos significados, maior desenvolvimento emocional e riqueza do trabalho da dupla. Isso nunca se completa, gerando-se significado numa ampliação contínua da mente. Estamos frente ao que Imbasciati (2001) chama *simbolopoese* que acontece dentro do chamado *campo onírico holográfico em expansão constante* (Ferro, 2009).

O analista pode não suportar o não-saber que faz parte do não-sonho, enquanto tenta sonhá-lo. Isso ocorre por falhas em sua capacidade de manter o estado de *rêverie* ou porque o não-sonho mobilizou áreas próprias do analista, não suficientemente sonhadas em sua vida, ou que – ainda que sonhadas – não suportam serem ressonhadas naquele momento. A "indigestão" do analista frente aos elementos brutos do paciente costuma envolver fatores de ambos membros da dupla. Nessas situações o não-saber será vivido como objeto interno persecutório. Por isso, o analista pode apelar para o *já-sabido,* memórias, desejos, teorias, crenças, utilizadas não por serem verdadeiras, mas como formas de aplacar o objeto persecutório. Essa substituição do *não-sabido* pelo *já-sabido* é estimulada pela presença não neutralizada do super-ego destrutivo da parte psicótica da personalidade (Bion, 1959), moralístico e onisciente, que ataca qualquer *não-saber* transformando-o num suposto *já-sabido.*

Quando o analista também se vê impedido de sonhar o não--sonho do paciente ambos os membros da dupla podem envolver--se em *não-sonhos-a-dois.* A mente do analista fica possuída pelo não-sonho do paciente que, como na melancolia, *cai sobre o ego do analista* (Freud, 1917; Cassorla, 2007), bloqueando sua capacidade de sonhar e pensar. Sua substituição pelo *já-sabido,* isto é, por defesas que envolvem onisciência, se apresenta como cenas repetidas estanques com características maníacas e obsessivas, que encobrem enredos melancólicos persecutórios.

No entanto, o analista não se dá conta desses fatos. Sua mente se encontra entorpecida, como se estupidificado (Bion, 1958, 1961; Cassorla, 2013b, 2013d). O "sem memória e sem desejo" será substituído por saturação de memórias, desejos, teorias e suposto conhecimento. Interpretações, a partir desses dados, implicam em sugestionamento adaptativo e não em psicanálise. Interpretações racionais ou teóricas servem para rotular o paciente e impedir seu desenvolvimento.

O analista poderá intuir alguns sinais que mostram sua obnubilação. Deve ficar alerta para sentimentos exagerados de orgulho em relação à potência de sua própria capacidade analítica (quando o processo analítico parece estar caminhando muito bem) ou em relação à paciência e capacidade de conter (quando o analista supõe que está lidando bem com a frustração e violência). Esses exageros costumam ser arrogantes e demonstrativos de estupidez. Admiração constante e irritação crônicas em relação ao paciente são outros indicativos. O analista deve deixar de lado certa preguiça quando se sente impelido a escrever o material clínico, mesmo que não tenha clareza em relação aos motivos. Esse fato indica a necessidade de um "segundo olhar" (Baranger, Baranger & Mom, 1983), de uma "escuta da escuta" (Faimberg, 1996). Sonhos contratransferenciais noturnos e intuições de sonhos diurnos podem dar-nos outras pistas.

Penso que o analista trabalha, ao mesmo tempo, em todas as áreas mentais. Interpretações em área simbólica supõem um

48 SONHANDO SONHOS NÃO SONHADOS

analista presente que, ao mesmo tempo, ajuda a simbolizar e a criar estruturas mentais. Seu trabalho, portanto, também beneficia áreas psicóticas e traumáticas. E, quando o analista trabalha em área de simbolização deficitária, também está estimulando a rede simbólica existente em área não psicótica. Este é mais um fator que nos ajuda a desfazer a visão moralística sobre o que é "certo ou errado" no trabalho analítico. Esse super-ego moralístico deverá ser substituído pela validação do trabalho do analista (Cassorla, 2012a), isto é, observar como esse trabalho cria, desenvolve, bloqueia ou reverte a capacidade de sonhar e a rede simbólica do pensamento.

O trabalho analítico, mais ainda com pacientes graves, estimula o autoconhecimento do analista. Ele é levado a entrar em contato com áreas traumatizadas próprias. Um processo analítico promove desenvolvimento em ambos os membros da dupla. Espera-se que o paciente aproveite mais que o analista, mas a falta de desenvolvimento do analista obriga a supor que algo errado está ocorrendo. Algumas das ideias descritas serão ilustradas por material clínico que servirá também para introduzir o fato clínico *enactment*. Lembrando que a escrita é um método pobre para ilustrar experiências emocionais.

A clínica

Amanhece. Tenho dificuldades em sair da cama. Suponho que é porque dormi tarde na noite passada. Tomo um café rápido e saio apressado. Chego 5 minutos atrasado, às 7,05. Estou chateado com meu atraso, mas tranquilo. Sei que meu paciente Pedro costuma chegar entre 7,08 e 7,10. Mas, desta vez, encontro Pedro no hall esperando que eu abra a porta de meu consultório. É a primeira vez que Pedro chega antes de mim. Sinto-me incomodado.

Iniciada a sessão me lembro que Pedro havia faltado na sessão anterior, sem avisar. Imaginei que teria viajado a negócios, fato comum em sua vida de executivo.

O incômodo do analista por ter chegado depois de Pedro é, por enquanto, um não-sonho em busca de significado. Ele sabe que existe uma relação entre seu atraso e os atrasos constantes de Pedro. Seu sonho manifesto não vai além disso. O "ter dormido tarde na noite anterior" é verdadeiro, mas é uma racionalização para o atraso, falso sonho (Cassorla, 2008a), encobrindo seu *não-saber*. Deve suportá-lo até que algo tome forma em sua imaginação. A lembrança de que Pedro havia faltado na sessão anterior é uma memória-sonho, algo que veio espontaneamente à sua mente, logo não é uma memória obstrutiva. No entanto, as memórias subsequentes, sobre as faltas e viagens do paciente, devem ser abandonadas. O analista sabe que nada sabe sobre os motivos da falta. Sua lembrança vinculou-se apenas a uma hipótese, preconcepção (Bion, 1962b) que terá que ser confirmada ou não. Caso o analista tivesse certeza que Pedro faltou devido a uma viagem, sua mente estaria dominada por funcionamento psicótico, onisciente.

Pedro inicia a sessão contando detalhes sobre problemas em seu trabalho. Identifico o mesmo tom lamentador que já conheço. Ele se queixa e queixa, como vítima do mundo. As queixas são inverossímeis mas intuo que, caso lhe mostre isso, vai dizer que eu desvalorizo seu sofrimento e não o entendo. Continuo escutando, desanimado, tentando permanecer no estado de *rêverie*, "sem desejo, sem memória".

Surpreendo-me divagando. Lembro-me que na noite anterior tentava escrever um texto psicanalítico e me senti bloqueado em minhas ideias. Fui dormir frustrado. Em outra parte de minha mente me veio uma ideia: se não fosse psicanalista poderia dizer a Pedro como ele era desagradável. Posteriormente eu perceberia que estava tentando, com dificuldade, transformar em sonho a impotência e raiva, tanto da noite anterior como a que estava vivendo com Pedro.

O analista sabe que as lamentações de Pedro são descargas, através das quais ele comunica sua incapacidade de sonhar e pensar. Suas *rêveries* revelam tentativas de vincular fatos que estão ocorrendo no campo analítico com experiências pessoais, como as da noite anterior. O fato de perceber sua irritação e desânimo alerta o analista para o risco de ser recrutado pelos não-sonhos de Pedro devolvendo-lhe os ataques sofridos.

Em seguida lembro de minha chegada, atrasado, à sessão. Posso nomear parte de meu incômodo: vergonha. Essa nomeação atrai outra lembrança: de que, na noite anterior, imaginei que poderia dormir mais alguns minutos, porque meu primeiro paciente era Pedro, aquele que sempre atrasava... Agora que admito minha vergonha desfazem-se obstruções na rede simbólica: percebo que os atrasos de Pedro eram convenientes – davam-me mais tempo para ler meu jornal matutino... Sei que tenho chegado constantemente atrasado, mas Pedro sempre chegava depois de mim. Sinto-me triste e, ao mesmo tempo, satisfeito por poder entrar em contato com fatos penosos sobre mim mesmo.

Por outro lado sei que o assunto (atrasos) vinha sendo abordado no trabalho analítico. Observando meu sonho sou obrigado a perguntar-me se tenho trabalhado esse assunto com a potência necessária.

O analista se dá conta que estivera envolvido num conluio com Pedro e ainda não tem clareza suficiente sobre suas origens e consequências. Paciente e analista se comportavam como atores de um teatro mímico em que representam, sem palavras, os atrasos mútuos. Esse tipo de simbolização, em ações, está em busca de simbolização verbal. Era sobre esse assunto, *enactments* crônicos, que o analista tentava escrever na noite anterior, quando sua rede simbólica fora bloqueada.

As lembranças sobre os atrasos e sobre a escrita na noite anterior, mostram como pensamentos oníricos inconscientes do analista se revelam a ele mesmo, em busca de significação e ampliação de significados. Inicialmente o analista não fora capaz de perceber o *enactment* crônico, mas essa ideia já fazia parte do pensamento onírico. Quando vem a sua mente, se sente criativo e sabe que registrará o fato pela escrita após terminar a sessão.

Posteriormente, ao rever a sessão, o analista perceberá que as lamentações iniciais de Pedro poderiam envolver sentimentos sobre o atraso do analista. Se tivesse percebido esse fato, o processo analítico teria tomado outras direções. Talvez elas levassem, por caminhos diferentes, a fatos complementares.

Agora ouço o relato de uma reunião de negócios que Pedro teve na cidade X, de onde acabara de voltar. Vejo, dentro de minha mente, a cidade X. Imagens de *minhas* visitas a essa cidade turística quando eu era jovem. Imagino o prédio onde Pedro estaria, na praça H. Na verdade, Pedro nada conta sobre prédios ou locais. Esse cenário é uma criação da minha mente. Pedro conta sobre um alto funcionário, ex-militar, presente na reunião, que colocava obstáculos à negociação. Em minha mente "vejo" um militar com medalhas em seu uniforme.

Enquanto Pedro me conta sobre a negociação sinto-me incomodado. Esse incômodo se transforma na sensação de que Pedro está me escondendo informações. Penso em propinas, corrupção. Não sei se se trata de um sonho meu ou se tem relação com o que Pedro me conta.

Ao escrever a sessão o analista perceberá em mais detalhes as imagens próprias, da cidade X, da praça H e do militar. Lembra de uma situação em que, adolescente, fizera sua primeira viagem com outros jovens. Estava na praça H, eufórico com sua liberdade. Manuseava sua carteira quando um ladrão, correndo, a arrancou de sua mão. Esse fato levou seus acompanhantes a ridicularizá-lo por estar distraído, "avoado". Isso lhe fez lembrar-se de sua infância, quando era acusado pelos adultos de estar dormindo, quando se distraía com seus próprios pensamentos. A praça H, sonhada, era também um lugar sujo, próximo da região de prostituição. A pior consequência do roubo fora ter perdido sua carteira de identidade.

Ainda durante a escrita o analista perceberá que seu sonho acordado indicava as consequências do estar "avoado", dormindo, também como analista. Podia perder sua identidade analítica por não perceber "roubos" (atrasos e faltas) corrompendo o processo analítico. Por outro lado, a praça H (onde existiam tanto prostitutas como museus históricos com obras de arte) representava não só a sujeira mas também os recursos e tesouros que existiam para serem redescobertos.

Em seguida a imagem do militar se impõe à mente do analista como representante de situações mentirosas e destrutivas que vivera durante sua juventude.

Em seguida, Pedro diz "tive um sonho com você". "Vinha para a sessão e você estava bravo, porque eu tinha faltado à sessão anterior. Você dizia: 'espera aí, não sei quando te vou atender'. Era uma punição. Na sala de espera havia um rapaz atlético, marinheiro, que estava em férias. Ele estava babando, louco. Você coloca uma camisa de força nele. Ele reage, fica violento e você o amarra. Depois outro louco propõe que roubemos G (medicamento antipsicótico) de um armário. Com cuidado para que você não nos veja. Aí eu acordei. O sonho tinha um clima de manicômio, de loucura".

Sinto-me invadido por uma profusão de ideias. São ideias vagas e receio que sejam teóricas. Mesmo assim, sem esperar associações de Pedro inicio uma tentativa de formulação. Falo que talvez Pedro receie não poder contar comigo. Falo-lhe de suas faltas e nossos atrasos que podem não conter a loucura. Teríamos que apelar para camisas de força e antipsicóticos. Percebo que minha formulação não é das melhores e me dou conta que não esperei por suas associações. Mas, à medida que falo, palavra atrai palavra, e me sinto criativo. Mas, logo percebo o risco de falar demais e provocar uma "indigestão". Interrompo minha intervenção e espero.

Pedro fica pensativo. Imagino que minha fala lhe fez sentido. Em seguida conta um episódio "difícil de contar". Não veio à sessão anterior porque, estando na cidade X se drogou e envolveu-se em situações sexuais e sociais perigosas para sua própria vida. Não é a primeira vez que Pedro me conta algo parecido e seu relato me deixa desanimado e preocupado.

O episódio difícil de contar descreve descargas, não-sonhos, ocorrendo fora da sessão, que mantêm certa invariância em relação ao que está ocorrendo no campo analítico. Todas as histórias e cenas, sonhadas e não-sonhadas pela dupla analítica manifestam loucura, autodestruição, corrupção, sujeira, imprudência, sedação, envolvendo relações de Pedro com ele mesmo, com outras pessoas e com seu analista.

Agora fica mais claro para o analista porque Pedro chegou no horário correto para a sessão. Ele precisava de ajuda para sonhar o não-sonho terrorífico relacionado aos perigos que vivera dentro e fora de sua mente. Pedro intuía que esse não-sonho era outra forma de apresentar aspectos sabotadores mortíferos internos e vividos nas relações corruptas. O analista também entra em contato com aspectos próprios complementares.

54 SONHANDO SONHOS NÃO SONHADOS

Em outras palavras, é como se Pedro (como todos os pacientes) dissesse ao analista: "Vou te fazer participar de meus sonhos e não-sonhos de novo, de outra forma – por favor, veja se agora você consegue significá-los ou dar-lhes novos significados". E, caso o analista não consiga, a mente do paciente tenta de novo, e de novo...

A sessão e a análise prosseguiram sem mais atrasos do paciente e do analista...

O estudo do material mostra que, quando o analista também se atrasa, desfaz-se o conluio dual (*enactment* crônico) e a dupla entra em contato com a realidade triangular. A discriminação abrupta entre self e objeto é um *enactment* agudo e envolve um mix de descargas, não-sonhos sendo sonhados e sonhos revertendo para não-sonhos. Voltaremos a esse tema nos próximos capítulos.

Nota

1. "Podemos observar que já em 2.500 a.C,os sumérios levavam sua vida onírica tão a sério que necessitavam e buscavam interpretações para seus sonhos. Podemos pensar no sonhar como o desejo por trás de uma necessidade filogenética de escuta e interpretação desse relato de sonho. A existência era assustadora e uma única mente não era suficiente para pensar na condição humana. [...] Podemos conjecturar que os sonhos frequentemente sobrecarregavam a mente, pois não se poderia pensar em seus conteúdos, mesmo com o auxílio das poderosas crenças religiosas que atuavam como continentes para a ansiedade. Ao relatar o sonho para outro ser humano, muito cedo o homem descobriu que para sobreviver à vida mental, era essencial ter a assistência de um outro" (Bollas, 2013, p. 1).

3. O teatro dos sonhos

"Tudo é vivido pela primeira vez e sem preparação. Como se um ator entrasse em cena sem nunca ter ensaiado. Mas, o que pode valer a vida, se o primeiro ensaio da vida já é a própria vida? É isso que faz com que a vida pareça sempre um esboço. No entanto, mesmo 'esboço' não é a palavra certa porque esboço é sempre um projeto de alguma coisa, a preparação de um quadro, ao passo que o esboço que é a nossa vida não é o esboço de nada, é um esboço sem 'quadro' ... 'einmal ist keinmal', uma vez não conta, uma vez é nunca."

—*Milan Kundera (1985), p. 14*

O filme e o sonho

Quando uma pessoa ou paciente nos está relatando um sonho, ao descrever alguma cena, ou ao passar de uma cena a outra, pode cometer um deslize verbal: afirmar que a cena ocorria no "filme", em vez de utilizar a palavra "sonho". Observando-se essas situações, não é difícil perceber que o paciente "assiste" ao "filme", como sujeito, ao mesmo tempo que pode ver-se no sonho-filme, de uma forma clara ou deformada. A presença de um sujeito, que está discriminado dos personagens que fazem parte do sonho nos faz supor que estamos frente a uma parte da mente que funciona de uma forma tal que self e objeto são vivenciados como separados. Se utilizarmos modelos teóricos podemos dizer que esse tipo de sonho ocorre quando foi possível a triangulação edípica, isto é, quando é possível um contato razoável com as realidades interna e externa, diferenciando uma da outra. Outra possibilidade é dizer que o sonho ocorre num estado vivencial depressivo. Esta expressão se refere à posição depressiva da teoria kleiniana como estudada por Ogden (1996c) ou em parte não psicótica da personalidade (Bion, 1957). Esses fatos ocorrem não somente quando o paciente relata o filme-sonho, mas também enquanto o sonha.

Podemos imaginar que a sensação de estar assistindo a um filme, por parte do sonhador do tipo descrito acima, se deve à pregnância de imagens visuais. Por outro lado, na sala de cinema o filme necessita da escuridão para ser melhor visto, obrigando a focalização da atenção na tela. Outros estímulos visuais são bloqueados pela ausência de luz. Esses estímulos visuais são potenciais, mas não se manifestam, enquanto que perdidos no escuro.

Proponho que essa escuridão seja considerada como equivalente a tudo aquilo que é encoberto, escondido, suprimido, pelo sonho (ou sonho-filme), a tudo aquilo que não aparece na tela. Esta, a tela, por sua vez, é algo ao mesmo tempo real e virtual, uma barreira que pode servir de modelo àquilo que separa a luz da escuridão. Ou, analogicamente, àquilo que separa consciente de inconsciente. Na verdade, mesmo no cinema, não é necessário que exista uma tela concreta: ela será formada pelos próprios fotogramas em sequência que acabam se revelando em qualquer espaço que os acolha (uma parede, as cadeiras, os próprios espectadores) e é isso que ocorre no sonho.

A descrição remete à barreira de contato (Bion, 1962b), constituída de elementos alfa, pictogramas cuja sequência se revela nos fotogramas ou quadros, que constituem o sonho-filme. A tela luminosa se opõe à escuridão do cinema e é irrelevante se o escuro se encontra "na frente", "atrás" ou "ao lado" da tela, o que nos faz assumir que o inconsciente não se encontra em qualquer "lugar", mas em todos os espaços/tempos que permanecem escuros, em contraste com a tela iluminada. Nessa tela podem ser vistas imagens, em sequência, configurando cenas, enredos e estórias em desenvolvimento.

Quando os filmes são "claros", sua luz ilumina parcialmente algo do escuro, podendo visualizar-se certas formas na escuridão do cinema. Quanto mais nítida e clara a projeção na tela, quanto melhor o aparelho de projetar filmes, mais fácil se torna diferenciar luz de escuridão. Isso, paradoxalmente, permite que uma área de sombras apareça, iluminada pela radiação que vem da tela. Analogicamente, quando há boa separação entre consciente e inconsciente ambos se insinuam – um no outro – como ocorre com as sombras, entre a luz e a escuridão.

Em filmes "escuros", por falta de luz na cena e/ou dificuldades com o projetor, a escuridão do cinema pode suprimir o que não está na tela. Por vezes, nem o que ocorre na tela fica suficientemente claro, o filme-sonho apresentando-se obscuro, frustrando o paciente e seu analista. Neste tipo de sonho/filme obscuro poderíamos pensar que não existe separação clara entre consciente e inconsciente, paciente e analista tendo que haver-se com escuridão e assombrações misteriosas.

Engraçado é quando o operador da projeção se atrapalha com a máquina, e os fotogramas são projetados nas roupas e no rosto dos espectadores: as pessoas atingidas não verão as imagens, e ficarão cegadas pela luz; os demais se divertirão com a confusão visual, mas a diversão se transformará em angústia se durar muito. No mundo dos sonhos seria como se o aparelho de sonhar estivesse avariado, resultando em indiscriminação *self*-objeto, estados persecutórios, confusionais e maníacos. Esses estados se manifestam como pesadelos, estados oniroides, distúrbios do sono. Se maior a avaria, não será possível dormir nem sonhar, ainda que o paciente possa chamar "sonho" a essas produções mentais. Caso utilizemos a teoria do pensamento de Bion, diremos que o paciente não consegue dormir nem manter-se acordado.

Aqui encontramos outras qualidades no sonho, em que o indivíduo, ao descrevê-lo não cometerá o deslize de trocar seu nome por "filme". O paciente nos dirá que o sonho era algo como "trovões, trovões, só isso...", ou "não estava claro o que, mas tudo ia desabar...", ou "... uma guerra, feridos, sangue, muito sangue..., mas só isso...", ou, "... um precipício... pessoas... todos iam morrer...".

Nesses sonhos, o enredo inexiste e o paciente não usará expressões subjetivas em relação ao que ocorre no sonho, tais como: "eu vi", "eu tive medo", e mesmo "eu sonhei". Por vezes ele se nomeia: "havia muita gente... me perseguindo...", ou "eu ia cair... me agarrava em algo..., e acordei, suando e tremendo de medo". O ambiente do sonho é terrorífico, de suspense, e o paciente se sente passivo frente a forças incontroláveis. Ele é um objeto do sonho, que o atinge, e não um sujeito participante. O estado vivencial é em modo esquizoparanoide (Ogden, 1996c). Estamos em área que temos chamado não-sonhos.

Neste último tipo de não-sonho, poderíamos supor que a analogia com "filme" não é efetuada porque não parece haver uma tela, algo que separe o observador do que ocorre na cena, já que o observador em si mesmo está ausente. Podem existir cenas isoladas, mas a conjunção das cenas não existe ou é incipiente. Não há enredo ou estória em potencial para ser contada, ainda que um determinado tema possa ter sido proposto. Não raro o paciente vive o sonho como algo concreto, e se conta um sonho terrorífico, demonstra o terror ao contá-lo. O analista sente o paciente como se ele estivesse vivendo o sonho no "aqui e agora", ou como se o sonho tivesse ocorrido como fato, na realidade externa. Além da ausência de fluidez entre realidade interna e externa, não há separação nítida entre o estar dormindo e o estar desperto.

Um não-sonho pode incluir um enredo, mas ele é fechado em si mesmo não deixando brechas para metaforização ou analogia. O paciente conta que "viu uma pessoa desconhecida... que lhe deu medo; em outra cena... há alguém... era perigoso... acordou assustado, e teve que sair do quarto e verificar toda a casa, com receio de um assassino escondido...". As associações são pobres e será o analista quem ajudará a transformar esse enredo-descarga em algo compreensível, usando sua capacidade de *rêverie*. Nessas situações, junto com elementos próprios para descarga, o paciente utiliza algum material adequado para o sonhar, mas insuficiente.

Nestes últimos tipos de sonho a diferenciação luz/escuridão, como consciente/inconsciente, fará menos sentido. Os chamados elementos beta (Bion, 1962b) corresponderão àquilo que não pode ser "visível", "pensável", por não existirem símbolos nem vinculação sequencial entre seus eventuais esboços. A estas descargas de elementos beta, que aparecem como sonho, Grinberg (1967) deu os apropriados nomes de sonhos evacuativos e de sonhos mistos (quando ocorre mistura com pensamentos). Segal (1981) os chama sonhos psicóticos.

Quando o aparelho de fazer/projetar filmes se desintegra, soltando pedaços de filme, parafusos, peças, resíduos de imagens, todos ao mesmo tempo (Ferro, 1996), a analogia que se impõe será com os "objetos bizarros", fruto da explosão da mente e projeção violenta de continente e contido, levando a estranhas configurações (Bion, 1957).

O modelo do filme poderá ser usado para os flashes oníricos (Ferro, 1995), mas não será utilizado para alucinações visuais e, menos ainda, quando o aspecto visual não é importante, como ocorre nas descargas em atos e outras transformações em alucinose.

Dessa forma, é viável que, sempre que o modelo de "filme" não se aplique ao "sonho", estejamos lidando com funcionamento da parte psicótica da personalidade, ou nos modos esquizoparanoide e autista-contíguo de gerar experiência (Ogden, 1989a), como não-sonhos.

Voltemos ao primeiro tipo de sonho, aquele resultante do adequado trabalho onírico de vigília (Bion, 1962b), manifestando-se quando o paciente está dormindo – o que fez Freud desbravar a "via régia" para o inconsciente (Freud, 1900). É a ele que os pacientes se referem quando estão funcionando com sua função alfa adequada, e quando usam inadvertidamente o termo "filme".

É bastante curioso que, mesmo nesse tipo de sonho (que supõe capacidade de simbolização razoável), nenhum paciente use o modelo do Teatro ou da Literatura, mesmo que ele seja dramaturgo ou escritor. Caso se trate de sonhos produto do pensamento onírico da vigília, que demandam uma tela separando imagens luminosas de escuridão, poderíamos supor que essa não analogia decorreria da ausência de tela no teatro e da falta de imagens visuais na literatura.

No entanto, o teatro tem palco e cenário, que poderiam substituir a tela do cinema, e o leitor pode "imaginar" (colocar em imagens) o relato do texto literário. Logo, esses argumentos não são suficientes.

O romance e o teatro

Antes de prosseguir, impõe-se estudar as principais diferenças entre as três artes narrativas: literatura, teatro e cinema. A arte dessas artes consiste em conciliar em forma criativa dois aspectos: o tema, a estória da narrativa e o como narrar essa estória, essa rede de acontecimentos, reflexões e sentimentos, o enredo. Lembrando que estamos buscando analogias com uma quarta arte: a do sonhar, considerado no sentido de pensamento onírico e a arte de sua manifestação no espaço analítico.

Em relação à literatura, ao contrário do teatro e do cinema, não vemos objetivamente nada além de caracteres, símbolos impressos ou escritos, que decifrados podem fazer-nos imaginar ("visão" interna), pensar e sentir a partir da arte do narrador, e em consonância com a capacidade de identificar-nos com personagens e vicissitudes do enredo.

Já o contador de estórias pode instigar movimentos emocionais no ouvinte, a partir da expressividade de sua voz e de seu corpo. Por vezes pode até efetuar esboços de papéis, para tornar o personagem mais real ou dar ênfase a aspectos da narrativa, aproximando-se do teatro.

No cinema vemos e ouvimos, concretamente, a estória filmada de uma forma tal que o diretor-narrador intui serem artisticamente sensibilizantes para que pensemos e sintamos aquilo que deseja transmitir-nos, ou mais do que isso.

62 O TEATRO DOS SONHOS

No teatro acontece o mesmo, mas a estória ocorre "ao vivo", e para a transmissão dos sentimentos é importante a capacidade do ator viver o papel, o personagem, permitindo que o espectador se identifique com ele, quase sem mediação.

Nos filmes, mais nos "claros", parece ter havido tempo para montar as cenas, editar o filme, elaborá-lo (e este termo não seria muito diferente daquele que usamos em psicanálise). Assim, ainda que o diretor possa utilizar da deformação no contar a estória, como no filme-sonho de suspense ou de mistério, ele embute em si mesmo pistas para sua decifração. O espectador é estimulado a ficar curioso quanto às "intenções" do diretor. Observa as cenas, em sequência, acumulando informações e conjecturando conclusões. No filme "claro" essas "intenções" se resolvem quando o filme termina, antes do "FIM".

Quando o diretor está comunicando enredos mais próximos do que chamaríamos "funcionamento psicótico", estes costumam ser "filmes escuros" ou "obscuros". O conceito de escuridão, portanto, deve ser ampliado para além de problemas técnicos da projeção, envolvendo a produção do filme, do sonho, do pensamento. Em "Cidade dos Sonhos" ("Mullholland Drive"), o diretor, David Lynch, condensa produção mental e produção cinematográfica, "obscuras", mobilizando intensamente o espectador, ainda que não haja problemas técnicos em relação à luminosidade.

No romance o texto já vem editado e o leitor sabe que ele acabará no final do livro. Pode até dar-se ao luxo de ler cenas do final ou do meio, podendo prever algo do enredo. Os imprevistos podem ocorrer na estória, no texto, mas não na forma: o romance acabará, também, no "FIM", na ausência de símbolos gráficos. Mais ainda, o leitor e o espectador de cinema têm controle absoluto sobre a forma como a estória será lida ou assistida: o livro poderá ser fechado assim como pode ser interrompido um filme. O leitor e o espectador sabem que o texto e os fotogramas continuarão disponíveis, e a estória já foi escrita e filmada, não se esperando qualquer imprevisto. Enfim, tudo já "é dado".

Já no teatro ocorre justamente o contrário. Ainda que possa haver um texto, onde a peça se encontra escrita (que não existe no "teatro dos sonhos"...), o que importa é a ação. As coisas acontecem no "aqui e agora", tanto em seu conteúdo como em sua forma. Nenhuma representação teatral será igual a outra, ainda que os atores e o texto sejam os mesmos, porque os seres humanos nunca podem ser exatamente iguais. Já no livro ou filme, a descrição e as imagens dos personagens serão sempre as mesmas, ainda que leitor ou espectador possam percebê-los em formas idiossincráticas.

Por ser "ao vivo", no teatro tudo pode ocorrer: um ator esquecer a fala, inventar outra, passar mal, morrer em cena. Um diálogo cênico pode refletir uma disputa pessoal entre atores, uma sabotagem ao autor ou diretor, um desafio a algum crítico; um ator, ou todos, podem abandonar a cena... etc. A luz pode acabar, o som falhar, o teatro pegar fogo, ocorrer uma briga na plateia, alguém resolve subir no palco... A polícia política invade o teatro e prende atores e espectadores...

O filme ou o livro também podem pegar fogo, serem censurados ou apreendidos pela polícia, mas, costumam existir cópias.

As cenas-sonhos, no teatro da mente e da análise, nunca serão refeitas porque elas ocorrem no aqui e agora e, na verdade, não há texto: o espectador-analista vê um exercício de improvisação..., não um exercício – na verdade, uma estória imprevisível com atores imprevisíveis... No decorrer da análise, da multiplicidade de enredos e estórias poderão emergir alguns padrões, mas caso o

64   O TEATRO DOS SONHOS

analista se prenda a esses supostos padrões, ele nunca perceberá o que de novo está ocorrendo, sempre, em cada cena.

Na sala de teatro a separação entre espectadores e atores existe, mas ela pode ser transposta sem dificuldade, o que não ocorre com a tela do cinema. Por isso mesmo, em alguns modos de fazer teatro, pode-se fazer com que os espectadores participem da encenação (ainda que fiquem constrangidos) ou a cena ocorre na plateia, podendo-se quase eliminar a separação palco/espectadores. Isso ocorre, rotineiramente, no teatro infantil e no circo, onde a criança é estimulada a correr os riscos da possível confusão identificatória em função do princípio da realidade estar concretamente presente em pais e adultos acompanhantes.

Isto é impossível no cinema, e apenas Woody Allen, em "A rosa púrpura do Cairo", consegue fazer a espectadora entrar concretamente na tela, fazendo-a contracenar com os atores. Mas, nós, espectadores terciários do filme (onde vemos um filme em que alguém assiste um filme, ao qual adentra...), continuamos sentindo-nos sujeitos, discriminados de ambos os filmes. A arte de Woody Allen consegue transmitir o vazio da espectadora, que a faz fundir-se ao objeto desejado. Será essa mesma arte que permitirá que nos identifiquemos com o personagem, mas sem risco de misturar-nos a ele, a não ser momentânea e controladamente, até que se acendam as luzes..., ou, se o envolvimento for intenso, até alguns minutos após a saída do cinema... Em nosso trabalho analítico também..., às vezes precisamos de um tempo maior para retomarmos o contato conosco... e receber o próximo paciente.

Há, ainda outra diferença do teatro com a literatura e com o cinema, que o fazem tornar-se mais interessante para o psicanalista. Na literatura, o escritor pode levar a narrativa para outros tempos e espaços, com facilidade. O mesmo ocorre no filme. No teatro, no entanto, os acontecimentos e os sentimentos ocorrem no "aqui e agora" ainda que o ator, em outra cena, possa representar o mesmo personagem em outros tempos e lugares pretéritos. Mas, este costuma ser um mau teatro: o bom autor ou narrador fará com que aquilo que ocorre "aqui e agora" no transporte a outros tempos e lugares, sem mudar características do personagem ou o cenário. E é isso que ocorrerá na análise, tanto com o paciente autor-narrador-personagem, como com o analista, coautor-narrador contracenando com os personagens chamados à cena.

Dessa forma, o modelo do teatro passa a ser útil não somente para o que ocorre no mundo interno do paciente: ele se expande, naturalmente, para aquilo que ocorre na sala de análise, e somente aqui é que o analista terá acesso ao mundo interno do paciente (e não só a ele, como veremos adiante...).

É por tudo isso que, justificadamente, o analista pouco se interessa por ler um texto escrito pelo paciente (onde se realizaria o modelo da literatura), nem assistir a um filme ou vídeo sobre sua vida ou qualquer outro assunto. No entanto, valorizará a leitura do texto, ou a exposição do vídeo, leitura e exposição essas efetuadas pelo paciente, no "aqui e agora" da sessão, ao vivo, e associado a tudo o mais que esteja ocorrendo na sala de análise.

Uma outra característica do teatro reside na sua necessidade de economia: o dramaturgo não pode, como o romancista, fazer comentários ou prestar maiores esclarecimentos em torno de comportamentos, a não ser que seja possível inseri-los na ação. Antigamente existia o narrador, o coro, ou mesmo os monólogos, em que o personagem falava sobre seus estados internos. Mesmo o famoso monólogo de Hamlet, no teatro moderno soaria como ultrapassado – e, o espectador atual vai ouvi-lo, de novo, porque quer saber como tal ator o interpretará, naquele dia... que será sempre

66 O TEATRO DOS SONHOS

diferente de outros atores, ou de outros dias... O analista poderá também ouvir monólogos..., mais ou menos estéreis, mas ele ficará alerta para a emoção e comportamento que subjaz à fala.

O teatro é basicamente ação. Assim, em "Hedda Gabler" Ibsen não pode informar-nos, como o faria um romancista, sobre o desprezo de Hedda tanto por seu marido quanto pela família deste. Ibsen simplesmente faz Hedda pegar o chapéu que ela sabe ser da tia do marido e dizer que é imperdoável a empregada haver esquecido na sala seu ridículo chapéu. Com isso, o narrador nos passa, de forma precisa, esse aspecto da identidade de Hedda, que o espectador imediatamente capta, sem qualquer necessidade de descrições e relatos (Mendonça, 2000). O psicanalista encontrará analogias com essa situação, tanto no trabalho onírico como em sua externalização na sessão, mas aqui o autor-paciente procura não só revelar, mas também esconder, as duas coisas ao mesmo tempo, utilizando para tal a condensação e o deslocamento, nos personagens e nos enredos, que se apresentarão sob a forma de imagens (no sonho) e de comportamentos acompanhados ou não de palavras (na análise). Esse artifício ocorrerá com maior intensidade quando o paciente não dispuser da palavra para referir-se aos seus afetos.

A escolha do modelo do teatro para tentar uma melhor compreensão da cena analítica poderia estranhar ao leitor, principalmente se este estiver convencido que o psicanalista trabalha com o discurso verbal do paciente. Ora, este fato, se confrontado com as artes narrativas, tornaria a psicanálise mais próxima da literatura, ou, na melhor das hipóteses, do contador oral de estórias. Estes dois modelos não podem ser excluídos: afinal o paciente-autor parece estar nos fazendo relatos de sua vida, de suas experiências, narrando suas estórias e sua história. Mas, mesmo Ferro (2000) que explora o modelo da narrativa verbal, nos mostra que ela não dá conta dos fenômenos e explica: é "como se analista e paciente construíssem juntos uma 'pièce' teatral, e no interior dela os enredos crescem, se articulam, se desenvolvem, às vezes de formas imprevisíveis e impensáveis para os dois conarradores, sem que exista entre eles um dispositivo forte de uma verdade pré-constituída"[1] (pp. 17-18).

Ao escolher o modelo do teatro, como equivalente ao espaço analítico, poderei ser acusado de privilegiar a ação, ou ainda, a atuação (no sentido psicanalítico), a descarga, o funcionamento psicótico. Penso que o hipotético acusador tem razão, mas não toda, e sua não aceitação do modelo proposto pode decorrer da não concordância com vertentes teóricas e técnicas que vêm se manifestando na psicanálise. Essas vertentes, na verdade, retomam o pensamento freudiano referente a sua descoberta de que, frente à resistência, o paciente repete em vez de recordar, ou mais especificamente atua (no sentido de Agieren) em vez de recordar (Freud, 1914).

Consoante essa afirmação, e utilizando outros desenvolvimentos teóricos e técnicos, propõe-se que o analista, por mais que se perceba conversando com seu paciente através de símbolos verbais coerentes, deverá estar o tempo todo observando e participando da cena, procurando intuir aqueles aspectos que lutam para ser simbolizados ou resistem a isso – e esses aspectos emergirão nas entrelinhas do suposto discurso verbal adequado, no tom e timbre de voz, na música ou ruído do discurso, no comportamento, nos gestos, maiores ou minúsculos, nas minicontrações dos músculos faciais, da laringe, do restante do corpo, no eriçar de pelos, no suor, na mudança de tonalidade da pele, na forma de olhar, nos cheiros e em tudo o mais que entra pelos sentidos, e, principalmente, naquilo indescritível que ocorre quando afetos, emoções, sentimentos, se manifestam, principalmente se essa manifestação for tão sutil que somente a intuição do analista poderá captá-la.

68 O TEATRO DOS SONHOS

Nessa linha devemos lembrar o "afeto é a carne do significante e o significante da carne" (Green, 1975). Isto é, o afeto tem uma função semântica, como elemento da cadeia de significantes (Green, 1988a); seu eventual transbordamento, que romperia os elos do pensamento, encontrará continência na situação analítica.

McDougall (1989, 1991) já utilizara o modelo do teatro como metáfora da realidade psíquica, seguindo a intuição da paciente Anna O que descrevia seus devaneios como "teatro particular". Mas, em algum momento, McDougall inclui o analista: "Para o analista trata-se de um teatro que seus analisandos desejam partilhar com ele e no qual é convidado a representar vários papéis. Mas, ao contrário de Breuer, que se assustou com o papel que Anna O o fez representar, o analista tenta observar bem o seu próprio teatro interior e interpretá-lo da melhor maneira possível antes de interpretar o do seu paciente" (1991, p. 1).

Dora vai repetir com Freud, no teatro da análise, o abandono que não pode fazer do sr. K, personagem que representava figuras arcaicas (Freud, 1905a). E, no final de sua vida, Freud (1940) escreverá: "Outra vantagem ainda da transferência é que, nela, o paciente produz diante de nós, com clareza plástica, uma parte importante da história de sua vida [...] Ele a representa diante de nós, por assim dizer, em vez de apenas nos contar" (p. 203).

Klein (1932) percebera que seus pequenos pacientes personificavam seus brinquedos, transformando-os em seres humanos reais ou fantasiados, que se relacionavam entre si. Strachey (1934) nos mostra que, no processo analítico estamos vivendo uma situação atual e imediata, na qual paciente e analista têm os principais "papéis". Caper (1995) discute o "recrutamento" do analista, pelo paciente, este estimulando um estado mental que corresponda ao papel que o analista deve desempenhar. "Ele o faz usando meios verbais e não verbais, do mesmo modo que um diretor pode preparar um ator para um papel numa peça (se ele pudesse fazê-lo sem que o ator soubesse que ele o está fazendo)" (p. 62).

Ainda que muitos novos desenvolvimentos tenham ocorrido, penso que a retomada do conceito da transferência como "situação total", nos facilita compreender melhor o modelo do teatro como representando a situação analítica. Assim, como já vimos, Klein (1952) nos diz que "é essencial pensar em termos de *situações totais* transferidas do passado para o presente, bem como em termos de emoções, defesas e relações de objeto", (p. 78) e Joseph (1985) postula que *situação total* é "tudo aquilo que o paciente traz para a relação" (p. 163). Ela nos diz que isso pode ser aferido focalizando nossa atenção naquilo que está acontecendo, observando nossos próprios sentimentos induzidos pelo paciente.

A externalização do mundo interno do paciente, na transferência, é compreendida a partir do conceito de identificação projetiva, em que partes do self e objetos são, em fantasia, colocados dentro do receptor, controlando-o por dentro, o projetor identificando-se com aquilo que foi projetado. O modelo bioniano "continente – contido" se constitui em forma adicional de descrever o fato, acrescendo a necessidade de que o continente possa transformar as identificações projetivas em elementos possíveis de serem transformados em pensamento. E, esta transformação implicará no desenvolvimento interno dessa capacidade, e em mudanças na forma de relacionamento entre objetos internos e com objetos externos (Bion, 1962b).

Os conceitos acima e seu desenvolvimento (Gabbard, 1995; Dunn, 1995; Ferro, 1995; Ogden, 1996c; França, 1997; Zaslavsky, 1997; Hinshelwood, 1999; Levine & Friedman, 2000; Marchon, 2001; Brown, 2011) nos fazem pensar que o processo analítico é o

70 O TEATRO DOS SONHOS

resultado de uma relação intersubjetiva em que nos importa *tudo* aquilo que ocorre no espaço/tempo analítico, o campo analítico, observado por mente analiticamente preparada.

Evidentemente, fatos resultantes da interação analista-paciente também poderão ocorrer em outros espaços e tempos, sendo posteriormente transpostos para o espaço analítico: mas, nesse momento já estarão transformados em algo acontecendo no "aqui e agora" da cena.

A ideia de que *tudo* o que ocorre no espaço/tempo analítico é objeto de nosso trabalho, nos aproxima da observação de uma representação teatral. Nesta, o espectador também terá que observar *tudo* aquilo que ocorre no espaço/tempo em que ocorre a encenação, e a não observação minuciosa lhe fará correr o risco de perder compreensão. O espectador também terá que possuir mente intuitiva ou desenvolvida para observar peça teatral.

O teatro da sala de análise

Podemos, agora, descrever e discutir como, no teatro que ocorre na sala de análise, se manifestam os fatos clínicos psicanalíticos. Considero fato clínico psicanalítico tudo aquilo que emerge e/ou é criado no processo analítico, percebido graças à função analítica, e que envolve a participação da dupla paciente/analista. Nesse teatro ocorrem enredos, estórias, com forte conotação visual, e divididos em cenas.

Nessas cenas interagem "personagens" (não necessariamente antropomórficos), produto da externalização de aspectos do *self*, objetos internos e relações objetais internas do paciente e também de aspectos similares do analista. Os "personagens", inicialmente trazidos pelo paciente apresentam-se manifestando modos de funcionamento mental e, nessa manifestação, o analista é pressionado a participar da cena.

O analista, com função analítica preservada, desempenhará *ao mesmo tempo* as seguintes funções, durante as colocações em cena.

1. "Personagem" do enredo, contracenando com os demais "personagens" colocados em cena pelo paciente.

2. Espectador da cena, observando e tentando compreender o que está ocorrendo. O poder participar e, ao mesmo tempo, separar-se da cena, é o que lhe permitirá exercer as funções seguintes.

3. "Coautor" da cena, na medida em que, ao contracenar com os "personagens" inicialmente colocados em cena pelo paciente, ele não necessariamente o fará da forma em que se sente pressionado. Pelo contrário, grande parte de sua atividade analítica será denunciar essa pressão, tornando-a compreensível para o paciente (para quem, em geral, não é consciente); dessa forma, o analista, abre espaço para ressignificação e mudança psíquica.

4. "Diretor" da cena, na medida em que, contracenando analiticamente com os personagens colocados em cena pelo paciente, procurará determinar as melhores formas para que o enredo inicial seja compreendido e alterado.

5. Crítico teatral: nesta função o analista afasta-se da cena, e utiliza seu conhecimento para avaliar, em forma crítica, como o enredo ocorreu, como os personagens se comportaram, se a cena poderia ter ocorrido de outra forma (aqui, ele dará ênfase à crítica da função do analista) etc. Poderá também avaliar que teorias psicanalíticas foram usadas, explícitas e implícitas, tanto para a observação como para a compreensão dos fenômenos, como eles poderiam

72 O TEATRO DOS SONHOS

ser entendidos a partir de outras teorias, ou ainda se não se exigem novos conceitos e modelos. O papel de crítico continua e torna-se mais potente após a cena ter ocorrido. A *capacidade crítica do analista* será fator importante para definir seu modelo de observação.

6. Iluminador e técnico de som: estes auxiliam o diretor, ao focalizar, lançar luzes e microfones sobre aspectos da cena, que se escondem, se mascaram, ou mesmo escapam para os bastidores. Ainda que o papel do iluminador (associado ao técnico de som) pareça ser de um coadjuvante menor de uma representação teatral, ele é indispensável e a representação não poderá acontecer se o teatro permanecer no escuro e o diálogo for inaudível. Será ele também que focalizará os personagens, com nuances de luz e de cor indispensáveis: se não for um bom iluminador poderá deixar partes da cena no escuro, ou iluminar de forma inadequada, atrapalhando ou impedindo todo o desenrolar e a compreensão das cenas.

A dialética escuridão/luz exprime o modelo consciente/inconsciente e usamos a palavra "insight" quando tomamos consciência de algo, quando algo vem à luz. A função iluminadora do analista depende da capacidade do profissional permitir-se entrar no contexto das cenas, "vivendo-as", utilizando acuidade visual em função da forma como as cenas são produzidas e se apresentam. "Acuidade visual" é, em nosso modelo, equivalente a intuição psicanaliticamente treinada (Sapienza, 2001). Como o analista é também coautor, personagem e diretor, essas funções complementarão sua capacidade de observação psicanalítica. E, será essa mesma capacidade de observação que permitirá que ele exerça criativamente aquelas funções. No entanto, tudo isso não será possível, ou ficará perturbado, se o analista não for capaz de efetuar cisões adequadas em seu funcionamento mental.

Ainda que no começo da cena analítica seja possível identificar quem (geralmente o paciente) está colocando em cena seus "personagens" internos, logo se percebe que esses "personagens" acabam mesclando-se e logo não mais se sabe a quem pertencem, ou melhor, sabe-se que eles são o resultado da interação entre as mentes de paciente e analista, e, pode postular-se que mesmo o início da cena já inclui essa mistura.[2] Dessa forma, novos "personagens" são criados, produtos da fertilização de aspectos do analista e do paciente. Lembrando que esses "personagens" não são necessariamente pessoas, podendo ser por ex. um sintoma, uma carta, uma viagem, um ideal, uma relação, uma instituição etc., que podem ser criações "terceirizadas" da dupla paciente <-> analista.

Outra característica importantíssima do teatro analítico, já salientada, é o desconhecimento ou ausência de texto anterior: logo, não há indicações sobre quais são os personagens ou como devem comportar-se – eles emergem no aqui e agora, chamam outros, contracenam e cria-se o enredo, sem que possa prever-se o que vai ocorrer. O modelo se aproxima mais do de uma improvisação teatral, ainda que se saiba que essa "improvisação" está de certa forma sendo parcialmente determinada pelas estruturas que são inicialmente colocadas em cena.

Numa relação analítica as cenas possíveis serão inúmeras, e será o enfoque de direção e iluminação do diretor-analista (também coautor e intérprete) que possibilitará que venham à cena e se identifiquem aquelas mais significativas para a compreensão e crescimento emocional.

74 O TEATRO DOS SONHOS

O paciente conta em detalhes, e feliz, sobre uma viagem de seis meses, uma bolsa de estudos. Em seguida, estranhamente se mostra agressivo reclamando do custo de determinado curso que está fazendo, ainda que se saiba que isso não lhe traz qualquer problema financeiro real. A viagem e o curso entram como "personagens" no espaço analítico. O analista percebe melhor como eles são produto da interação entre aspectos seus e do paciente, quando este, ao pagar seu tratamento – ao final da sessão – não se conforma em ter que arcar com o custo de uma sessão à qual faltara. Também reclama que quando o analista viaja este não lhe paga uma sessão, o que indica "dois pesos e duas medidas". Na sessão seguinte, quando o paciente emocionado volta a falar da injustiça e falta de sensibilidade do analista, é possível fazer-lhe perceber que a viagem de estudos substitui "viagem" analítica da dupla, sessões que farão falta quando o paciente viajar, o "custo" emocional da futura interrupção da análise, a necessidade de menosprezar o analista para poder deixá-lo mais facilmente etc. Assim, viagem e sessão perdida são personagens e enredos através dos quais se colocam em cena sentimentos e emoções, produto de ambos os participantes. O analista contribui com seu contentamento pela viagem do paciente, principalmente a viagem analítica... mas, está triste com a futura interrupção do processo, vai sentir saudade... e se sente incomodado por ter cobrado a sessão, quando o filho do paciente se acidentou... e se questiona se não deve viajar menos... etc.

Nesse relato, pictogramas se colocam em sequência fornecendo as narrativas pregnantes de aspectos visuais – curso, viagem, sessão perdida – que incluem a tristeza e a raiva (em cena, entre paciente e analista), tanto as contadas como, principalmente, as sentidas no contato emocional da dupla. Será nesse "teatro", ao vivo, que se perceberão lágrimas, esgares de ódio, tons de desprezo, carinho, súplica, esperança e tudo o mais que o enredo exige para existir.

Os fatos descritos poderiam levar à continuação do enredo em infinitas possibilidades além das ocorridas: repor a sessão perdida, não cobrá-la, ignorar os fatos, pedir-lhe desculpas, prometer pagar ao paciente quando o analista falte etc. Mas, aqui não estaríamos mais num processo analítico.

O modelo do teatro deve ser complementado detalhando melhor a participação do analista. Penso com Barros (2000) que "o analista, por meio de suas interpretações, faz com que as representações mentais inconscientes de situações emocionais se tornem visíveis (no sentido imagético) e significativas [...] o paciente... rearticula significados de campos simbólicos distintos abrindo novas possibilidades de experiência e criando novos significados deixados incompletos, que expandem as possibilidade de desenvolvimento emocional". Lembrando que "há uma ligação privilegiada entre afeto e imagem, devido à ligação do afeto à representação de coisa inconsciente. [...] Para ocorrer elaboração do afeto este deve se ligar às palavras, mais precisamente às representações de palavra" (Canelas Neto, 2003, p. 4). Como vimos Barros (2000) propõe o termo "pictograma afetivo" para "uma primeira forma de representação mental de experiências emocionais, fruto da operação da função alfa, que cria símbolos por meio de uma figuração para o pensamento onírico, como alicerce e primeiro passo dos processos do pensamento" [...] eles "se expressam em imagens mais do que em discurso verbal, e contêm poderosos elementos expressivo-evocativos" (p. 117). Derivados desses elementos expressivo-evocativos ficam mais evidentes se utilizamos o modelo do teatro, que implica em ação, possibilidade de manifestação do envoltório afetivo de símbolos verbais e pregnância visual.

Há uma tendência a reservar o nome "interpretação" para as clássicas interpretações que lidam com o sentido comum de transferência. Muitos, portanto, não chamam "interpretação" à transformação de elementos beta em alfa, à alfa-betização, dando "pensabilidade" à emoção. Proponho que o modelo das artes possa fazer-nos recuperar essa acepção.

No modelo de dar "pensabilidade" à emoção, podemos dizer que um músico "interpreta" um compositor que transformou suas emoções em música. Esta foi registrada ("alfabetizada"), pelo compositor, na partitura, através de símbolos gráficos. Essa partitura torna a música "interpretável" por um artista, que transformará a sequência de elementos gráficos em som evocativo. Similarmente, atores "interpretarão" o texto teatral; um crítico de arte "intepretará" a obra de um artista, que, por sua vez "interpretou" seus sentimentos ao criá-la. E todos os aficionados da arte "interpretarão" a obra através de suas emoções e conhecimentos.

O analista, por sua vez, quando intui e nomeia estados emocionais elementos beta, ou mesmo ressignifica sequências de elementos alfa, também os "interpreta", da mesma forma que o artista. Lembrando que afetos moduladores acompanham símbolos verbais. O analista e o paciente, assim como o artista, não apenas interpretam (no sentido de pintar, encenar, executar uma música, alfa-betizar elementos do paciente), mas tornam utilizável essa nova interpretação junto a redes simbólicas que fazem parte do mundo mental, modificando-as, abrindo caminho para outras derivações, e mesmo criando símbolos e redes novas. Dessa forma se amplia o universo mental e a sua percepção.

Uma vez definido o modelo onde as cenas vão ocorrer, poder-se-ia perguntar sobre *o que* vai ser encenado. Na verdade, este é um falso problema: será encenado o produto da externalização de conteúdos e continentes mentais do paciente, sinais de como sua mente funciona, e também o mesmo em relação ao analista exercendo seu trabalho, e ainda estruturas produto da interação entre aspectos do paciente e do analista. Esse produto dependerá, portanto, do funcionamento das mentes em questão. As formas, que poderão ser utilizadas (relatos de estórias, fatos, mitos, lembranças, sonhos; atos, descargas, silêncios; manifestações corporais, estados afetivos, sintomas, alucinoses etc.) serão variadas e indicarão formas de funcionamento e características próprias de cada paciente.

O *que* esses aspectos colocados em cena representam, dependerá basicamente do modelo de observação ("escuta", para alguns), ou melhor ainda, da *capacidade crítica do analista*, onde ele se coloca como um crítico teatral observando a cena a partir de certos pressupostos. Em outras palavras, as cenas irão tomando forma influenciadas pelo vértice de observação do analista-crítico teatral. Espera-se que esse vértice decorra da coesão de sua identidade analítica, em que ele se sente ele mesmo. Ideal é que ocorra uma oscilação contínua de numerosos vértices, o analista funcionando como uma antena parabólica que capta tudo o que ocorre no espaço, em determinada faixa de comprimentos de onda, faixa essa do analista preparado, trabalhando. E, cada mente de analista preparado transitará por ondas semelhantes mas também diferentes. A "subfaixa" de onda predominante deverá ser aquela onde os eventos mais significativos podem ser iluminados – e, o analista deverá ser ressoante a eles. Por outro lado, sabemos que são esses eventos e personagens os que melhor se escondem nos recônditos escuros e obscuros da cena e dos bastidores.

Não custa reforçar que o modelo da antena parabólica e dos comprimentos de onda não tem relação com teorias saturadas onde se procura "encaixar" a estrutura observada: pelo contrário, espera--se que a teoria do analista inclua a capacidade de deixar-se penetrar pela cena e vivê-la, de forma controlada; e essa "vivência" será efetuada a partir de certos padrões, correspondentes à forma com que o analista vive aquela análise, como processo e conhecimento.

78 O TEATRO DOS SONHOS

Notas

1. Na verdade, neste momento Ferro está criticando as interpretações que ele acredita fecharem para novos significados. Por isso ele continua: "Nesta forma de proceder a *transformação conarrativa*, ou mesmo a *conarração transformativa*, toma o lugar da interpretação". Adiante incluirei estes fenômenos no conceito de interpretação.

2. Essa turbulência emocional prévia ocorre em qualquer relação humana. Os termos transferência antecipatória e contratransferência antecipatória são formas de nomear essa potencialidade.

4. Não-sonho e *enactment*

Quando, no capítulo anterior, foi sugerido o teatro como modelo para aquilo que ocorre no campo analítico, a expressão "colocar em cena" foi utilizada de forma pouco precisa, indicando a externalização de aspectos do funcionamento mental, tanto do paciente como do analista.

Essa expressão vinha sendo utilizada, há tempos, na literatura psicanalítica de língua inglesa, através da palavra *enactment*. Em sentido coloquial *enactment* se refere a representação teatral, encenação, colocação em cena, similar ao inglês *to act, to represent, to play*. O mesmo uso se encontra em textos psicanalíticos antigos e recentes onde o verbo *to enact* se refere à externalização de dramas internos do paciente, durante a sessão ou fora dela. Também se utiliza o termo *re-enactment*, indicando que as cenas ocorrem inicialmente no mundo interno e são reencenadas na relação analítica. No entanto, em anos recentes, o termo *enactment* passou a ser utilizado como conceito. O trabalho de Jacobs (1986) teria sido o primeiro que o colocou no título. Sua definição tem sido objeto de divergências (McLaughlin, 1991; McLaughlin & Johan, 1992;

80 NÃO-SONHO E *ENACTMENT*

Ellman & Moskovitz, 1998; Panel, 1999). Para alguns ele passou a substituir o termo *acting-out* que se havia tornado pejorativo e confuso conceitualmente.

Uma nova conotação, do mundo jurídico, contribui para uma precisão conceitual. Em direito *enactment* significa algo com força de lei, um decreto, algo que tem que ser obedecido. Aceitando-se esse fato o termo psicanalítico passa a envolver ambos significados, isto é, trata-se de uma colocação em cena que ocorre obrigatoriamente. A essas características se acrescenta outro importante fator: o *enactment* ocorre entre paciente e analista, isto é, ambos participam do que está ocorrendo. Diferente do *acting-out* em que as ações são apenas do paciente e o analista as observa.[1]

Uma primeira aproximação leva a considerar *enactment* como uma formação de compromisso em que ações e comportamentos envolvendo ambos membros da dupla analítica, escondem e revelam, ao mesmo tempo, aspectos inconscientes.

Antes de expandir a ideia retomemos diferenças entre *enactment* e *acting-out*. Uma frase de um trabalho clássico de Greenacre (1950) é significativa: "*Acting-out*, como expressão, é uma forma especial de lembrança em que a antiga memória é *re-enacted* numa forma mais ou menos organizada e apenas ligeiramente disfarçada" (p. 456, tradução minha). A citação mostra que to *act out* e to *re-enact* tinham, na época, quase que o mesmo significado. Lembremos que *acting--out* é a tradução inglesa do termo *Agieren* que Freud (1914) utiliza para descrever situações em que o paciente se comporta encenando fatos que não pode lembrar. A noção de *Agieren* se confundia com a própria ideia de transferência.

No entanto, em seu uso comum os analistas tendem a usar o termo *acting-out* ou atuação, para descargas impulsivas, mais ou menos pontuais, e não é quase usado para representações encenadas que duram um tempo maior. O advérbio *out* indica para algo que é colocado para fora (do mundo interno), em forma rápida. A atuação costumava ser vista como um obstáculo para a análise, algo não bem-vindo. Era comum analistas acusarem o paciente por ter *atuado* em vez de associar livremente, como se o paciente se "recusasse" a recordar.

O termo *atuação* era também utilizado para rotular personalidades impulsivas e sociopáticas. O conceito se ampliara, em forma moralística, para a linguagem dos profissionais de saúde mental, tornando-se comum a denominação de *atuadores* para pacientes e pessoas supostamente transgressoras. Curiosamente não se considerava que muitos atos perversos são fruto de raciocínios sofisticados.

Essa conotação moralística incomoda porque é obvio que se um paciente *atua* ele o faz porque não tem condições suficientes para fazer outra coisa e não necessariamente porque ele deseja transgredir as supostas regras da análise.

A confusão conceitual em relação ao termo *acting-out* pode ser esclarecida se considerarmos as seguintes possibilidades: quando o paciente dramatiza – através de condutas – situações que não se lembra, estamos frente a *Agieren* descrito por Freud. Em outra vertente o termo *acting-out* passou a ser utilizado para atos impulsivos descarregados. Armou-se tal confusão que no *Vocabulário de Psicanálise* de Laplanche e Pontalis (1995) existem dois verbetes: 1. *Acting-out* (mantida a palavra em inglês) referindo-se aos atos impulsivos; 2. Atuação (*mise en acte*) como tradução do *Agieren* freudiano, como condutas encenadas opondo-se à rememoração. O estudo do *enactment* nos dará pistas para diferenciar, pelo menos em algumas situações, os dois significados.

82 NÃO-SONHO E *ENACTMENT*

Estas considerações nos conduzem a considerar formas de repetição que constituem fatores da transferência. Incluem-se nos fenômenos transferenciais "atualizações", revivências, repetições etc., se nos reportarmos ao referencial freudiano estrito, e externalizações de fantasias inconscientes (que têm por base experiências primitivas), no referencial das relações objetais. No entanto, existe em algumas culturas psicanalíticas uma tendência a diferenciar os fenômenos que ocorrem na transferência "desejável" daqueles que não costumam ser "bem-vindos". Assim, alguns psicanalistas reservam o termo *enactment* (e também *acting-out*) para comportamentos não verbais e comportamentos verbais em que as palavras servem menos para simbolizar que para descarregar, e que não seriam "desejáveis". Entretanto, outros autores (Chused, 1991; Roughton, 1993) valorizam o aspecto comunicativo dos *enactments* e a grande utilidade de sua compreensão. Aos poucos se descobre que sua maior utilidade é a possibilidade de revelarem falhas e êxitos no desenvolvimento inicial que não podem ser recordados nem esquecidos, porque essas capacidades ainda não se desenvolveram.

Bateman (1998) aborda controvérsias sobre o termo *enactment*, referindo-se a duas vertentes: 1) Ações que envolvem paciente e analista, num faixa que inclui graus menores ou maiores de severidade. No extremo mais benigno teríamos "atualizações" (Sandler, 1976) que gratificariam desejos transferenciais em relação ao analista. E, no mais maligno, comprometimento da capacidade do analista, levando-o a ultrapassar as fronteiras do que seria um tratamento analítico (Gabbard, 2006). Se no *acting out* o analista observa e acompanha as ações não pensadas do paciente no *enactment* o analista é levado pela relação, sujeito a suas próprias transferências e pontos cegos. 2) O *enactment* se constitui numa força positiva para o tratamento. Evidentemente depois de compreendido, quando o analista separa sua própria contribuição conflitiva daquela do paciente. No entanto, uma crítica a esta última acepção decorre do fato que essa função do analista ocorre constantemente durante o processo analítico. Dessa forma, este terminaria por ser "in totum", um *enactment*. O termo seria, portanto, redundante. Renik (Panel, 1999) nos diz algo similar, e acredita que às vezes podemos separar e identificar alguns *enactments*, que se constituem numa pequena parte daquele *enactment* que ocorre continuamente no processo analítico. O conceito *enactment* normal (Cassorla, 2001) se refere à identificação projetiva realística, que ocorre normalmente entre os membros da dupla analítica. Faz parte da transferência não psicótica. Os *enactments* normais são desfeitos através das interpretações do analista. Nos próximos capítulos voltaremos ao assunto.

Embora o conceito de *enactment*, na literatura, se refira geralmente a situações agudas, a performance da dupla no campo analítico pode durar mais tempo, convertendo-se numa colusão prolongada, não percebida suficientemente pelo analista. Trata-se do *enactment* crônico. Paciente e analista representam comportamentos, como numa espécie de teatro mímico, ou cinema mudo. Podemos considerar o *enactment* crônico como similar a *Agieren* com a diferença que o analista também está envolvido.

O *enactment agudo*, por sua vez, corresponde a comportamentos abruptos que, num primeiro momento, parecem ser apenas descargas. Sugere ser *acting out,* mas como envolve ambos membros da dupla seria um *acting-out* a dois. No entanto, essa comparação não está correta. Veremos adiante que o *enactment* agudo envolve não só descargas mas também não sonhos sendo sonhados e sonhos revertendo para não sonhos.

Um aprofundamento da ideia nos leva a considerar *enactment* como "comportamentos envolvendo paciente e analista que tornam atuais situações ou fantasias arcaicas, reflexo de medos e esperanças

84 NÃO-SONHO E *ENACTMENT*

transferenciais e contratransferenciais, sendo colocadas em cena situações traumáticas reais ou fantasiadas do passado, e ocorrendo inconscientemente". Os comportamentos substituem a comunicação verbal, que é limitada. Ocorrem, por isso, em processos analíticos que lidam com configurações psicóticas e s, em que a comunicação verbal é limitada ou impossível. Como no *enactment ambos* os membros da dupla estão envolvidos o conceito vai para além de *acting-out e Agieren,* descritos como pertencendo ao paciente.

Outra forma de ver o fenômeno nos leva a considerá-lo "fenômeno intersubjetivo em que, a partir da indução emocional mútua, o campo analítico é tomado por condutas e comportamentos que envolvem ambos os membros da dupla analítica, sem que eles se deem conta suficiente do que está ocorrendo, e que remetem a situações em que a simbolização verbal está prejudicada". Quando existem palavras, elas servem como instrumentos de descargas ou formas de expressar afetos que envolvem emocionalmente o interlocutor. A palavra funciona como ato, em que "dizer é fazer" (Austin, 1990). Trata-se de formas de rememorar através de sentimentos, o que Klein (1957) chama *memory in feelings.* Ou, ampliando sua ideia, memória em comportamentos.

Examinando minuciosamente *enactments* verifica-se que a performance é iniciada por um membro da dupla analítica, em geral o paciente. Seu comportamento envolvente pressiona o outro membro a responder em forma complementar, recrutado por identificações projetivas. O fenômeno ocorre em sentido duplo, analista e paciente influenciando-se mutuamente. Verifica-se que no *enactment* está envolvido algum aspecto do analista que o torna mais vulnerável à indução pelo paciente. Este, por sua vez, sofre indução do analista e, muitas vezes, não se sabe quem iniciou o *enactment.* Alguns autores (Gabbard, 1995) enfatizam mais o papel do analista, utilizando o termo *enactment contratransferencial.*

O *enactment* crônico resulta de identificações projetivas cruzadas em que ambos representam papéis a dois. Outras formas mais primitivas de identificação podem também estar em jogo (Sandler, 1993; Franco Filho, 2000). Na análise de crianças, adolescentes e pacientes graves o envolvimento de pais e outras pessoas do ambiente cria um emaranhado de identificações projetivas cruzadas (Cassorla, 1995, 1997, 1998e, 2009b, 2013d) que pode dificultar a percepção dos fatos envolvidos.

Fatos próximos já me intrigavam bem antes de defrontar-me com essas situações. Por exemplo o maltrato de equipes de saúde a determinados pacientes, tais como somatizadores e tentadores de suicídio (Cassorla, 1985, 1998b; Cassorla & Smeke, 1995). Os profissionais não sabendo lidar com suas limitações se deixavam recrutar por aspectos agressivos projetados pelo paciente, devolvendo-os sem poder pensá-los. Notava também que "falhas" do terapeuta, quando se engana em relação a horários, troca nomes, usa tom de voz impaciente, irônico, sedutor etc., em resposta a recrutamentos do paciente, se tornavam produtivas quando o terapeuta as reconhecia e discutia com seu paciente.

Uma situação marcante ocorreu antes de tornar-me analista. Um paciente me disse, ao final da sessão, que havia esquecido o cheque e que me pagaria na próxima sessão. Eu lhe disse que deixasse o cheque na portaria, no mesmo dia, porque eu tinha um pagamento que venceria no dia seguinte. Senti-me constrangido tanto com a exposição como com a cobrança. Na sessão seguinte o paciente me disse que nunca imaginaria que eu precisasse de dinheiro. A partir desse fato pudemos trabalhar sua fantasia que eu era uma espécie de seio inesgotável que estava ali só para satisfazê-lo, sem ter vida própria. Não foi difícil perceber que ambos estávamos envolvidos num conluio de gratificação e submissão, em determinadas áreas da relação. Tratava-se do que, anos após,

86   NÃO-SONHO E ENACTMENT

chamaria *enactment* crônico. Ele foi desfeito quando foi feita a cobrança. O contato traumático com a discriminação self/objeto, *enactment* agudo, terminou por ser produtivo. Somente me dei conta do conluio anterior após esse fato.

Portanto, *enactments* crônicos indicam conluios não pensados entre os membros da dupla analítica que podem antecipar uma possível ruptura do campo analítico. Essa ruptura ocorre em função de comportamentos abruptos que, por sua intensidade, se impõem à observação do analista, *enactments* agudos. Somente então o analista se dá conta do que ocorrera durante o *enactment* crônico anterior. Essa ressignificação retroativa corresponde à ideia freudiana *Nachträglichkeit, ação diferida, ou aprés coup* (Freud, 1918).

A ideia de *enactment* crônico (não o termo) pode ser ampliada para situações sociais em que líderes carismáticos recrutam emocionalmente pessoas, grupos e populações, que se deixam envolver atacando sua própria capacidade de pensar. Constituem-se conluios perversos em que pessoas são manipuladas emocionalmente. Estas situações mostram como seres humanos são frágeis em relação à indução emocional. Consequências trágicas são bem conhecidas e se manifestam através de intolerância, preconceito, fanatismo, e outras formas de ataques ao pensamento.

Muitos analistas têm descrito situações parecidas ao que chamamos *enactments*, sem que sejam nomeadas claramente. Freud as apresenta, por exemplo, no caso Dora (Freud, 1905a) e no sonho de injeção de Irma (Freud, 1900). Breuer e Anna O constituem, possivelmente, o primeiro conluio descrito na psicanálise. Atualmente o termo tende a ser incorporado por analistas de variadas origens (por ex. Feldman, 1997; Britton, 1999; Hinshelwood, 1999; Steiner, 2000; Mann & Cunnigham, 2009; Bohleber et al, 2013).[2]

Brown (2011) revisa autores pioneiros que apontavam para fatos similares. No capítulo 10 são estudadas situações anunciadas por Bion quando o analista se torna estúpido, similares às que ocorrem também durante *enactments*.

Dentro do modelo proposto os *enactments*, principalmente os crônicos, devem ser compreendidos como produto de *não-sonhos--a-dois*. Eles se manifestam através de cenas e enredos estanques que não envolvem pregnância visual, ou quando ela existe é precária ou sem movimento. O material não tem significado, não há espaço para ligações, não existe ressonância emocional para novas conexões e o analista é engolfado pela situação, não percebendo o que está ocorrendo. Por isso as cenas e enredos poderiam ser melhor descritos como não-cenas e não-enredos em que ambos membros da dupla se sentem atingidos.

O estudo do *enactment* crônico me tem levado a vê-lo não somente como resultado da incapacidade de simbolização por parte de paciente e analista, mas também como consequência da necessidade de se reviverem mecanismos vinculares iniciais. Nesse revivência o paciente recebe função alfa do analista, mesmo que este o faça inconscientemente. Aos poucos ela é introjetada, também inconscientemente. Quando ela se torna suficiente o *enactment* crônico, simbiótico, é desfeito bruscamente, como *enactment* agudo. Os não-sonhos são transformados em sonhos, com ressignificação retroativa.

Enactments crônicos incluem, em sua potencialidade, pistas que nos mostrariam a gênese dos não-sonhos, os obstáculos à capacidade de pensar, as reversões de função alfa, o funcionamento primitivo da mente. O processo analítico permite, nessas situações, que vejamos em *status nascendi*, como a relação intersubjetiva desenvolve a formação simbólica. Estes aspectos serão aprofundados nos próximos capítulos.

88 NÃO-SONHO E *ENACTMENT*

Fica a dúvida se seria necessário um novo termo para o que subjaz a identificações cruzadas, que necessariamente ocorrem entre analista e paciente, com finalidades ao mesmo tempo obstrutivas e comunicativas. Entretanto, me parece que o termo *enactment* é útil, pelo menos por quatro motivos: 1. chama a atenção para algo que não estava nomeado claramente, embora já descrito; 2. não tem o aspecto pejorativo atribuído ao vocábulo *acting-out*, e vai além desse conceito; 3. ao insistir no papel de ambos os membros da dupla analítica, influindo-se mutuamente, enfatiza o aspecto intersubjetivo; 4. ao definir um conceito permitiu que seu estudo fosse aprofundado, como veremos nos próximos capítulos.

Atualmente o termo passou a fazer parte do terreno comum (*common ground*) da psicanálise, sendo utilizado por psicanalistas de variadas orientações teóricas. Como qualquer termo novo, ele foi inicialmente visto com aversão e desconfiança. Em seguida passou a ser aceito em forma crítica e reticente. O uso tem se ampliado mas ainda é necessário que se explicite seu significado, como ocorre com a maioria dos termos psicanalíticos.

Notas

1. Tem-se traduzido *enactment* por *puesta en escena* (espanhol), *agissement* (francês) e *Inszenierung* (alemão). Os termos correspondentes, em português, *encenação* e *dramatização,* já vêm saturados de uma conotação depreciativa (como ocorre também com o termo *atuação,* como tradução de *acting-out*). *Representação,* por outro lado, é usado classicamente na metapsicologia freudiana com significações diferentes. Por outro lado não existe, em português, um termo que indique algo colocado em cena em forma obrigatória, como ocorre com o termo em inglês. Por esses motivos mantenho o termo *enactment,* seguindo o costume de nossa língua de absorver termos estrangeiros.

2. Veja também a nota de rodapé 3, no capítulo 9, que nomeia outros autores.

5. Simbolizando traumas:
o *enactment* agudo

Neste capítulo serão abordadas situações em que o processo analítico parece produtivo, ao mesmo tempo que está ocorrendo um *enactment* crônico, imperceptível para ambos os membros da dupla. Um evento abrupto desfaz o conluio crônico. Esse evento, *enactment* agudo, indica contato com traumas primitivos, antes congelados, cuja tomada de consciência seria vivida como intolerável. Os fatos descritos ficarão mais claros a partir de uma situação clínica.

Tania me procurou em surto psicótico, aterrorizada e imaginando que poderia matar-se. O início da análise envolveu relatos de situações traumáticas infantis, bastante detalhadas e intensas, em que se mostrava vítima de figuras parentais perturbadas. Os fatos de seu passado me pareciam tão traumáticos que duvidava de sua veracidade. Com o tempo me convenci que poderiam corresponder a fatos reais. Estes eram, de certa forma, revelados no relacionamento insólito com seus familiares e colegas de trabalho.

De repente, alguém se sentia ofendido por alguma coisa banal e as pessoas não se falavam por meses; outras vezes, ocorriam agressões verbais e físicas; depois, momentos de paixão que explodiam em ódios violentos. O mesmo ocorria na análise, com oscilações bruscas entre sua necessidade e dependência do analista, frente ao qual se mostrava hipersensível aos mínimos detalhes, e momentos ou fases em que predominavam ataques violentos e de desprezo, quando ela se sentia superior e invulnerável.

Logo percebi que Tania me mobilizava para que me tornasse solidário com uma pessoa que havia sofrido tantas injustiças e dificuldades. Parecia-me uma paciente que revelava configurações *borderline* correspondendo, em geral, ao tipo "narcísico de pele fina", descrito por Rosenfeld (1987), hipersensível a frustrações reais ou imaginárias, e aterrorizada em não se sentir aceita, embora tentasse defender-se apresentado-se, caricaturalmente, como superior e inacessível. Dessa forma encobria sua "pele fina" com uma carapaça de "pele grossa", e esses mecanismos se alternavam quando não estavam misturados. Aos poucos, essas oscilações passaram a ser percebidas e transformadas em sonho pela dupla analítica. Após alguns anos de análise Tania foi adquirindo mais condições para vivenciar seu sofrimento mental, suportá-lo e dar-lhe significado. O processo analítico parecia produtivo, ainda que ocorresse certa oscilação entre fases de ampliação de seu mundo mental e fases em que o processo analítico era atacado.

Em função do tempo e do desenvolvimento da análise, eu considerava que nosso trabalho evoluía de forma satisfatória. Às vezes me surpreendia aguardando Tania com um certo prazer, talvez excessivo. Isso me levava a pensamentos sobre o que estaria ocorrendo: se o processo não estaria indo "bem demais", cego para alguma coisa. Pensava em discutir alguma sessão com colegas, mas, isso era adiado.

O enactment agudo

Em meados do terceiro ano de análise, mudei de consultório. Deixei meu apartamento, onde vivia com minha família, por uma clínica onde trabalhavam médicos de várias especialidades. Tania fora avisada com semanas de antecedência de que ocorreria uma mudança de endereço, sem mais detalhes. Surgiram episodicamente algumas fantasias em relação à mudança, passíveis de serem aprofundadas e trabalhadas. A análise transcorria num clima de turbulência, sentido como suficientemente criativo.

Na primeira sessão no novo consultório Tania entra transtornada. Sua expressão me lembra a da primeira entrevista, como se estivesse fora de si. Seu olhar me causa medo e me sinto impactado por vê-la dessa forma. Não se deita, nem se senta. De pé, agressivamente, me diz que não vai mais continuar a análise, depois do que eu tinha feito. Repete obsessivamente a acusação, inconformada, sem entrar em detalhes. Sua fala é contundente, onisciente, fechada a qualquer questionamento. Seu ódio é manifesto e receio que me agrida fisicamente.

Sinto-me desconfortável, surpreso e sem a menor ideia sobre o que está ocorrendo. Automaticamente me sentei numa cadeira que uso para as entrevistas iniciais e não na que utilizo como analista, atrás do divã. Ela continua em pé, próxima à porta que não fechou, reclamando, desafiadora, e ameaçando retirar-se.

Digo-lhe que não estou entendendo e quero que me esclareça sobre o que está falando. Tenho que elevar o volume de minha voz, na tentativa de que me escute.

Nesse momento se senta, frente a mim, também em cadeira usada para entrevistas. Sou metralhado com acusações, numa torrente confusa e delirante. Continua gritando, ameaçadora, e me pergunto se não se ouvirá no restante do prédio. Mas, ainda que incomodado, me percebo curioso em querer decifrar o que está ocorrendo. Permanece o receio de que ela se levante bruscamente e saia da sala, não me dando tempo para conseguir algumas pistas.

Sua fala raivosa é mal-articulada e confusa, as palavras parecendo explosões, mas consigo perceber que está me dizendo algo sobre eu tê-la enganado, porque não lhe havia dito que o novo endereço era uma clínica de consultórios médicos. Diz que se sente enojada com o prédio, horrível, sujo, com doentes pelos corredores. Os funcionários são antipáticos e parecem idiotas. E, queixa-se de eu não ter lhe informado sobre "tudo isso", antes da mudança.

Tento dizer que eu lhe informara que era uma clínica, mas me interrompe. Diz que sim, eu lhe dissera que era uma clínica, mas não dissera que era de consultórios médicos. Logo, era um lugar onde se "comercializava a saúde", todos estavam ali "para ganhar dinheiro". A cor do prédio e os quadros eram de péssimo gosto, a arquitetura ultrapassada, e não entende porque precisei colocar meu nome na porta com letras tão feias. Nos intervalos de suas falas, insiste em que não vai mais fazer análise comigo. Sinto que já tenho uma ou outra pista: vai deixar-me porque eu sou outro analista, não aquele em quem confiava. Continuo escutando frases similares, agora não mais assustado com a possibilidade que vá embora, mas nada me vem à mente e permaneço calado, observando Tania e minhas sensações e sentimentos.

Aos poucos, vou me sentindo convencido que sua maior ansiedade decorria de ter se sentido enganada. Após algumas tentativas, consigo interrompê-la e digo que eu estou surpreso com sua reação, e que eu não concordava com a acusação de que a teria enganado. Constato que está me ouvindo. Continuo: ela tinha razão quanto a eu não ter lhe dado detalhes sobre os profissionais da clínica. Mas, não falara sobre isso porque não me parecera importante. E mais, estou intrigado e curioso em saber por que a presença de outros médicos a deixava tão perturbada. Acrescento: "você está com medo de sentir-se muito doente?"

Já menos agressiva me responde: "talvez, mas não é isso. Afinal eu não conheço nenhum médico desta clínica, e mesmo que conhecesse poderia dizer que venho discutir sobre cursos que você coordena na universidade". Mas, a seguir, continua dizendo que eu não sou o mesmo para ela, que está decepcionada e vai embora. O tempo da sessão terminou e lhe digo que as coisas não estão claras e que a espero amanhã. Retira-se irritada, mas sinto-me seguro que voltará.

Pistas desencadeadas pelo enactment agudo

Em seguida resumo o que ocorreu nas duas sessões seguintes. Tania vem mais calma, retomamos o assunto e pôde ouvir minhas colocações e hipóteses interpretativas. Elas giravam em torno de suas ansiedades e reações decorrentes de fantasias inconscientes de exclusão. Esta exclusão se articulava a fantasias de humilhação, ciúmes e inveja, por sentir-se obrigada a seguir-me onde eu fosse, porque dependia de meus recursos como analista, e ainda por cima tinha que pagar-me por isso.

Isso se acentuara também porque seus sentimentos vorazes e de culpa a impediam de estabelecer-se como profissional autônoma, tomando consciência de como lhe seria impossível cobrar por seus serviços. Às associações e fatos desse teor segue a lembrança de um sonho, que tivera na noite seguinte à sessão descrita acima. Esse sonho continua no campo analítico e, como sonho-a-dois, conseguimos perceber que Tania revive algo que lhe é incompreensível: a relação íntima entre os pais, equacionada com relações sexuais e mentais do analista. O analista tem vínculos com objetos internos

94   SIMBOLIZANDO TRAUMAS

dele próprio e também com objetos externos. Tania não tem esses vínculos e objetos, o que faz com que se sinta terrivelmente excluída. No sonho, os enigmas relativos a inclusão e exclusão são figurados por situações de fertilidade e de decadência, mesclando-se vida e morte de forma confusional. Tania não compreende os enganos e traições que vivencia com grande sofrimento. Frente a essa confusão ela tenta "não ver" o que ocorre, incluindo sua atração e ciúmes edípicos, mas isso não é totalmente possível. No sonho também se representa a morte da análise e de todos os vínculos que existem dentro do analista e com ela. Ao mesmo tempo, reconhece recursos da dupla analítica. No entanto tem que atacá-los, desprezá-los invejosamente, porque precisa muito deles. Mas, sem eles não sobreviveria. E se sente triste e assustada por tudo isso.

Durante essas sessões Tania se mostra colaboradora, sua fala é coerente e a relação é criativa. Entre as ricas associações ao sonho, Tania me conta sobre as várias mudanças de residência em sua vida. Sua mãe nunca estava satisfeita com seus ganhos financeiros e repentinamente trazia a notícia de uma mudança. Reclama que ela nunca pensou nos filhos, que deixavam seus amiguinhos, seu ambiente e principalmente suas professoras, com quem mantinha vínculos intensos. Isso era sentido como morte de si mesma e dos demais. O trabalho, o dinheiro, era o mais importante, e a mãe não admitia reclamações. Fica claro que a mudança de consultório fez Tania reviver essas situações. Ela teve que deixar minha residência, ambiente acolhedor, porque eu teria mudado de endereço por dinheiro, porque era "comerciante". Ao mesmo tempo, eu mantinha os vínculos, que ela perdia, com minha família, com minha mulher e comigo mesmo. Por sentir-se excluída e enganada, tentava vingar--se, abandonando-me. Mas, isso a deixaria sozinha, aumentando seu desespero e ódio, ao mesmo tempo que parecia que não sobreviveria, como o sentia na infância, a cada separação ou exclusão.

Discussão

A situação que ocorreu na primeira sessão no novo consultório, constitui um *enactment* agudo. Ele desfez uma configuração que se havia constituído entre analista e analisando, em forma prolongada. Naquela sessão, Tania me invadiu com identificações projetivas massivas, iniciando o *enactment* agudo e eu a segui, aceitando, inconscientemente, participar da cena ao sentar-me na cadeira de entrevistas e não na de analista.

Uma possibilidade é que eu teria contra-atuado devido ao comprometimento contratransferencial. Caso contrário eu me sentaria na minha cadeira habitual, não cedendo às fantasias de Tania, e assim lhe mostraria que continuava o mesmo analista. Se isso fosse consciente, poderia ser uma ação interpretativa (Ogden, 1996b).

A evolução dos acontecimentos, porém, me leva a outras hipóteses. Ao sentar-me na cadeira de entrevistas, confirmei a percepção da paciente: sim, eu era outro analista. Somente naquele momento, teria entrado em contato com a percepção inconsciente (que foi se tornando consciente, posteriormente) de que estivéramos vivendo uma relação simbiótica idealizada, em minha residência familiar. Tania vivia a relação analítica como se ela fizesse parte da minha família, como se ela fosse filha, esposa/marido, irmã, de seu analista e de minha mulher e filhos. E eu, seu analista, não só não o percebera, como estava contribuindo para tal. Agora tinha elementos para compreender a motivação de meu prazer em atendê-la, meus momentos de desconfiança sobre o processo estar indo "bem demais" (mas, adiando a investigação dessa percepção), e a pouca importância que dava a possíveis interpretações transferenciais que envolvessem objetivamente minha família. Na verdade, ainda que a análise estivesse sendo produtiva em muitos aspectos, a simbiose descrita era um *enactment* anterior, sutil,

96 SIMBOLIZANDO TRAUMAS

que estava ocorrendo há algum tempo, sem que o analista o percebesse. Trata-se de um *enactment* crônico. O analista assumira, em parte, o papel de objeto ou casal parental idealizado e protetor que a defendia dos pais terríveis, internalizados como objetos destrutivos e desagregadores de sua mente. Minha função, no *enactment* crônico, evitava o contato com esses últimos aspectos.

Portanto, a acusação de que eu a enganara não estava totalmente errada. Ela havia se enganado e eu havia me deixado enganar, ao não ter captado suas fantasias de vinculação simbiótica, onipotentes. Quando estas desabaram, graças à mudança de consultório, emergiu uma nova dupla: um novo analista e um novo paciente, desfeita a fantasia simbiótica, o *enactment* crônico.

Proponho que, quando conversamos, sentados nas cadeiras de entrevistas, era como se estivéssemos revendo o contrato, "colocando em cena" uma outra necessidade inconsciente de ambos. Penso também que, intuitivamente, deduzi que, caso eu me sentasse na minha cadeira de analista, ela iria embora, sentindo-se incompreendida.

As hipóteses que levantei acima, evidentemente, somente foram ficando mais claras nas sessões seguintes, e a escrita e discussão do material organizaram as ideias. Há um adendo: quando Tania se sentou, eu automaticamente me levantei para fechar a porta. Este ato poderia, à primeira vista, ser considerado como um cuidado para evitar que ela fugisse. Hoje acredito que isso realmente ocorreu, mas penso que sua função também foi manter um espaço privado, um sinal que eu a aceitava da forma que poderia ser, que não a expulsaria nem a abandonaria, embora ambos tivéssemos nos enganado. Fechar a porta, sentar-me novamente em sua frente, constituíram etapas da performance, como filme mudo ou teatro mímico, uma sequência de cenas, partes do *enactment* agudo: a) início com sua chegada, transtornada, gritando, de pé sem entrar, a porta aberta; b) o analista se sente invadido, assustado. Automaticamente se senta na cadeira em que faz entrevistas, sem saber por que; c) Tania continua em pé, acusando o analista; d) o analista sente medo que Tania o agrida ou que vá embora, antes que se compreenda o que está ocorrendo; e) o analista fala, aumentando o volume normal de sua voz; f) Tania se senta defronte ao analista; g) o analista se sente menos ameaçado e bastante curioso, mas ainda receia que a paciente saia; h) o analista se levanta e fecha a porta – Tania continua gritando e não demonstra perceber o movimento do analista; h) o analista se senta, novamente; j) o analista interrompe a fala de Tania e se faz entender etc. Entre essas etapas, e também acompanhando-as, além das palavras ocorrem atos menores, difíceis de descrever, que incluem expressões faciais, movimentos, tonalidades da voz etc., como acontece em qualquer representação de dois atores, com a importante diferença de que tudo isso ocorreu, em sua maior parte, inconscientemente.

O decorrer da análise confirmou as hipóteses acima, tornando possível um aprofundamento de aspectos que relutavam em ficar mais claros. Foi possível entrar em contato com certa erotização defensiva da relação transferencial, da qual ela também se defendera em minha residência, deslocando-a para amantes imaginários e fantasiando que vivíamos como uma família integrada e feliz, ela incluída. Também me confessou que tivera a ideia de que minha mudança de consultório se devia a estar me separando de minha mulher, mas não me contou na ocasião. Essa fantasia foi aterrorizante, sentindo-se ao mesmo tempo abandonada pelo casal parental e culpada por seus desejos edípicos de ter-me só para ela.

Conclusões

A descrição do *enactment* agudo teve também por objetivo demonstrar seu valor comunicativo para o processo analítico, estimulando sua compreensão. Esse fenômeno ocorre, no caso de pacientes narcísicos, frequentemente no momento de oscilação entre as defesas "pele fina" e "pele grossa", como ocorreu com Tania, porque ambas posições narcisistas, rígidas e estáticas, ao mudarem de sentido (grossa <-> fina) expõem sua instabilidade, altamente perigosa, durante a qual tanto a violência como a autodestruição, antes controladas, se tornam possíveis.

Proponho, como hipótese, que inicialmente a hipersensibilidade de Tania fez com que o analista se tornasse mais prudente, esperando um fortalecimento, para defrontá-la, gradualmente, com seus aspectos destrutivos e invejosos. E, que o *enactment* crônico, anterior, em que ambos representávamos a relação simbiótica, funcionara como um conluio visando não aprofundar essas questões. Evidentemente tinha funções resistenciais e eram motivadas também por problemas contratransferenciais do analista. Mas, dada a sensibilidade da paciente, não posso excluir a hipótese de que se constituiu também numa "colusão necessária", tendo também sido útil para o processo analítico, ainda que não conscientemente.

Não posso ter certeza, mas acredito que essa colusão teria se desfeito ou se tornaria perceptível ao analista, naturalmente, com o avançar da análise. Proponho que ela se desfez, de forma violenta, através do *enactment* agudo, desencadeado pela mudança de consultório, porque já existiam condições para entrar em contato mais profundo com os aspectos que emergiram, o que permitiu a oscilação e a mudança no tipo de defesa narcisista (pele grossa <-> pele fina). Creio que, caso Tania e o analista não se sentissem suficientemente fortes quanto à sua relação, talvez a relação simbiótica idealizada, fantasiada, teria sido mantida, mesmo no novo consultório. Uma pista que reforça essa possibilidade é quando ela me disse, durante a violenta cena descrita, que caso conhecesse algum médico do edifício, diria que vinha "discutir cursos na universidade", onde eu era professor.

O *enactment* agudo, intenso, consequente à mudança, teria servido também como forma de comunicar ao analista que não havia mais a necessidade de "proteção", a paciente já sentindo suficiente confiança nela mesma, no analista e no trabalho conjunto, para ousar defrontar-se com a verdade. Por isso o considero um "recurso", evidentemente um recurso inconsciente.

Esse recurso funciona, ao mesmo tempo, de duas formas:
1. Denunciando que existem "pontos cegos" no processo analítico;
2. Mostrando que já há possibilidade de "abrir os olhos" (Cassorla, 1993) à presença do terceiro, desfazendo-se a relação simbiótica. É óbvio que esse "recurso" somente tem êxito se o analista percebe o que ocorreu e, em seguida, o paciente valida suas interpretações. Pode ocorrer do analista estar contraidentificado (ou perturbado por seus conflitos) em tal forma que não perceba o quanto está "enganchado" e correndo o risco de "enganchar-se" ainda mais.

Desejo deixar claro que não considero que os *enactments* descritos sejam algo "recomendável". O ideal seria que o analista os houvesse percebido e interpretado cuidadosamente, na forma e momentos adequados. Fica a questão: seria isso possível?

Especulo que, em pacientes como Tania, pode ser necessário que ocorra uma colusão ou um *enactment* crônico inicial, mais ou menos longo que passa desapercebido. Nessa fase, analista e paciente se "preparariam" inconscientemente para defrontar-se com a realidade triangular, e quando isso se torna possível, ocorre uma mudança na qualidade do *enactment*, que tenta comunicar, vigorosamente, em forma aguda, aquilo que estava escondido ao analista, que agora poderá libertar-se da colusão. Talvez esse mecanismo faça parte da "história natural" do processo analítico com pacientes narcisistas e *borderline*: uma fase de simbiose (na qual também ocorrem mudanças inconscientes, mascaradas pela colusão), que necessita tempo para ser elaborada, criando-se aos poucos a possibilidade de que ela se rompa. Esse rompimento brusco (graças ao *enactment* agudo) seria um sinal de que o processo elaborativo já teria chegado a um ponto, em que é possível correr os riscos de se perceber que o analista é um terceiro, um ser independente, não mais um prolongamento narcisista do paciente. Assim, no processo analítico, se reviveriam as primeiras fases do desenvolvimento, com a possibilidade de que novas experiências substituíssem as experiências deficitárias ambientais arcaicas, para poder chegar a uma posição edípica passível de elaboração.

Para comprovar a hipótese anterior haveria que investigar mais casos, minuciosamente, e analisados por psicanalistas com experiências variadas. É certo que, se o analista tivesse condições de perceber os mecanismos descritos, mais precocemente, identificando a colusão, seria possivelmente mais proveitoso. Na investigação proposta verificaríamos até que ponto a identificação desses mecanismos se retarda, se isso visaria a reelaboração de situações arcaicas, e se avaliaria a importância de fatores contratransferenciais.

Em resumo, embora o *enactment* agudo seja manifestação de um impasse, tem também um aspecto comunicativo, que exige decifração. Somente quando o *enactment* é compreendido, verificamos como ele pode nos ser útil. Neste texto efetuei também a especulação de que o *enactment* crônico, que ocorre de forma sutil, pode constituir-se não apenas como algo resistencial, mas também como uma fase de espera, de maturação, em pacientes frágeis, muito sensíveis. Seria esta outra função dos *enactments*.

Como assinalei, certamente existem aspectos contratransferenciais implicados no *enactment* crônico. Assim, a aparente prudência e cuidado do analista poderia estar escondendo insegurança, medo ou necessidade de manter-se fusionado, por outros problemas seus. Esses aspectos contratransferenciais podem facilitar que se "enganchem" conteúdos projetados pelo paciente, e é possível que em algumas ocasiões isso seja inevitável, por algum tempo. O que importa é aproveitar esse "enganche" para compreender o que acontece e desfazer pontos cegos: para tal, o analista deverá estar sempre alerta, observando-se, tentando captar o que está acontecendo com ele e solicitando o auxílio de interlocutores. Por exemplo, ao discutir este material clínico com colegas, assinalaram-me a coincidência de que tanto Tania como seu analista, tínhamos muitas migrações em nossas histórias, fato que curiosamente eu não havia pensado antes.

E, a análise habitual não seria também uma performance em que analista e paciente se influenciam mutuamente através de identificações projetivas e introjetivas cruzadas? Certamente. As diferenças com o *enactment* patológico é que no processo analítico o analista está tentando transformar os conteúdos do mundo interno do paciente "colocados em cena", conscientemente, e usando também os derivados conscientes de sua contratransferência inconsciente. Nesta situação o analista está alerta para não deixar-se controlar pelo paciente. Mas, a situação analítica estimula que os *enactments* ocorram continuamente, e o analista entra nela, intencionalmente como coparticipante, pela necessidade de ser analista. Sua função será identificar precocemente e ir desfazendo os *enactments* que ocorrem a todo instante, no processo analítico. À maioria desses *enactments* (derivados de identificações projetivas normais, e que acompanham a comunicação simbólica verbal), ou à sua série constante, que o analista vai desfazendo com suas intervenções, sugiro que os chamemos *enactments normais*. Os *enactments patológicos*, derivados de identificações projetivas cruzadas massivas, mas difíceis de evitar ou desfazer, poderiam ser classificados como foi feito neste trabalho, em: 1. *agudos* – quando aparecem abruptamente, mobilizando a dupla analítica, e duram apenas instantes se compreendidos; 2. *crônicos* – quando se prolongam, numa colusão, que demora bastante tempo até ser identificada, ou leva a um impasse impossível de ser desfeito.

Nos próximos capítulos, as hipóteses levantadas serão ampliadas e validadas através de outras situações clínicas.

6. Do baluarte ao *enactment*: modelos intersubjetivos

> *"Os leopardos invadem o Templo e esvaziam os vasos sagrados... O fato não cessa de reproduzir-se; até que [...] isso começa a fazer parte do ritual"*
>
> —*Franz Kafka (1961)*

Neste capítulo serão discutidos modelos relacionados ao que se supõe que ocorre entre ambos os membros da dupla analítica. Em particular serão consideradas situações paralisantes do processo analítico. Veremos que ideias sobre intersubjetividade já estavam presentes na psicanálise latino-americana das décadas de 1950-60, particularmente nos países do Rio da Prata.

Modelos freudianos

A dificuldade em descrever o que ocorre numa sessão analítica tem feito com que se utilizem modelos auxiliares. Freud (1905b) descreveu o analista como um escultor (*"via di levare"*), desvelando a obra oculta na pedra. O terapeuta sugestionador, no entanto, agiria como pintor (*"via di porre"*), colocando algo na tela.

O modelo da escultura se aproxima do histórico-arqueológico (Freud, 1930), em que o analista como que escava camadas mentais. A partir dos elementos encontrados poderá também efetuar reconstruções hipotéticas (Freud, 1937). Neste modelo pareceria que, à medida que caminhamos na investigação analítica, mais profundamente chegaremos. Strachey (1934) discute complicações técnicas decorrentes dessa ideia. Bion (1965), ao discutir o conceito de "mudança catastrófica", mostra que o analista-arqueólogo encontrará, mescladas, rochas pertencentes a diferentes "estratos geológicos".

No modelo que chamo "militar", a análise deverá reconquistar espaços ocupados por um exército invasor que deixou, em seu avanço, fortalezas com tropas, pontos de fixação. O analista atrairá as tropas libidinais para si mesmo, no intuito de dominá-las, e o campo de batalha será a transferência (Freud, 1912a).

Freud introduz também modelos para descrever a atitude do analista, como o "cirurgião" (1912b), "sem sentimentos", e o analista-espelho.

Em todos os modelos descritos até aqui, o analista é ativo, enquanto que o paciente parece submeter-se, ou apenas resiste passivamente. Mesmo o analista-espelho ativamente reflete aquilo que entende (Balint, 1968). Mas, no modelo do jogo de xadrez (Freud, 1913), onde o analista não sabe como jogará o jogo, poderíamos supor que o paciente não só se defende, mas pode derrotar ativamente o analista.

Baluarte e campo analítico

O reconhecimento da contratransferência não apenas como patologia do analista, mas como instrumento útil para compreender o paciente, ocorreu concomitantemente na Argentina (Racker, 1948, 1953) e na Inglaterra (Heimann, 1950). O analista, suportando e elaborando os sentimentos suscitados dentro dele, captando sua resposta emocional, a torna instrumento valioso de investigação do inconsciente do paciente.

Ainda que o conceito de identificação projetiva não tenha sido usado nesses trabalhos, logo percebeu-se sua utilidade para compreender a contratransferência. Inicialmente a identificação projetiva era considerada uma fantasia inconsciente defensiva, e apenas isso. No processo analítico, aspectos cindidos do paciente são projetados dentro do analista, este sendo vivenciado como contendo esses aspectos expelidos.

Money-Kyrle (1956) mostra que a contratransferência pode ser "normal", fruto da oscilação adequada, no analista, entre identificações projetivas e introjetivas. Na Argentina, nesse momento, Pichon-Rivière (1980) caminhava na mesma direção. De certa forma, esses autores antecipam o que Bion (1962b) chamará identificação projetiva realística ou normal, mecanismo que permite o reconhecimento de objetos e a identificação, com finalidade de comunicação.

Grinberg (1957) mostra, através do conceito de contraidentificação projetiva, que as projeções do paciente podem atingir o analista, provocando-lhe algo "real". Isso ocorreria independentemente de seus próprios conflitos. Neste momento, a identificação projetiva deixa de ser apenas uma fantasia inconsciente. O paciente não só se defende, mas tem poderosas armas de ataque contra o

106   DO BALUARTE AO *ENACTMENT*

analista. Logo se percebe que o analista pode aproveitar esse fenômeno para captar aspectos expelidos do paciente (Grinberg, 1982).

Ideias similares são trazidas por Bion (1962b). Os elementos que constituem a tela-beta (que não podem ser pensados e são expelidos através da identificação projetiva) têm a capacidade de despertar emoções no analista, promovendo a reação que inconscientemente o paciente deseja. O analista procurará "metabolizar" esses elementos, devolvendo-os ao paciente ressignificados e possíveis de serem pensados (elementos alfa).

O modelo militar, associado ao conceito de identificação projetiva, serve ao trabalho clássico do casal Baranger (1961-1962), onde eles descrevem o "baluarte", obstáculo para a progressão da batalha que ocorre na situação analítica. A etimologia de baluarte nos indica fortificações que avançam em ângulo saliente, a partir de muralhas protetoras, permitindo vigiá-las e atirar contra os inimigos.

A ideia de baluarte, como fortaleza de onde se impede o trabalho analítico, poderia sugerir que o analista se movimenta ativamente, enquanto o paciente fica recuado, defendendo-se. Essa impressão não é correta. Somente podemos compreender esse modelo dentro do conceito de "campo". Nele já estão contidas ideias atuais sobre intersubjetividade.

Para os Baranger, da situação analítica participam duas pessoas envolvidas num mesmo processo dinâmico, em que nenhum membro da dupla é inteligível sem referência ao outro. As duas pessoas, por sua vez, mascaram estruturas multipessoais. O "campo" se constitui no conjunto de estruturas espaciais, temporais e o que é chamado "fantasia inconsciente da dupla". Essa fantasia não é decorrente da soma de aspectos do paciente e do analista, "... É algo que cria *entre* ambos, dentro da unidade que constituem no momento da sessão, algo radicalmente diferente do que são, cada um, separadamente" (p. 141, tradução minha). É importante assinalar que tudo o que ocorre no campo bipessoal não será simplesmente uma repetição, na medida em que surge num novo contexto.

O encontro com baluartes remete a paralisias no campo, sensação que nada ocorre, relatos estereotipados. Ainda que por vezes os Baranger se refiram ao baluarte como pertencendo ao paciente, fica clara sua intenção de considerá-lo como produto do campo. Essa contradição é melhor esclarecida posteriormente (Baranger et al., 1982), quando se considera o baluarte um "precipitado" de campo, que somente pode ocorrer entre esse analista e esse analisando e "provém de uma cumplicidade entre ambos protagonistas na inconsciência e no silêncio para proteger um engate que não deve ser desvelado" (p. 115). Constitui-se uma neoformação de campo, "ao redor de uma montagem fantasmática dividida que implica zonas importantes da história pessoal de ambos participantes, e que atribui a cada um, um papel imaginário estereotipado" (p. 116). Assim, partes do paciente e do analista ficam englobados numa estrutura defensiva. O baluarte pode parecer um corpo estranho estático, enquanto o processo analítico aparentemente segue seu curso, ou invade todo o campo, que se torna patológico. A ruptura do baluarte provoca a destruição do "status quo", dando chance à ressignificação das partes cindidas, que voltam a fazer parte do mundo emocional.

É interessante verificar a similaridade entre a descrição dos Baranger e as ideias sobre *enactment*.

Relação continente/contido, recrutamento e enactment

O modelo continente/contido (Bion, 1962b) baseia-se na função digestiva: a mente humana deve "digerir", "metabolizar" elementos

108 DO BALUARTE AO *ENACTMENT*

brutos, sensoriais e afetivos, chamados elementos beta, que devem ser contidos (acolhidos e metabolizados) por outra mente, continente, e tornados possíveis de serem potencialmente pensados, elementos alfa. O continente apropriado, capaz de efetuar essa complexa função, chamada alfa, não se deixa dominar ou destruir, propiciando uma relação intersubjetiva criativamente transformadora.

Espera-se que o analista utilize sua função alfa para ajudar o paciente a dispor de elementos apropriados para o pensamento, permitindo-se ser alvo para as identificações projetivas massivas de elementos beta do paciente, e capaz de transformá-los em elementos alfa. A captação intuitiva do analista dá-se na "intersecção" (Bion, 1965) entre evoluções do paciente e do analista, que permite que o analista sonhe os elementos não pensáveis.

Os elementos alfa constituem a experiência emocional representada mentalmente, adquirindo a qualidade de "pensabilidade", sem ainda se constituírem em pensamentos. Graças a isso, estimula-se a formação de um "aparelho" para pensá-los, que cria pensamentos oníricos, o pensamento inconsciente da vigília, sonhos, lembranças, ideias, e pensamentos mais complexos. A mente do analista também poderá dar novos sentidos a elementos mais evoluídos do pensamento.

A relação continente/contido mantém o modelo militar. O paciente lança projéteis-elementos beta no analista supostamente continente, e o vínculo pode ser destruído ou tornado estéril. Quando o analista "digere" os fatos mentais e os devolve metabolizados ao paciente, eles são introjetados conjuntamente com a função alfa do analista. Podemos supor que, neste momento, a "guerra" foi substituída pela "diplomacia".

Joseph (1989) detalha como as identificações projetivas do paciente podem engolfar o analista, fazendo com que este represente papéis complementares àqueles que o paciente necessita para manter o *"status-quo"*, o equilíbrio psíquico. Desta forma, é como se o paciente "recrutasse" o analista a participar dos enredos estereotipados, pré-estabelecidos. Este não deve deixar-se recrutar, mostrando ao paciente o que este inconscientemente faz. Eventualmente o analista, ampliando as identificações projetivas que o engolfaram, pode também recrutar o paciente. Elementos próprios do analista podem entrar em jogo. Nestas situações o processo analítico se estanca. A situação se assemelha aos baluartes, e à relação continente-contido estéril. Lembremos que o termo *recrutar* tem também uma conotação militar e não é possível resistir a ele na vida corrente.

Como vimos anteriormente o *enactment* crônico se manifesta como performances prolongadas das quais participam ambos membros da dupla analítica, sem que eles percebem o que está ocorrendo. Ele se assemelha, nos modelos estudados, com baluartes, relações continente/contido estéreis, recrutamentos mútuos efetivos. *Enactments* agudos, por sua vez, constituem conglomerados que incluem descargas, não-sonhos sendo sonhados e sonhos revertendo para não-sonhos. Indicam rupturas das situações anteriores.

A clínica

K tinha 20 anos quando foi atendida. Eu me iniciava na profissão. Quando me procurou, e durante bastante tempo, lamentava-se intensamente de sintomas corporais, vagos, constantes, que na falta de palavras eram chamados "vertigens". Sua vida estava limitada, fazia anos, os sintomas impedindo-a de estudar, sair, ter amigos. Passava a maior parte do tempo em casa, de cama, seu único refúgio. Dezenas de médicos "nada" haviam encontrado em seu corpo. Ansiolíticos e antidepressivos não faziam efeito e pioravam seus sintomas. Em poucas semanas, a essas vertigens acrescenta-

110 DO BALUARTE AO *ENACTMENT*

ram-se enxaquecas, diarreias, gripes, febres, e outros sintomas, demandavam tratamentos médicos. K. se queixava agora também do analista, acusando-o de incompetência e causador desses novos sintomas. Este, incomodado, se sentia ameaçado pelas queixas e pela piora. Estamos, portanto, frente a não-sonhos.

Com o tempo, nesses sintomas, passaram a intrometer-se ansiedade, mal-estar psíquico, medos, percepções ainda quase indizíveis, que se diferenciavam dos sintomas corporais. Adiante, eles predominariam, substituindo o corpo como lugar do sofrimento.

Nessa fase inicial me sentia inútil e impotente, invadido pelas queixas. K permanecia inacessível a qualquer colocação. Percebia-me lutando para não ser engolfado por suas lamentações e me sentia presa de sentimentos estranhos, confusos, bastante incômodos. Não os compreendia e podia observar-me e também a K, ambos nos debatendo. Tinha que controlar-me para não devolver os ataques que recebia de K. Em outras ocasiões me percebia tentando ficar indiferente, mas logo me via sofrendo, atingido por K. Constantemente me perguntava se minha capacidade analítica estava comprometida. Em outras palavras, percebia minhas dificuldades em sonhar os não-sonhos de K. Mas, a ideia de desistir estava ausente: sentia um vínculo forte e tinha certeza que com o tempo as coisas ficariam claras.

Adiante os objetos projetados e encapsulados no corpo e na família, passaram a ocupar outros espaços. Desenvolveram-se defesas fóbicas intensas, que a impediam de ficar em variados espaços. A situação analítica se tornou depositária de aspectos protetores e um dos poucos lugares onde se sentia bem.

Seleciono dois trechos de sessões. Estamos no início do terceiro ano de análise. No primeiro trecho mostro como K me envolveu num conluio sadomasoquista. No seguinte, o momento M, o analista se descontrola.

A sessão ocorre após um fim de semana prolongado, em que a despeito de suas fobias, K iria tentar fazer uma viagem. Inicia desesperada, dizendo que tem muito para contar sobre a viagem, a sessão não vai ser suficiente, está mal, muito mal, a viagem foi horrível. Segue-se, sem interrupção, uma ladainha de queixas, num tom de voz que intensifica sua importância, tentando mostrar-me seu sofrimento. Conta que tudo foi muito cansativo, horas viajando, muito calor, insônia; ficou muito ansiosa antes da viagem, quase desistiu, o hotel era péssimo, a comida intragável. E, sempre sentindo-se mal, medindo a pressão a cada hora. Não sabe como conseguiu, com muito esforço, passear um pouco. Mas, ficou isolada, os companheiros de viagem eram muito desagradáveis. Chegou de madrugada. Teve que acordar cedo para vir à sessão. Está com muito sono. Nunca mais vai viajar de novo.

Sinto-me invadido pelas queixas e lamentações. A essas alturas já aprendi que interpretações de conteúdos (e ela me oferece tantas) de nada adiantam. Tento não confundir-me com esses objetos, sentidos como odiosos, torturantes, mas mal consigo. Vem a minha mente uma imagem, uma espécie de máquina de tortura, que reduz tudo a pó, cinzas de morte. Sinto que preciso tentar brecar rápido seu funcionamento.

Interrompo as lamentações de K. Ela não gosta. Falo-lhe que percebo o funcionamento de uma "máquina de tortura", trituradora, que transforma tudo em merda. Não gosto de ouvir-me – meu tom de voz saiu raivoso, e estranhei escutar-me falando "merda". Não costumo falar assim.

112   DO BALUARTE AO *ENACTMENT*

Em resposta à minha intervenção, K se queixa, violentamente, que eu não a deixo falar, que não pode queixar-se. Grita comigo e me acusa que eu gritei com ela.

Digo-lhe que está gritando comigo para que possa continuar lamentando-se, e que seria bom se pudéssemos pensar juntos, que função tem o que está ocorrendo. K responde dizendo que eu não acredito no seu sofrimento e detalha mais suas lamentações, com o intuito de convencer-me da realidade e intensidade de suas desgraças.

Assinalo sua desconfiança e também a dificuldade em perceber coisas boas, a viagem, a primeira em tantos anos, a despeito das dificuldades. (Percebo, imediatamente, que tentava mostrar-lhe um "lado bom", para escapar da ansiedade persecutória, e me sinto inadequado.)

K aparentemente não me ouve, mas me surpreendo porque surge um novo material, aparentemente diferente. Conta que chegou em casa de madrugada e não encontrou a mãe no quarto. Ficou assustada. Sem qualquer pensamento consciente, me escapa a frase: "E, você pensou que a tinha matado?" Responde que sim, que havia pensado exatamente isso. Foi tomar banho. Depois abriu a porta do quarto e a mãe estava lá, dormindo. "Mas, fingiu que não me ouviu".

Pergunto-lhe como sabe que ela ouviu. Diz que fez muito barulho na casa.

A sessão continua com K retomando suas queixas.

O Momento M

A despeito de existirem momentos férteis, durante o processo, a maioria é abortada, mal se tem alguma consciência deles. Tenho a sensação de defrontar-me com um muro, intransponível, em que qualquer tentativa de compreensão é rejeitada ou desvitalizada. É como se K acionasse uma metralhadora giratória, que destruía indiscriminadamente qualquer coisa que se aproximasse.

Ainda que incomodado tenho a percepção desses meus sentimentos. Imagino que seguramente as coisas ficarão mais claras, com o tempo. Minha sensação é que "água mole em pedra dura ..." Ao mesmo tempo que me sinto alvejado e doído, penso que isso me faz sentir vivo, capaz de recuperar-me para a próxima fala, próxima sessão. Mas, quanto mais vivo eu me sentia, mais intensos eram os ataques ...

Ocorreu então o que chamo Momento M, quatro meses após o trecho de sessão relatado. Como em outras ocasiões, K transformou uma intervenção minha, deformando-a, sentindo-se perseguida, e atacando-me por isso. Não me ouve e insiste teimosamente que eu a acusara injustamente, que falara algo absurdo etc. Grita comigo enquanto eu me percebia defendendo-me desajeitadamente, querendo convencê-la que eu não dissera aquilo ...

Nesse momento, sem pensar, bato minha mão com força no braço de minha poltrona, ao mesmo tempo que, falando mais alto que ela, a interrompo. Reclamo que não me deixa falar e não me ouve. Nesse instante K para com seus gritos e me diz, calmamente, com ar vitorioso, num tom irônico, que eu gritei com ela. Respondo-lhe que sim, ela tem razão, realmente fiquei nervoso, sou um ser humano. Acrescento "ainda bem que posso ficar nervoso, porque senão você me obrigaria a concordar com tudo o que você diz, e nesse caso, eu estaria com medo de você e você não teria mais um analista".

Após esse episódio, e nas sessões seguintes, diminuíram as queixas e lamentações. A metralhadora giratória era menos presente ou parecia menos ameaçadora.

O episódio me deixou preocupado, e foi tomado como uma falha minha. Refletindo, na ocasião, supus que até então me sentira como um analista paciencioso, procurando não contaminar-me com as violentas identificações projetivas de K (o que não era fácil) e procurando, com a calma possível, tentar digeri-las e significá--las. Imaginava que o pouco efeito de minhas intervenções revelava a necessidade de continuar trabalhando seus aspectos destrutivos. Quando o momento M ocorreu, supus que a violência das identificações projetivas havia sobrepujado meu limiar de continência e eu havia sido engolfado por sua parte psicótica.

Imaginei que a melhoria da relação após o momento M era uma tentativa de evitar maior destruição do analista, poupando--me. Supus que K estaria apenas esperando que eu me recuperasse para voltar a atacar-me. Sentia-me culpado, certo de que havia atuado por falta de condições mentais.

Mas, essa visão autocondenadora não coincidia com o que observava nas sessões subsequentes. K não estava apenas menos violenta, mas mais próxima, coerente, com uma boa capacidade de observar o que estava ocorrendo com ela e na situação analítica. O mesmo ocorria comigo. Logo percebi que K não estava me poupando. Os ataques continuavam, mas minhas colocações eram ouvidas e faziam efeito. Ambos podíamos pensar mais claramente.

Reformulei então minhas ideias: sim, certamente eu havia me contraidentificado com os objetos de K, e também reagido a eles por problemas contratransferenciais meus. Mas, isso vinha ocorrendo *antes* do momento M, por bastante tempo, e eu não o havia percebido. Eu havia me transformado numa vítima sofredora, um mártir, que masoquisticamente suportava a dor, não tendo consciência de estar contraidentificado com os mesmos aspectos de K. Assim, me submetia de forma inconscientemente prazerosa (sentindo-me feliz em ser um analista paciencioso ...) à violência dos aspectos psicóticos de K, sem o perceber.

Minha reação no momento M foi uma espécie de grito de alerta, de basta de identificações com partes masoquistas de K. Tomei consciência também de aspectos meus envolvidos. De alguma forma, durante o momento M, fui capaz de verbalizar o que estava ocorrendo até então e penso que esse foi um fato importante para a mudança, abrindo a possibilidade para reflexões em nova área.

Evidentemente M somente poderia ter ocorrido nesse momento. Provavelmente situações similares já haviam acontecido, mas sem que se pudesse torná-las úteis[1].

Discussão

Antes do momento M o processo analítico vinha estagnado, paciente e analista envolvidos numa paralisia, numa colusão, enredados através de identificações projetivas massivas. O conceito de baluarte, tomando quase todo o campo, estaria correto. Podemos também pensar em elementos beta em busca de transformação, de pensadores, funcionando também como "projéteis" que atacavam a capacidade de pensar do analista, substituída por uma crença patológica em sua capacidade analítica, sua "paciência" vivida em reversão de perspectiva (Bion, 1963). Isto é, o analista fora recrutado (Joseph, 1985) a exercer o papel predominantemente masoquista no conluio sadomasoquista.

Esse conluio resulta da externalização de aspectos internos da paciente em contato com os do analista e constitui o *enactment* crônico. Tudo isso é exposto no campo ou teatro analítico, buscando figurabilidade e pensamento, ao mesmo tempo que se o impede. Analista e paciente passam a ser alvo de identificações projetivas um do outro, e o processo se realimenta, tornando-se circular.

116 DO BALUARTE AO *ENACTMENT*

Um suposto observador da cena analítica descreveria duas pessoas maltratando-se mutuamente e paralisados, sem condições de escapar de um mundo torturante e paradoxalmente prazeroso. Não saberia discernir os elementos provindos da paciente daqueles do analista, e esse discernimento também estaria prejudicado, para ambos, identificados massivamente. Há, portanto, indicações de que a interação entre elementos de analista e paciente criam outros elementos, novos, que se constituiriam em algo além da somatória de ambos.

Por exemplo, tanto paciente como analista "viram", num sonho-a-dois fantasmagórico, a mãe morta, assassinada. Penso que esse produto comum foi fruto, entre outros fatos, da intersecção entre a sensação do analista de não estar compreendendo e da paciente de não ser compreendida, e vice-versa. Analista-mãe e paciente se sentem morrendo e assassinos. Esse processo já fora mobilizado quando K abandona o analista para viajar e este não a acompanha.

O analista morto foi levado ameaçador, dentro de K, na viagem, e K ficou moribunda dentro do analista, este sentindo-se também dessa forma. A descrição de K de seu banho, como que limpando vestígios do crime, pode ser visto como contraparte das "coisas boas", a viagem, que o analista mostra como que "limpando" o campo analítico de aspectos destrutivos, assassinos. Ainda que se grite e faça muito barulho, mãe-analista e filho-paciente não ouvem. Ambos compartilhamos aspectos "fingidos".

Até o momento M, nos defrontamos com um *enactment* crônico obstrutivo. Quando M ocorre, pareceria que a situação adquirira características que explodiam a desvitalizada relação continente-contido. Os "projéteis" – elementos beta, que transitavam pelo campo de batalha analítico, poderiam liquidar violentamente com o processo. Chamo *enactment* agudo à situação em que ocorrem gritos e queixas, culminando com o analista batendo na poltrona.

Entretanto, o processo analítico não foi interrompido, e como vimos, a dupla pôde beneficiar-se do fenômeno. Suponho que os elementos beta, que explodiram agudamente a relação, elementos esses em busca de pensadores, os encontraram de alguma forma. Foi, portanto, um *enactment* agudo que resultou produtivo, mas teria sido obstrutivo se não tivesse sido compreendido e interpretado.

Como vimos, no *enactment* crônico ocorrem situações que envolvem tanto paciente como analista, que tornam atuais situações ou fantasias arcaicas, colocando em cena situações traumáticas, reais ou fantasiadas, e ocorrendo inconscientemente.

No caso de K e em outras situações, verifica-se que um *enactment* crônico pode ser desfeito através de um *enactment* agudo. Verifica-se que o *enactment* crônico se constitui numa espécie de interação simbiótica, que coloca em cena fases da evolução: a simbiose necessária como pré-condição para a tomada de consciência da individuação e é possível que a agudização seja resultado de alguma elaboração inconsciente que clama para ser compreendida. Essas hipóteses se tornarão mais claras no próximo capítulo

Na situação descrita o analista teve prejudicada sua função alfa, atingida pelos "projéteis" de K, ou porque a formação simbólica incipiente é destruída para fugir de dor mental (reversão da função alfa), ou ainda devido a aspectos próprios do analista. Nesse momento, o não-sonho do paciente não pode ser transformado em sonho pelo analista, e ambos passam a "não sonhar", na verdade a "antissonhar". O não-sonho implica na destruição da barreira de contato que permitiria a separação consciente/inconsciente. Por exemplo, com K, não raro me sentia sonolento, não podendo dormir nem manter-me acordado.

Durante *enactments* crônicos é possível que o analista, com ou sem sono, imagine que "sonhou", mas não raro esse suposto sonho foi, na verdade, uma alucinação ou outra transformação em alucinose. Penso que isso também ocorreu com o suposto "sonho" em que eu me via como um analista paciencioso convencido que "água mole em pedra dura" seria uma atitude produtiva. Esse "sonho" seria produto da tela beta, formada de algo similar a elementos beta, mas associadas a traços de ego e superego. Esses traços eram evidentes na "ideia" de que a "paciência" era adequada. Graças a essa crença, evitava-se a possibilidade de simbolização do conluio sadomasoquista, mantendo-se o "*status-quo*".

Evidentemente, quando o estado de sonolência vem acompanhado de capacidade de "*rêverie*" produtiva, o analista sonhará o sonho ou não-sonho do paciente, sinal que sua função analítica está íntegra ou foi recuperada. Quando Ogden (2005) levanta a possibilidade de que em situação de sonolência obstrutiva, o analista pode sonhar para certificar-se que sua função alfa continua íntegra, suponho que ele sonhará algo numa área fora do *enactment*.

Para concluir retomemos a ideia de *enactments* normais. Como vimos anteriormente são aqueles derivados de identificações projetivas realísticas, e que acompanham a comunicação simbólica verbal. O analista os desfaz, naturalmente, com suas intervenções. Estamos em área não psicótica. Comparem-se as considerações efetuadas sobre *enactments* normais com Baranger et al. (1982): "*Há processos à medida que vão detectando os baluartes e vão desfazendo-os*" (p. 130) (itálicos no original). Não haverá, portanto, processo analítico quando os baluartes tomam o campo. Dessa forma, poderíamos considerar baluartes e *enactments* como similares, estes enfatizando a externalização dos baluartes internos. Ou, se levamos em conta as etimologias, considerar os *enactments* como os espaços/tempo onde os baluartes se revelam.

Conclusões

Os vários modelos descritos neste trabalho não são excludentes, e muitos são bastante similares. O analista escolherá aquele que lhe fizer mais sentido. Penso que o significado daquilo que é colocado em cena (ou, o modelo que o analista vai escolher), dependerá basicamente do modelo de observação ("escuta", para alguns), ou melhor ainda, da capacidade crítica do analista, onde ele se coloca como um crítico teatral observando a cena a partir de certos pressupostos.

Isto é, as cenas (ou os modelos) irão tomando forma influenciadas pelo vértice de observação do analista-crítico. Espera-se que esse vértice decorra da coesão de sua identidade analítica, em que ele se sente ele mesmo. Ideal é que ocorra uma oscilação contínua entre numerosos vértices, que identifiquem os eventos mais significativos, o analista deixando-se penetrar pela cena e vivendo-a, de forma controlada; e essa "vivência" será efetuada a partir de certos padrões, correspondentes à forma com que o analista vive aquela análise, como processo e conhecimento. Para isso não podemos desprezar, pelo contrário, a influência da "pessoa real do analista" (Cassorla, 1998f). Nem tudo o que ocorre na situação analítica pode ser explicado por identificações projetivas. Há algo dentro do analista, que faz parte dele, que o torna diferente de todos os demais analistas. Os modelos estudados nos obrigam a que levemos em conta essas características, a cada momento do trabalho analítico. Lembrando que muitas vezes será o paciente que nos ajudará a identificar aspectos que nós mesmos, como analistas, não havíamos percebido..., e isso somente será possível se deixarmos de lado qualquer pretensão de superioridade em relação ao paciente.

Caso isso ocorresse, o analista nunca se sentiria coparticipante dos baluartes, dos *enactments*, das patologias do continente/

contido, dos não-sonhos, das cenas ocorridas no teatro da análise. E, não aceitando a possibilidade de perder a direção do enredo, de não mais ser coautor, de estar impossibilitado de exercer sua capacidade crítica, nunca se libertaria disso. Não se permitiria um "segundo olhar" (Baranger et al., 1982), e qualquer fracasso seria tomado, no extremo, como responsabilidade do paciente, ou como responsabilidade do analista, o que tornaria a psicanálise uma religião, com seus sacerdotes infalíveis ou fracassados, e não uma arte-ciência que está sempre trabalhando através de aproximações, ensaio-erro.

Nota

1. Pacientes como K foram descritos por Joseph (1982) como "viciados pela quase-morte".

7. *Enactment* e função alfa implícita na análise de configurações *borderline*

As condições que regem o trabalho psicanalítico permitem que o paciente externalize, no campo analítico, estados mentais, fantasias, objetos e relações objetais internas. Essa externalização se manifesta através de afetos, atos, cenas, enredos, narrativas. As maneiras pelas quais essa manifestação ocorre revelam características do funcionamento da mente. Por isso, durante o processo analítico, o analista entra em contato tanto com o mundo interno do paciente, quanto com o seu aparelho de pensar.

Como vimos anteriormente esses estados são colocados no campo analítico através de sonhos e não-sonhos. Estamos frente a extremos hipotéticos indicativos da capacidade de simbolização (sonho) ou de sua incapacidade (não-sonho). Na realidade nos defrontamos com situações intermediárias ou mistas, já que o funcionamento psicótico oscila e coexiste com o funcionamento não psicótico, assim como PS<=>D (Bion, 1963). Por exemplo,

122 ENACTMENT E FUNÇÃO ALFA IMPLÍCITA NA ANÁLISE DE CONFIGURAÇÕES...

não-sonhos que buscam tornar-se *sonhos*, quase-*sonhos*, *sonhos* que relutam em ampliar seu significado, *sonhos* transformando- -se em *não-sonhos*, *sonhos* interrompidos (Ogden, 2005), estados confusionais mesclando *não-sonhos* e *sonhos*. Nesse *continuum* encontraremos diversos graus de simbolização, por exemplo, não-símbolos (elementos brutos), símbolos precários com pouca capacidade de conexão, equações simbólicas (Segal, 1957), redes simbólicas obstruídas ou sofisticadas etc. Em pacientes *borderline não-sonhos* se alternam, por vezes rapidamente, com *sonhos* mais ou menos elaborados.

Nos capítulos anteriores foi levantada a hipótese de que durante o *enactment* crônico, que ocorre principalmente em configurações *borderline*, pode estar ocorrendo mudança psíquica imperceptível, mudança essa que contribuirá para que esse *enactment* seja desfeito. Neste capítulo aprofundaremos o estudo dessas situações.

Para facilitar seu estudo as situações serão divididas em etapas.

Fase 1. O analista sabe que está frente a um paciente difícil. Ainda que seu trabalho se defronte com fortes obstáculos ao crescimento mental, se sente satisfeito. Confia em sua função analítica e está certo que, com o tempo, as obstruções serão compreendidas e desfeitas.

Momento M: O analista se surpreende efetuando uma intervenção que, imediatamente, considera inadequada – um comportamento não pensado. Sente-se constrangido e confuso. A impressão de que ficou fora de si, tomado por uma força desconhecida, o faz questionar sua sanidade. Face ao fracasso de sua função analítica, tem certeza que fez mal ao paciente. Assustado e culpado receia também que o paciente o retalie ou abandone.

Fase 2. No entanto, nada disso acontece. Ao contrário, após essa ocorrência, o processo analítico se torna mais criativo e o material subsequente indica ampliação da rede simbólica do pensamento. A desconfiança inicial do analista frente a essa expansão é logo substituída pelo desejo de compreender o que ocorreu.

O analista, estudando a situação retrospectivamente, verificará que sua impressão inicial, de que o processo analítico caminhava bem (Fase 1), estava errada. Na verdade, ele vinha estagnado em áreas que o analista não percebera.

Neste texto serão investigadas as origens dos comportamentos inadequados (Momento M), os fatores que fazem o analista ficar cego para a estagnação do processo (na Fase 1), e o que ocorre após o Momento M, que torna o processo analítico produtivo (Fase 2). As hipóteses discutidas em capítulos anteriores serão ampliadas. Essa ampliação é fruto, também, do contato com configurações similares ocorridas em supervisões, seminários clínicos e generosamente relatadas por colegas.

A clínica

Fase 1 – A paralisia imperceptível do campo analítico (*enactment* crônico)

Trata-se de pacientes com componentes destrutivos que logo se revelam transferencialmente. O analista intui configurações *borderline*, de difícil acesso, mas acredita que as dificuldades existentes são inerentes ao trabalho analítico e que, aos poucos, os ataques, bloqueios e resistências serão compreendidos.

No entanto, um observador externo ao trabalho da dupla analítica (um colega, um supervisor) terá uma visão diferente. Sua impressão é de que o processo analítico se encontra estagnado em

124 ENACTMENT E FUNÇÃO ALFA IMPLÍCITA NA ANÁLISE DE CONFIGURAÇÕES...

importante área, e que a dupla analítica está envolvida num conluio obstrutivo, um *enactment crônico*. Posteriormente, o analista dará razão ao observador, e perceberá que estava cego para o que ocorria.

O conluio obstrutivo (Fase 1), imperceptível, costuma configurar-se de dois modos principais:

1. O paciente se queixa, reclama, mostra-se insatisfeito, por vezes desafia diretamente o analista. O analista percebe os ataques e tenta compreendê-los e interpretá-los, certo que se mantiver sua paciência, acabará obtendo bons resultados.

   Mas, como foi assinalado, o observador externo pensa que os membros da dupla não parecem muito interessados em fazer algo que cesse a violência e o sofrimento. Parece-lhe, inclusive, que poderia existir um certo montante de satisfação na manutenção da situação, suspeitando de um conluio sadomasoquista. A aparente paciência do analista disfarçaria seu papel de vítima sofredora. Dessa forma o analista também ataca o processo analítico. Mas, esses fatos não são percebidos pelo profissional.

2. Assim como na situação anterior existe um componente destrutivo, mas que se alterna com momentos de idealização mútua. Nesses momentos o processo analítico parece gratificante para ambos os membros da dupla, que se compreendem com facilidade. O analista pensa que o processo está sendo produtivo. O observador externo, entretanto, percebe que analista e paciente se seduzem mutuamente e supõe que a finalidade da sedução é encobrir a destrutividade.

Conforme assinalado, nas duas situações o analista está cego para esses conluios ainda que certo incômodo esteja presente. Mas esse incômodo não é suficiente para que ele "abra seus olhos".

Momento M: *enactment* agudo

Em determinado momento, ocorre um comportamento não pensado, um fato intenso, geralmente instantâneo, que toma o campo analítico e parece que vai explodi-lo.

Retomemos as situações descritas nos capítulos anteriores, em forma resumida. A paciente K se queixa de sintomas corporais vagos que a levam a muitos médicos, sem que se encontre doença orgânica. Vive limitada, com medo de sair de casa, impedida de estudar e ter amigos. Nas sessões descarrega essas queixas e lamentações, sem possibilidade de pensá-las. As intervenções do analista são pouco úteis e comumente desprezadas.

Ainda que o analista tenha consciência do clima estéril e persecutório se mantém confiante. O fato de perceber o que está ocorrendo o faz acreditar que, se continuar pacientemente seu trabalho analítico, os obstáculos serão compreendidos e desfeitos.

Em determinada sessão K acusa seu analista de não compreender seu sofrimento, de não valorizar seus sintomas, de não dar importância à maldade de pessoas que a maltratam. Em certo momento, queixa-se de uma observação do profissional, deformada por ela, que confirmaria sua crença de que o analista é injusto com ela. Este sabe que essas projeções de K são comuns e tenta encontrar uma maneira de mostrá-las, mas K não escuta e continua reclamando, agora em altos brados. O analista não consegue encontrar brecha para se fazer ouvir enquanto as lamentações de K continuam. De repente, sem pensar, o analista bate com força sua mão no braço de sua poltrona, o que provoca um ruído intenso. Ao mesmo tempo, falando mais alto que K, interrompe suas lamentações, dizendo que ela não está escutando e não o deixa falar.

Nesse momento, K para de falar. Em seguida, calmamente, e usando um tom irônico, assinala que o analista ficou nervoso e gritou com ela. O analista, ainda tenso, diz que sim, que ela tem razão, que reagiu assim porque é humano. E, acrescenta: "ainda bem que posso ficar nervoso, porque senão você me obrigaria a concordar com tudo o que você diz e, nesse caso, eu estaria com medo de você e você não teria mais um analista".

O episódio deixou o analista preocupado, culpado por sentir que falhara. Supôs que não suportou a intensidade dos ataques de K, perdendo a paciência, e ficou assustado com a possibilidade de ter descarregado aspectos internos devido a conflitos próprios não resolvidos. Não tinha dúvidas de que o episódio prejudicaria o processo analítico e imaginava que, nas sessões seguintes, K se vingaria. Também receava que K abandonasse a análise.

Relembremos a paciente Tania cuja análise oscilava entre fases em que se mostrava violenta, atacando o analista e fases em que se mostrava colaboradora, trazendo material rico que permitia trabalho produtivo e ampliação do universo mental. Logo o analista identificou certo padrão: após fases de evolução criativa surgiam ataques que tentavam estragar o desenvolvimento obtido. Nessas fases Tania procurava mostrar que não precisava da análise. O analista não se sentia atingido pela destrutividade e compreendia essas manifestações como revelações do funcionamento mental. O trabalho parecia caminhar de modo produtivo, com avanços e retrocessos compreensíveis dentro do contexto transferencial. Por vezes o analista se surpreendia aguardando Tania com prazer, considerando-a uma paciente interessante. Isso o levou, em algumas ocasiões, a se perguntar se o processo analítico não estaria indo "bem demais", cego para alguma coisa.

Em certo momento o analista muda o endereço de seu consultório. Deixa sua residência por uma clínica médica.

Na primeira sessão no novo consultório Tania entra com a expressão transtornada. O analista sente-se impactado e amedrontado. De pé, agressivamente, Tania diz que não vai mais continuar a análise. Sua fala confusa e repetitiva é fechada a qualquer questionamento. O analista se sente desconfortável e sem saber o que está acontecendo. Automaticamente o analista recua, de costas, e se senta numa cadeira que utiliza para entrevistas. Tania continua em pé, próxima à porta que não fechou, desafiadora, e ameaçando retirar-se.

Em certo momento o analista consegue encontrar uma brecha na fala de Tania e pode dizer-lhe que não entende porque ela está nesse estado, solicitando-lhe que esclareça suas acusações. Tem que elevar a voz para ser ouvido.

Aos poucos o analista consegue perceber que ela se queixa de ter sido enganada, porque não fora avisada que o novo endereço era uma clínica com consultórios médicos. Tania critica acerbamente a aparência do edifício, os doentes que andavam pelos corredores e o fato que todos os ocupantes estavam ali para "ganhar dinheiro".

Quando o analista lhe pergunta se ela não está com medo de sentir-se muito doente, Tania responde que não conhece nenhum médico do prédio, e mesmo que conhecesse poderia dizer que vem conversar com o analista sobre cursos na universidade. A sessão termina com Tania retirando-se irritada.

Observando-se, após a sessão, o analista, percebe que se sente constrangido e culpado, com a sensação de ter cometido um erro. Sua primeira impressão é de que havia falhado na comunicação da mudança de endereço. Imaginava que sua falha havia feito Tania sofrer, desnecessariamente. Tinha, também, receio de não estar percebendo algum ponto cego, por problemas contratransferenciais. De relance, também, percebeu-se incomodado por ter se sentado na cadeira de entrevistas e não na sua cadeira de analista, atrás do divã. Enfim, o analista estava certo que havia cometido erros, ainda que eles não lhe fossem totalmente claros.

Nas situações descritas, a impressão do analista é de que a relação analítica explodira, o campo analítico fora lesado, correndo o risco de ter sido destruído. Essa impressão o fez pensar na ideia de *trauma*.

Fase 2 – após o *enactment* agudo

Como já foi assinalado, após os Momentos M, o analista se encontra preocupado, com medo de que o processo analítico tenha sido prejudicado. Sua ansiedade e desejo reparatório fazem com que procure observar, minuciosamente, o que ocorre após as explosões e durante as sessões seguintes.

Ao contrário do que imaginava, ele se surpreende com o fato de que algo novo e produtivo surge no campo analítico, percebendo-se maior proximidade criativa entre os membros da dupla. Os pacientes trazem relatos, lembranças e sonhos com rico simbolismo, cuja interpretação traz novas associações e expansão do universo mental.

Paciente K: Após o Momento M, nas sessões seguintes, os sintomas e queixas passam a ser substituídos por relatos, lembranças, e sonhos. Tornam-se marcantes rememorações e revivências de situações de abandono, como por exemplo lembranças esquecidas sobre internações psiquiátricas e tentativas de suicídio da mãe, assim como ameaças de separação dos pais, situações essas retomadas na relação com o analista. Uma das situações traumáticas, antes não relatada, descreve sua chegada em casa, a busca de sua mãe por todos os cômodos e seu desespero por imaginar que ela teria morrido. Nessa ocasião teve que ser socorrida em pronto-socorro por sentir faltar-lhe o ar, como que sufocada. Fantasias de ser abandonada e de abandonar o analista permitiram conectar situações traumáticas desse tipo com terrores de perdê-lo.

Paciente Tania: Nas sessões seguintes ao *enactment* agudo Tania traz material simbólico rico, principalmente sonhos seguidos de associações produtivas. Entra-se em contato com fantasias, lembranças e enredos relacionados a abandono, separações, decepções e intrusões, fatos que não haviam surgido até então com tanta riqueza. Tania lembrou-se de mudanças de sua família obrigando-a a separar-se constantemente de amiguinhos de infância. As mudanças ocorriam sempre porque seus pais queriam ganhar mais dinheiro, e não admitiam questionamentos. Essa situação foi revivida, no campo analítico, em função da mudança de endereço do consultório. Tania se sentiu forçada a deixar o lar do analista, onde se imaginava fazendo parte de sua família, trocado por um lugar sentido como desagradável e hostil. Também surgiram lembranças, fatos ou fantasias de infância relacionadas a ameaças de intrusão sexual. Esses aspectos, puderam, aos poucos ser ressignificados, passando a fazer parte da trama simbólica do pensar.

Portanto, a observação do que ocorreu após os Momentos M (*enactments agudos*), mostra que o processo analítico se torna potente, pensante, muito mais do que antes da explosão (Fase 1). Isso obriga o analista a concluir que sua percepção dessa fase estava errada. Aquilo que lhe parecia produtivo era, na realidade, algo estagnado. Somente agora se dá conta dos conluios: sadomasoquista com K e sedução mútua com Tania. Em outras palavras, o campo analítico vinha paralisado, em algumas áreas, *antes* do Momento M, mas o analista estava cego para isso. O *enactment agudo* (Momento M) como que lhe *abre os olhos*.

A dupla reversão de perspectiva

Refletindo sobre o ocorrido, o analista percebe como sua capacidade de pensar fora atacada. Ocorreram duas *reversões de perspectiva* (Bion, 1963)[1], das quais o analista se dá conta simultaneamente.

A *primeira reversão de perspectiva* se referia à percepção de que analista e paciente trabalhavam de forma produtiva (Fase 1), antes do Momento M. Essa percepção era falsa – em determinadas áreas ocorria exatamente o contrário: o processo vinha estagnado, porque paciente e analista se identificavam mutuamente, formando um conluio obstrutivo, *enactment crônico*. O que o analista imaginava serem *sonhos,* ou *não-sonhos* sendo sonhados, na verdade eram *não-sonhos-a-dois*.

Assim, com K, o analista se deu conta que sua suposta *paciência* frente à violência do campo fazia parte, na verdade, de um conluio sadomasoquista. Seu soco no braço da poltrona era um *basta!* à sua sujeição masoquista, similar ao que Symington (1983) chama ato de libertação do analista. O analista também se libertava da crença (transformação em alucinose) de que sua paciência estava sendo benéfica. Com isso o analista se desemaranha da colusão com K, indicando que é uma pessoa separada dela.

Com Tania o analista percebeu o conluio sedutor que tornava a análise tão *gratificante*. O *gratificante,* uma crença, mascarava o seu contrário, a estagnação em certas áreas. A libertação do conluio foi estimulada pela mudança de endereço, indicativa de que analista e Tania eram pessoas separadas.

A segunda reversão da perspectiva ocorrera na avaliação do Momento M (*enactment agudo*), que parecia ser fruto de não--sonhos. Na verdade, nesse momento o conluio anterior estava sendo desfeito. O analista se discrimina do paciente e retoma sua capacidade de pensar, sua mente própria (Caper, 1999), fatos que ocorrem ao mesmo tempo.

Desfeitas as duas reversões de perspectiva o analista se dá conta de que, mesmo constrangido pelos Momentos M, ele fora capaz de descrever e interpretar, de alguma forma, o que havia ocorrido. Ele não havia valorizado esse fato porque se sentia culpado.

Assim, com K, o analista, ao mostrar que era uma pessoa que podia ficar nervosa, revelara que sua paciência não era onipotente (como parecia ser). A paciente, ao perceber que seu analista sabia cuidar-se, não sendo destruído, tranquilizou-se em relação à sua destrutividade.

O conluio sedutor com Tania é desfeito quando o analista pôde discutir as fantasias relacionadas à mudança de endereço. Tania se imaginava fazendo parte da família do analista, vivendo simbioticamente em seu lar idealizado. Com isso negava separação, exclusão, inveja. A mudança de endereço fora vivenciada como uma dessimbiotização brusca.

Como assinalado, nas duas situações o analista está cego para esses conluios (*enactments crônicos*) ainda que certo incômodo esteja presente. Mas, esse incômodo não é suficiente para que ele "abra seus olhos".[2]

Os fatos assinalados fazem o analista perceber que os *enactments agudos,* indicadores da explosão do campo analítico, estimularam interpretações que foram úteis.

Primeiras hipóteses teóricas

Repensando o Momento M o analista se dá conta que sua primeira ideia, de que estava transformando o não-sonho agudo em sonho, deve ser ampliada. Na verdade o aparente *não-sonho* já tinha componentes de sonho, era um pensamento em ação, que atraiu outros pensamentos e é a isso que se referem as intervenções seguintes do analista, que ampliaram a rede simbólica. Possivelmente esse sonho que está ocorrendo entre paciente e analista tem também componentes de *não-sonho* que, mesclados ao sonho, expressam sua necessidade de serem sonhados. Dessa forma, podemos afirmar que o *enactment* agudo revela, ao vivo, *transformações em sonho,* e envolvem descargas, não sonhos sendo sonhados e possivelmente sonhos revertendo para não-sonhos.[3]

O analista poderia dar-se por satisfeito, confirmando um fato já sabido: que *enactments* se tornam úteis *após* sua compreensão e interpretação. No entanto, o analista ainda não sabe porque não identificou o conluio da Fase 1, somente tomando consciência dele após o Momento M. Não sabe, tampouco, o que fez com que o *enactment crônico* se transformasse em *agudo*.

Outro fato que chamou a atenção do analista é que, após a compreensão dos Momentos M, as associações dos pacientes levaram à identificação de situações reais ou imaginárias, com cunho traumático, como exclusões, separações, decepções, violências, intrusões. Tanto K como Tania mostram que, durante os Momentos M, reviveram situações desse tipo.

Esses fatos, somado à agudização do *enactment crônico,* faz com que o analista efetue uma hipótese, que deverá investigar: se no Momento M emergiu um fato com forte teor traumático será que ele, potencialmente, não estaria presente durante o conluio crônico anterior – Fase 1? Em outras palavras: se tomamos o Momento M (*enactment agudo*) como ilustrativo de violenta mudança catastrófica, o analista se pergunta se na fase pré-catastrófica seria possível identificar elementos invariantes (Bion, 1965, 1970).

Enactment crônico e sonho traumático

Repensando as características dos *enactments crônicos*, o analista percebe que não seria descabido compará-los aos sonhos traumáticos. Em ambos uma cena é repetida e repetida, sem ampliação de significado, como *não-sonho*. A diferença é que no sonho traumático manifesta-se ansiedade intensa, o que não ocorre durante o *enactment crônico*.

No entanto, como já foi assinalado, subjacente ao *enactment crônico* existe ansiedade, mas ela não se manifesta e não é percebida como tal pelos membros da dupla analítica. Seria, portanto, uma das funções do *enactment crônico* tamponar a ansiedade?

Sabemos que uma das funções do sonho traumático é a busca frustrada da ansiedade-sinal (Freud, 1926), função que, caso não tivesse sido prejudicada pela situação traumática, acionaria defesas contra ela. Na verdade, o trauma (a intensidade de estímulos internos e/ou externos) se faz trauma justamente porque a mente foi lesada a tal ponto, que não foi capaz de acionar a ansiedade-sinal protetora. A mente é, então, vivenciada como sendo destruída, o paciente sofrendo ansiedade de aniquilamento.

Essa mente lesada perde a capacidade de representar, de simbolizar. Instala-se um buraco, vazio terrorífico, não-mental. Vive-se dor mental que reflete a ameaça do *nada*, inominável, o *terror sem nome*. O *não-sonho* traumático inclui a repetição da situação traumática, numa tentativa frustrada de sonhá-la. Como a mente do paciente está lesada esperar-se-ia que o analista pudesse sonhar esse *não-sonho*.

Dessa forma, podemos considerar o *enactment crônico* como um *não-sonho-a-dois* com ansiedade tamponada, em que a situação traumática é congelada, não podendo manifestar-se.

Em algum momento (M) o *enactment crônico* explode transformando-se em *enactment agudo*. Essa transformação indica revivência do trauma, antes congelado, e liberação da ansiedade tamponada, que tomam bruscamente o campo analítico.

Resumindo: a observação das consequências dos *enactments agudos* nos leva a perceber que graças a eles o analista *abre os olhos* e percebe que estava envolvido num conluio obstrutivo, um *enactment crônico*. Este conluio contém um condensado de fenômenos congelados, relacionados a traumas, tais como afetos terroríficos, frutos da ansiedade de aniquilamento, restos mnemônicos do impacto, amostras de funções mentais lesadas, defesas contra a percepção desses aspectos.[4]

O *enactment agudo* indica descongelamento e ruptura do bloqueio anterior. O trauma é revivido, em forma aguda. O campo analítico é tomado, em forma intensa, por explosões afetivas envolvendo desgarro, abandono, intrusão, separação, aniquilamento etc. Em outras palavras, o *enactment agudo* manifesta uma catástrofe psicológica em que o trauma está sendo revivido no campo analítico.

Mas esta revivência *não* será traumática. Isso ocorre (em parte) porque, em seguida ao Momento M, o analista consegue compreender, interpretar e ressignificar o trauma, ainda que isso não lhe seja, de início, totalmente consciente. Outro fator, mais importante que esse, veremos adiante. A Fase 2, com enredos que podem ser pensados, indica que parte da mente lesada se refez, com recuperação da função simbólica e ampliação do universo mental.[5]

Agora podemos compreender melhor porque o analista se sente culpado após os *enactments agudos*. Ele receia que suas supostas falhas tenham contribuído para *retraumatização do paciente*. Ainda que isso não lhe seja claro, o analista intui que o *enactment agudo* é resultado da ruptura das defesas contra o trauma, congelado no *enactment crônico*.

Função alfa implícita durante o *enactment* crônico

No modelo proposto, o paciente traumatizado, para evitar retraumatismo, se "agarra" por dentro ao analista, estimulando-o a participar do *enactment crônico*. Esse *agarramento* lembra o de uma pessoa se afogando que se agarra a seu salvador com tanta força que ambos ficam paralisados.

O analista imobilizado não poderá ser intrusivo, nem abandonar o paciente, as duas situações traumáticas por excelência. Mas, ao paralisar o analista (e este se deixar paralisar) o processo analítico estanca.

As questões que merecem maior investigação, agora, são as seguintes: 1. Que fatores fazem com que analista e paciente, de repente, desfaçam seu agarramento confiando na possibilidade de reviverem o trauma? 2. Por que o trauma permanece congelado como *enactment crônico*?

Penso que a emergência do trauma, através do *enactment agudo*, ocorre em determinado momento (não antes, nem depois), quando a dupla analítica percebe, inconscientemente, que foram restauradas funções mentais suficientes para suportar e dar conta do trauma revivido.

Para efetuar hipóteses sobre *como ocorre* essa recuperação do funcionamento mental em área traumática, teremos que examinar, em detalhes, aspectos do trabalho do analista durante os *enactments crônicos.*

Esse exame nos mostra que, ainda que o analista estivesse cego para seu envolvimento em conluio obstrutivo, ele desconfia de que algo errado está acontecendo e tenta entrar em contato com o fato.

Assim, com K, o analista percebia a violência, a inveja e os ataques à capacidade de pensar, que tentava descrever e interpretar. Essas interpretações estavam corretas do ponto de vista formal e mesmo em relação ao *timing*. Entretanto, o paciente as atacava ou rapidamente as desvitalizava. O analista imaginava que compreendia o que estava ocorrendo e pensava que deveria continuar interpretando pacientemente, sem esmorecer. Para tal se lembrou de um ditado popular: "água mole em pedra dura, tanto bate até que fura."

Com Tania o analista por vezes se perguntava se o processo analítico não estaria indo bem demais. Chegou, em certa ocasião, a pensar em discutir o material com colegas, mas acabou não o fazendo. Na fase da análise descrita, Tania concordava facilmente com interpretações transferenciais relacionadas a separações e exclusões. Somente após o Momento M o analista percebeu que essa concordância fácil era uma forma de desvitalizar o processo, impedindo aprofundamento.

Em outras palavras, verifica-se nesses casos que o analista capta, em parte de sua mente, as defesas contra o trauma, buscando interpretá-las. Mas essas interpretações não funcionam ou são desvitalizadas, mantendo-se o conluio obstrutivo. Este fato não é claro para o analista. Isto é, durante o *enactment crônico*, ainda que analista e paciente estejam emaranhados, aquele mantém certa capacidade de discriminação em algumas áreas. Isto é, em canais paralelos à obstrução o analista usa sua função alfa em forma implícita.[6]

Proponho que essa função alfa implícita vai restaurando, aos poucos, funções mentais do paciente. Em algum momento, se intui inconscientemente que já houve restauração suficiente para enfrentar a revivência do trauma, sem tanto perigo. Esse enfrentamento é necessário para que ocorra ressignificação. As defesas são abandonadas e o trauma é revivido, como *enactment agudo*.[7]

A hipótese levantada acima sobre função alfa implícita nos faz supor a existência de profunda comunicação inconsciente entre os membros da dupla analítica. Seria outra função do *enactment crônico* facilitar essa comunicação inconsciente?

Durante o *enactment crônico*, quando o paciente se *agarra* ao analista, tamponando a lesão traumática, este passa a comportar--se como *escudo protetor* (Freud, 1920), o mesmo *escudo protetor* que lhe faltou na situação traumática.

O bebê normalmente testa, o tempo todo, a capacidade *escudo protetor* da mãe, já que todas as situações de vida são potencialmente traumáticas. Para tal ele precisa captar os estados emocionais da mãe. Possivelmente quanto mais sensível e vulnerável o bebê mais essa capacidade se aguça. Penso que o paciente fará o mesmo com seu *analista-escudo-protetor*. O analista, por sua vez, também examina inconscientemente o funcionamento mental de seu paciente, ao mesmo tempo que introduz nele função alfa implícita. Este processo teria relação com o que Stern et al. (1998) chamam *relação implícita compartilhada,* um engajamento intersubjetivo aquém da simbolização.

Durante o *enactment crônico*, mesmo que o analista não compreenda, pareça incompetente, ou mesmo agressivo, o paciente sente que esses retraumatismos são menos disruptivos que no passado. Isso ocorre por dois motivos: 1. o paciente fantasia que controla o analista; 2. porque o profissional, mesmo que falhe, em outras áreas de sua mente continua trabalhando, tentando observar, indagar, discriminar e não abandonando o desejo de compreender mais. Esses fatos fazem parte da função alfa implícita. O paciente capta esse interesse. Em outras palavras, ainda que uma parte do processo analítico pareça estagnado em algumas áreas, ocorre, concomitantemente, desenvolvimento implícito em outras.

Dessa forma, teremos que rever os conteúdos do *enactment* agudo. Não apenas o trauma é revivido, ocorrendo descargas, mas também estão ocorrendo não-sonhos sendo sonhados e sonhos revertendo para não-sonhos.

A comunicação inconsciente durante o *enactment* crônico

As observações e hipóteses levantadas nos levam a supor que subjacente à paralisia do *enactment crônico,* ocorrem movimentos que retomam situações iniciais de desenvolvimento da mente, em suas potencialidades e obstáculos, tais como a simbiose inicial e o nascimento psicológico (Tustin, 1981).

O paciente inconscientemente examina seu *analista-escudo protetor*, através de identificações projetivas e outros mecanismos, avaliando sua capacidade de continência. O analista, por outro lado, examina microscopicamente o tecido traumático e as defesas que tentam protegê-lo. Em função desse exame dosa a quantidade de realidade que vai introduzindo no paciente, cuidando para evitar retraumatismo. A introjeção de funções pensantes pelo paciente vai sendo efetuada pouco a pouco. Elementos da situação traumática vão adquirindo, dessa forma, condições de pensabilidade. Utilizando o modelo do trauma como ferida, é como se ela fosse cicatrizando da periferia (entorno simbólico, segundo Levy, 2012), ampliando-se em direção ao centro do núcleo traumático.

O analista acompanha os movimentos do paciente, suas dificuldades, bloqueios, obstruções e recaídas. Quando o paciente não considera suas hipóteses ou as desvitaliza, o analista conclui inconscientemente que a área lesada não se recuperou o suficiente para suportar a realidade, devendo continuar seu trabalho. O analista, por sua vez, concomitantemente, contribui para o conluio paralisante, ao não perceber claramente a desvitalização do processo e seu recrutamento pelos aspectos obstrutivos do paciente.

Faz parte da função alfa implícita a capacidade do analista suportar, pacientemente, os movimentos obstrutivos frutos da lesão traumática e das obstruções à sua recuperação, sem desistir de buscar novas formas de pensar o que está ocorrendo. Penso que essa paciência é necessária e se aproxima do que poderíamos chamar masoquismo normal.[8]

O *enactment crônico* é desfeito quando, em algum momento, se intui que tecido traumático foi refeito em forma suficiente para que as defesas sejam abandonadas. O analista não mais precisa funcionar como escudo protetor. A situação traumática é então revivida, como *enactment agudo*.

Caso a recuperação do tecido traumático não fosse suficiente, o reviver do trauma seria abortado, retomando-se as defesas. Possivelmente isso ocorre, muitas vezes, durante os *enactments crônicos*.

Podemos considerar o processo descrito como *trabalho de elaboração do trauma*, similar ao *trabalho de luto*, onde cada aspecto do trauma tem que ser minuciosamente trabalhado.

Mas, a descrição acima não conflita com a observação do analista paralisado, em conluio obstrutivo, no *enactment crônico*? Como já foi assinalado, a mente do analista funciona concomitantemente em dois canais: num deles contribui para a paralisia, obstruída sua função alfa, vivendo masoquismo patológico ou utilizando defesas maníacas. No outro se entrega, na forma de um masoquismo normal, necessário, ao conluio obstrutivo. O analista se envolve no processo por sua necessidade de entrar em contato profundo com área lesada traumática, tendo que vivê-la, testar sua fragilidade e contribuir cuidadosamente para sua recuperação, suportando dores e sofrimento.

Em resumo, o analista vai viver, dentro de si, o mesmo que o paciente, tendo que lidar com área traumática, para devolvê-la mais recuperada ao paciente. Evidentemente, isso leva tempo, às vezes bastante tempo, e esse será o tempo do *enactment crônico*, o tempo necessário para a elaboração do trauma.

A clínica *borderline*

Os pacientes descritos neste trabalho não suportam a realidade, sentida como traumática, por falta de condições mentais para pensá-la. Essa falta pode decorrer tanto de fatores internos (deficiência e ataques à função alfa) como da intensidade e qualidade do estímulo traumático, superior á capacidade do paciente pensá-lo.

Esses pacientes, durante o processo analítico se agarram ao analista (por vezes através de *enactment crônico*) tanto para evitar o trauma, como para recuperar funções mentais, através da introjeção da função alfa do analista. Esses fatos fazem parte da clínica do paciente *borderline*.

O paciente *bordeline* é descrito como vivendo num mundo vazio, com falta de coesão de seu *self*, cindido e projetado identificativamente em objetos dos quais depende desesperadamente e que, ao mesmo tempo, sente intrusivamente ameaçadores. Suas angústias básicas são de separação e intrusão e elas remetem ao terror de não-ser, de não-existência, de aniquilamento (Kernberg,

1980; Grotstein, 1984; Green, 1988b; Fonagy, 1991; Figueiredo, 2003, 2006).

Mas, concomitantemente existem outras partes cindidas do paciente que funcionam relativamente bem. A instabilidade do ego é resultado de falhas na introjeção do objeto que foi atacado invejosamente. O superego moralístico da parte psicótica da personalidade (Bion, 1959) se impõe. A coesão de sua identidade acaba por depender de como são vivenciados os objetos externos dentro dos quais vive projetivamente. Rey (1994) os descreve como pacientes que vivem numa concha, que têm uma carapaça externa, mas não têm coluna vertebral. Ao viverem como parasitas nessa concha, que parece terem emprestado ou roubado, estão constantemente inseguros.

As angústias arcaicas, fruto de traumas iniciais, fazem com que o paciente se agarre ao analista, tanto para evitar separação como intrusão do ambiente. O *enactment crônico* revela a vida dentro da concha, para onde o analista é atraído. Movimentos de ataque e aproximação ocorrem dentro da concha, sem risco de trauma, porque o objeto é mantido sob controle. Por isso o analista se sente constantemente provocado, atacado ou seduzido, mas imobilizado em relação à utilização produtiva desses sentimentos.

As provocações do paciente em relação ao analista podem dar a impressão de formas de testar a realidade. Mas, como os traumas iniciais ocorreram quando a relação era diádica, não se formou um espaço triangular que possibilitasse o pensamento (Britton, 1998). Por isso os supostos testes de realidade falham. Em outras palavras, não há espaço para sonho, e o *enactment crônico* que ocorre dentro da concha repete essa situação diádica.

Forma-se então um círculo vicioso fruto da impossibilidade de utilizar função alfa: o paciente se sente traumatizado pela realidade porque não tem espaço triangular para pensar. A falta desse espaço decorre da não elaboração da situação edípica, impedindo a utilização de recursos da posição depressiva, que não é atingida. Ao mesmo tempo o contato com a situação triangular é vivenciada como traumática, porque não há recursos para simbolizá-la, mantendo-se ou retornando à situação diádica. Esta, por sua vez, é instável, ameaçada pelo contato com o terceiro, com a realidade etc.

Como vimos, na situação analítica, durante os não-sonhos dos *enactments crônicos* o paciente se agarra ao analista procurando evitar a revivência das situações traumáticas. O analista deveria perceber esse fato, mas isso não ocorre, paralisado pelas identificações projetivas massivas. No entanto, em canais paralelos à paralisia, inconscientemente, vai introduzindo função alfa implícita.

A função alfa permite o sonho, a simbolização, o pensamento. Esses processos implicam na ativação, *ao mesmo tempo,* de outros mecanismos: o contato com a realidade, a separação *self*-objeto, a recuperação das partes do *self* que o paciente introduziu dentro do analista. Para que isso ocorra o paciente deve fazer um trabalho de luto pelo objeto perdido, reconhecendo o que pertence ao *self* e o que é do objeto. Este passa a ser visto de uma forma mais realista. Steiner (1996) coloca que não se sabe exatamente como as partes do *self* são recuperadas, e pensa que talvez ocorra uma mudança na percepção do objeto. Podemos pensar que essa mudança na percepção decorre justamente da introdução da função alfa do analista. Em outras palavras, a função alfa promove capacidade de simbolizar, que é o mesmo que sonhar e pensar, que é o mesmo que elaborar os lutos pelo objeto e pelas partes perdidas do *self,* que é o mesmo que responsabilizar-se pelo *self* e pelo objeto, que é o mesmo que entrar o contato com a realidade, que é o mesmo que criar um espaço triangular, que faz parte da posição depressiva, que permite suportar frustração, que permite o pensamento, que elabora a situação edípica, que permite viver a realidade etc.

Para que esses processos, altamente complexos e imbricados entre si, possam ocorrer, é necessário, além de uma pessoa viva com função alfa disponível, que se permita a passagem do *tempo necessário*, o tempo do processo de luto, o tempo do processo de elaboração dos traumas, o tempo do *enactment crônico*.

Considerações finais: funções do *enactment* crônico

Evidentemente um profissional pode não sonhar o não-sonho de seu paciente por dificuldades contratransferencias próprias, fruto de conflitos não resolvidos. Neste caso ele é responsável por um eventual *enactment*. Neste trabalho, no entanto, discutimos situações em que o profissional se envolve no *enactment* não somente por eventuais deficiências próprias, mas surpreendentemente também como uma forma de entrar em contato profundo com áreas traumatizadas.

Identificamos pelo menos sete funções nestes *enactments crônicos*, que ocorrem ao mesmo tempo: 1. evitar a revivência do trauma, congelando-o e tamponando a ansiedade; 2. imobilizar o analista para que ele não retraumatize; 3. utilizar o analista como escudo protetor frente ao trauma; 4. permitir contato profundo, inconsciente, entre paciente e analista que possibilite examinar áreas traumatizadas; 5. recompor funções e partes lesadas da mente, elaborando o trauma; 6. esperar o tempo necessário e suficiente para que esse trabalho elaborativo ocorra; 7. utilizar a função alfa implícita do analista da qual fazem parte fatores dos itens anteriores.

Ainda que conheçamos alguns fatores não se sabe precisamente como a função alfa funciona (Bion, 1962b, 1992; Caper, 1996; Grotstein, 2000, 2007; Sandler, 2005; Tabak de Bianchedi, 2008).

Neste trabalho enfatizamos sua ação implícita e a associamos a profunda comunicação inconsciente entre os membros da dupla analítica. Pareceria que o sonho inconsciente do analista é captado pelo paciente, para além da comunicação explícita e esse fato merece maiores investigações. Stern et al. (1998) efetuam hipóteses criativas sobre movimentos intersubjetivos implícitos, que coexistem com o conhecimento explícito da relação transferencial. Esses movimentos desembocam no que esses autores chamam *momentos de encontro (moments of meeting)*, que ocorrem quando cada participante (principalmente o analista) manifesta "algo único e genuíno de si como indivíduo" (p. 912, tradução minha), para além de seus papéis terapêuticos rotineiros. Esses *momentos de encontro* alteram o contexto intersubjetivo abrindo um novo espaço para rearranjos nos processos defensivos. Essas ideias são muito próximas ao que supomos que ocorre durante o *enactment crônico,* e que desemboca no *enactment agudo.* Por isso, penso que os *momentos de encontro* já são decorrentes, também, de trabalho da função alfa.[9]

Continuamos, no entanto, com um problema não totalmente solucionado. Ainda que não se negue a importância da relação implícita compartilhada, por que o analista tem que permanecer no *enactment crônico,* sem ter consciência disso? Não seria mais útil para o processo analítico se o analista se liberasse do conluio, e mantivesse a paciência necessária introduzindo mais função alfa em forma explícita? Para tentar responder essas questões utilizo, de novo, analogia com função materna.

Uma mãe adequada procura *ser* o seu bebê, vivendo seu sofrimento e situações traumáticas para poder sonhá-las por ele. Para que isso ocorra ela se cega parcialmente para suas próprias necessidades, permitindo que utilize seu masoquismo normal. Constitui-se algo parecido a um *enactment,* a mãe sofrendo com seu bebê, mas não tendo consciência clara desse sofrimento. Com isso a mãe não percebe o irrealismo de seu masoquismo, podendo mantê-lo por todo o tempo que for necessário. Se essa negação for desfeita precocemente a mãe corre o risco de não suportar sua identificação com o sofrimento do bebê, podendo desligar-se dele em forma traumática.

Em situações extremas pais podem deixar-se matar para salvar a vida de seus filhos. Isso somente será possível se houver uma profunda identificação com eles, sentidos como partes de si mesmos, para além da razão explícita.

Dessa forma, o *enactment* seria necessário não somente devido às sete funções descritas acima, mas também porque o analista tem que negar provisoriamente o irrealismo de seu masoquismo, como ocorre com a mãe do bebê, para poder sofrer junto com seu paciente *at-one-ment* (Bion, 1970).

Notas

1. A reversão de perspectiva descreve como o contato com a realidade pode ser bloqueado tomando-se figura como fundo (ou vice-versa), como ocorre no clássico experimento da psicologia da forma, em que podem ver-se ora dois rostos, ora um vaso.

2. Durante a idealização mútua, o que parece simbiótico esconde relação continente-contido parasitária em que ambos acabam destruídos (Bion, 1970). São conluios maníacos, e o que parece ser elemento-alfa remete a elementos beta, que parecem ser inteligíveis (Sandler, 1997), e elementos balfa (Ferro, 2000), que parecem vincular-se, mas envolvem –K.

3. A intensidade da crença do autor de que, no Momento M, estava *não-sonhando* (reversão da perspectiva) fora tal que, em trabalhos anteriores continuou usando o termo *não-sonho* para o *enactment agudo*, ainda que seus argumentos mostrassem que era mais do que isso.

4. Ainda que no trauma os registros da experiência estejam excluídos da rede simbólica, algumas memórias de situação traumática podem ser inscritas sob

146 *ENACTMENT E FUNÇÃO ALFA IMPLÍCITA NA ANÁLISE DE CONFIGURAÇÕES...*

a forma de medo, culpa, vergonha, humilhação, dissociadas, mas que talvez possam ser precariamente simbolizadas (Person & Klar, 1994). No entanto, a conexão com outros símbolos não ocorre, o trauma ficando cindido da rede simbólica que constitui o pensamento. Brown (2005) sugere que as manifestações não sonhadas se referem a tela beta organizada em forma rígida, concretização defensiva que permite à psique um senso estanque de organização, fruto da reversão da função alfa. São elementos beta aparentemente inteligíveis (Sandler, 1997).

5. Evidentemente, essas recuperações pontuais serão seguidas de novas recaídas, o processo analítico desenvolvendo-se como movimento espiralar de avanços e retrocessos.

6. Baranger et al (1983) mostram que o baluarte (que consideramos ter similaridades com o *enactment*) pode se constituir como um corpo estranho estático, enquanto o processo analítico segue seu curso em outras áreas.

7. No modelo da pessoa se afogando, é como se o salvador (por se manter vivo e buscar pensar) tivesse convencido o traumatizado a confiar nos recursos da dupla para sobreviverem, mesmo que bastante água possa ser engolida quando se soltarem. Dessa forma podem se separar e se ajudar (pensar) mutuamente.

8. Esse masoquismo normal será similar à paciência e capacidade de sofrer sofrimento, sem esmorecer, próprio da função materna. Este tema foi abordado, de forma criativa, por Galvez (2004). Bion (1970), também usa o termo paciência para o sofrimento e tolerância à frustração que o analista deve suportar enquanto não advém o fato selecionado.

9. Grotstein (2000, 2007) propõe a existência de uma função alfa rudimentar no bebê que é capaz de enviar mensagens para a mãe captando as ressonâncias dela necessárias, para além da comunicação verbal. Supõe que se assemelhe a uma "estrutura profunda", como as que predeterminam o aprendizado da linguagem, segundo Chomsky.

8. Sonhando objetos bizarros e traumas iniciais: o *continuum* sonho <-> não-sonho

Sonhos e não-sonhos são, na verdade, extremos ideais de um *continuum* relativo à capacidade de mentalização, simbolização e funcionamento da mente, como um espectro de cores, que estimulam/atacam essa capacidade, assim como elementos beta <-> elementos alfa e PS<->D.[1] Num extremo teremos áreas ideais de simbolização íntegra. Seguem-se áreas em que os símbolos têm menor capacidade de significação e conexão. Símbolos deteriorados, em graus variados e conexões frágeis que sofrem ataques constantes, continuam com áreas em que a simbolização é precária ou inexistente. Permeando esse *continuum* existem áreas de equações simbólicas (Segal, 1957), onde símbolo e simbolizado se confundem e áreas com aparente simbolização, mas a capacidade de abstração é limitada. Organizações rígidas, (Brown, 2005) com elementos beta aparentemente inteligíveis (Sandler, 1997) podem simular sonhos. Esses *falsos sonhos* (Cassorla, 2008a) mascaram não-sonhos. Símbolos deformados ou destroçados mesclados a funções mentais

148 SONHANDO OBJETOS BIZARROS E TRAUMAS INICIAIS

cindidas se revelam como situações bizarras, como veremos a seguir na vinheta sobre Paulo. Descargas em atos não devem ser confundidos com atos pensados. Todos os elementos do *continuum* descrito podem manifestar-se ao mesmo tempo.

Dessa forma, caminhamos de áreas mais ou menos simbólicas para áreas psicóticas e áreas traumáticas (em variados graus) e áreas que aparentam não ter qualquer tipo de representação, fato discutível. Em pacientes traumatizados, *borderline* e com funcionamento confusional, sonhos e variados tipos de não-sonhos, podem oscilar rapidamente ou aparecerem mesclados, deixando o analista confuso.[2]

Outra abordagem descritiva nos mostrará, dentro do *continuum* sonho <-> não-sonho, algumas possibilidades: por exemplo, não--sonhos que buscam tornar-se sonhos, quase sonhos (Rezze, 2001), sonhos que relutam em ampliar seu significado, sonhos transformando-se em não-sonhos, não-sonhos quase sonhados (em vários graus), sonhos que encobrem não-sonhos e vice-versa, não-sonhos concretos que simulam sonhos, terrores noturnos e sonhos interrompidos (Ogden, 2005), estados confusionais mesclando não-sonhos e sonhos, não-sonhos que se manifestam como pesadelos. Situações ilustrativas da função sonhar ocorrem quando pacientes em recuperação podem lembrar e contar, emocionados, antigos não--sonhos (da infância, por exemplo) – simbolizados retroativamente – em que mal se sentiam vivos, num mundo sem significado, como vimos no relato de Helen Keller e veremos em Paulo.

O analista chamará *sonho* àquelas produções que simbolizam situações que transitam com flexibilidade e criatividade pela rede simbólica do pensamento. Nesse transitar sempre se encontrarão defesas, identificadas como não psicóticas. No entanto, no decorrer do *sonho* pode ocorrer que se chegue a áreas perigosas e o sonho da noite será *interrompido* como pesadelo, um não-sonho que acordará o sonhador em busca, talvez, de mobilidade corporal para expulsá-lo.[3]

Durante o sonho da vigília o analista pode perceber quando o paciente não pode viver a realidade (interna/externa) transformando o pensamento simbólico em descargas ou comportamentos, não-sonho. O analista observa o ataque ao pensamento e a retração do universo mental. O inverso indica sua expansão. Outras vezes o analista percebe que certos sonhos encobrem áreas de não-sonho potencial, visando sua não manifestação. Sonhos e não-sonhos podem mesclar-se ou transformarem-se em seu oposto rapidamente, deixando o analista confuso. Descargas, por sua vez, podem ser acompanhadas ou não por imagens. Estas podem ter variados graus de clareza, bizarrice, permanência, rigidez ou vinculação, podendo ser vividas como fazendo parte do mundo interno, do mundo externo (como alucinações) ou de ambos. E, pode ocorrer do não-sonho manifestar-se através de *nada*, um vazio. O analista não consegue figurá-lo ou lhe vêm imagens como que de buracos, desertos, vazios, como veremos abaixo, no relato de Susana.

Se utilizarmos um vértice clínico podemos imaginar, num extremo, pacientes autistas ou catatônicos, que não são capazes de expressar-se. Caminhando no espectro, próximo a esse extremo, poderemos encontrar um paciente somatizador, cujo não-sonho se manifesta por queixas físicas repetitivas. Outro trará não-sonhos tão fragmentados que simularão um jato de urina, por exemplo (Segal, 1981). Ao analista comumente nada lhe ocorre e seu trabalho, se tiver sorte, costuma iniciar-se sonhando elementos de outras áreas mais acessíveis. Outro paciente jorra palavras sem significação ou escombros mentais e o analista pode ter esboços de imagens, que lhe escapam ou são difíceis de manter. Seguem-se, nesse espectro, pacientes capazes de estimularem imagens ou

150 SONHANDO OBJETOS BIZARROS E TRAUMAS INICIAIS

cenas, mas estas são estáticas e sem ressonância emocional. O analista poderá utilizá-las como matéria para seu sonho próprio. Flashes oníricos da vigília (Ferro, 1998), sonhos noturnos, enredos e narrativas simbólicas, indicam o outro extremo, onde elementos alfa se manifestam em sua evolução para pensamentos mais complexos, melhor ou pior trabalhados pelos aparelhos de sonhar sonhos e pensar pensamentos.

Não-sonhos podem manifestar-se através de dramatizações que ocorrem entre ambos os membros da dupla, os gestos psíquicos (Sapisochin, 2007, 2012, 2013). Simulam performances teatrais sem palavras que envolvem o analista. Quando o analista se dá conta de seu envolvimento contratransferencial ele já está transformando a representação teatral em representação imagética-verbal. Gestos psíquicos não identificados correspondem aos *enactments* crônicos.

Se nosso vértice de observação for a capacidade de simbolizar encontraremos não-símbolos, signos e quase-símbolos, equações simbólicas (Segal, 1957), símbolos estáticos (imagéticos, como sintomas, em atos etc.), com dificuldade de vinculação, símbolos com algum grau de vinculação, mas que perderam sua capacidade expressiva (Barros, 2005), símbolos que se vinculam entre si, em formas variadas mais ou menos criativas. O espectro não-símbolo<-> rede simbólica em expansão tem dupla direção, ocorrendo avanços e reversões. E, as várias categorias podem encobrir outras ou se manifestarem concomitantemente.[4]

Reduzindo nosso vértice de observação às áreas de funcionamento mental veremos que o não-sonho da parte psicótica da personalidade envolve elementos beta frutos da reversão da função alfa. Isto é, ele contém escombros de objetos e de partes da mente que podem manifestar-se como cenas estanques, sem coerência, comumente bizarras. O analista sonha a partir de sua vivência desses escombros.

Estes sonhos contêm áreas traumáticas, que eventualmente podem emergir em forma mais explícita. As consequências do trauma, identificáveis na relação analítica, são variadas e percorrem um espectro decorrente da "intensidade" e "extensão" em que a mente foi lesada.[5] E também do momento em que ocorreram.

Caso se trate de momentos iniciais, quando a capacidade de simbolização ainda não se desenvolveu, as situações traumáticas serão externalizadas no campo analítico através de gestos psíquicos e *enactments*, que somente serão pensados *a posteriori* (*après-coup*).

Quando o trauma rompe a trama de representações já existente, ocorre uma zona de dor psíquica que não será figurável. Estas situações têm sido estudadas, entre outros, por Green (1988b, 1998), Lutenberg (2007) e os Botella (2003). O trauma, ao alterar a capacidade de simbolizar impede que ele mesmo, o trauma, seja simbolizado. Possivelmente o que se manifesta são escombros de áreas adjacentes ao trauma que buscam revivê-lo tanto para controlá-lo como buscando elaboração. Haveria um entorno simbólico ao vazio que poderia, *a posteriori*, dar-lhe certo sentido (Levy, 2012) ou formar uma tela beta rígida com essa mesma função (Brown, 2005). O núcleo traumático nada revela, ou melhor, indica a existência de um vazio (Winnicott, 1974; Lutenberg, 2007), um *blank* (Green, 1988a), um buraco negro (Grotstein, 1990; Guignard, 1997; Imbasciati, 2006). O analista deverá sonhar esse vazio e isso é mais difícil que na situação anterior. Comumente ele terá que usar como "remendos" *construções* (Freud, 1937) que lhe exigem maior aposta pulsional (Marucco, 2007).

Em seguida, nesse espectro lesional, teríamos áreas de simbolização precária. Uma área intermediária poderia corresponder, ao que Khan (1963) chamou trauma cumulativo, em que situações de rupturas no escudo protetor, "não gritantes nem agudas" (p. 99), se

152 SONHANDO OBJETOS BIZARROS E TRAUMAS INICIAIS

acumulam de maneira silenciosa. No entanto, não há possibilidade de que ocorra simbolização adequada, transformação de elementos brutos em potencialmente pensáveis, elementos alfa. Por vezes podem até formar-se símbolos em seu aspecto representativo, mas eles perdem sua plasticidade como representante e expressão de algo, empobrecidos em seu caráter denotativo e expressivo, o que impede que se possa pensar a respeito do que está ocorrendo (Barros, 2005). Elementos beta aparentemente inteligíveis (Sandler, 1997) e elementos balfa (Ferro, 1998) remetem a situações desse tipo.

Pode ocorrer que áreas arcaicas anteriores à formação do aparelho mental se manifestem no campo analítico estimulando desistência do analista. Essas áreas que simulam não existência, podem estar tamponadas por barreiras autísticas. O analista, identificado, tem que suportar sua condição de não-existência. Estaríamos em área anterior à existência de elementos beta (Meltzer, 1975; Korbivcher, 2010). A capacidade de *rêverie* do analista será desafiada a sonhar supressões, vazios e restos de marcas, que fazem parte da mente primordial (Green, 1998). A aposta pulsional será ainda maior e ele terá que criar, em sua mente, imagens que deem significado ao vazio. Quando elas surgem se revela que não são produto de identificações, nem são construções. O analista se surpreende verificando que utilizou aspectos próprios de sua mente, alguns que sequer conhecia. Esses aspectos serão ilustrados na vinheta sobre Susana. Esse trabalho de figurabilidade, de criação de pictogramas, envolve identificação profunda do analista com seu paciente e um trabalho regrediente consequente intenso. O analista se sente obrigado a representar frente ao terror consequente à não representação (Botella & Botella, 2003).[6]

Nem sempre é possível diferenciar áreas psicóticas, traumáticas e áreas da mente primordial. Microtraumas continuados podem somar-se ou ser estimulados por outros traumas ocorridos em diferentes etapas do desenvolvimento mental. Certamente área psicótica sempre inclui elementos de trauma e áreas adjacentes ao trauma se comportam como psicóticas. Ao mesmo tempo áreas primordiais permeiam essas manifestações. E nada impede que traumatismos, isto é, traumas que puderam ser, de alguma forma, sonhados (Bokanowksy, 2005) se revelem ao mesmo tempo.

Esses não-sonhos fazem parte de um *continuum* epistemológico mas, na clínica, eles emergem no campo analítico alternando-se, interpenetrando-se, em forma paralela, misturando-se etc. Grinberg (1967) já chamava a atenção para sonhos e descargas mescladas, no que chamava sonhos mistos.

Os não-sonhos que envolvem déficit representacional podem tentar "carona" nos não-sonhos traumáticos, psicóticos ou nos sonhos não psicóticos, sendo uma das tarefas do analista não se deixar enganar pelo não-sonho ou pelo sonho manifesto que encobre o vazio. Dessa forma, proponho como hipótese que o não-sonho de área psicótica inclui, sempre, elementos correspondentes a áreas traumáticas e áreas de não representação imagética da mente primordial, que se escondem e manifestam entre os escombros psicóticos. Possivelmente, quando o analista transforma esses não-sonhos psicóticos em sonhos, ele também está, implicitamente, fazendo o mesmo com os demais não-sonhos. Desta forma, o analista não sonha apenas a partir das identificações projetivas resultantes de elementos beta do não-sonho psicótico, mas também a partir de outros tipos de identificação mais precoces (algumas propostas por Sandler, 1993; Franco F., 2000) de complexa conceituação. O sonho do analista incluiria também, de alguma forma, esboços de construções e trabalho de figurabilidade não explícito, referente a áreas tampouco explícitas.

154 SONHANDO OBJETOS BIZARROS E TRAUMAS INICIAIS

O modelo do palimpsesto pode ajudar-nos. Os sonhos recobrem áreas de não-sonho, os traumas sonhados recobrem outros traumas, que recobrem outros traumas... que recobrem outros... que são transmitidos intergeracionalmente... que talvez sejam anteriores à própria humanidade...

Se estas hipóteses se revelassem corretas, não teríamos porque não expandir o raciocínio para os sonhos simbólicos e veríamos que o analista que resonha o sonho de seu paciente, num sonho-a-dois, também estaria sonhando (implicitamente) áreas menos simbólicas e não simbólicas ou vazias. Em outras palavras, a função alfa do analista, em forma explícita ou implícita, trabalharia ao mesmo tempo todas as áreas de funcionamento ou não funcionamento mental, mesmo aquelas que não emergem explicitamente no campo analítico. Estes fatos nos desafiam a aprofundar o conhecimento do funcionamento da *rêverie* e figurabilidade, da continência e capacidade negativa, da paciência e do masoquismo normal, das contraidentificações e identificações com vazios etc., considerados como fatores da função alfa, que envolvem também comunicação inconsciente profunda ainda pouco conhecida.

Em seguida apresentamos vinhetas que ilustram o trabalho de sonho do analista frente a não-sonhos bizarros e não-sonhos de vazios, resultantes de traumas iniciais. Nestes últimos a comunicação é efetuada através de aspectos sensoriais.

Paulo e a bizarra caneta do analista

Paulo, 35 anos, conta que vivia desde sempre num mundo aterrorizante. Nesse mundo vivia apavorado porque sentia que algo terrível, indefinido, estava para acontecer. No entanto, não tinha a menor consciência de que vivia dessa forma, porque para ele a vida era assim e tinha certeza que todas as pessoas viviam da mesma forma. Hoje usa o termo "pânico" para esse terror sem nome.

Ainda que nos últimos anos tenha desenvolvido certa capacidade de tomar distância para observar o mundo, mantém um funcionamento psicótico considerável onde vive da forma descrita.

Em determinada sessão, que faz sentando-se em frente ao analista, conta que recebeu um brinde, uma caneta, junto com uma carta solicitando auxílio para uma entidade religiosa. Jogou fora a carta porque a entidade pertencia a uma religião diferente da sua.

A partir desse momento a caneta se transformou em algo ameaçador e sabia que tinha que livrar-se dela. Foi tomado por um pensamento obsessivo remoendo uma lista de pessoas a quem poderia dar a caneta: seu vizinho, sua empregada, seu primo, determinado colega de trabalho etc. Conta que são pessoas invejosas, têm inveja dele, e imagina que ao dar-lhes o presente, sua inveja poderia ser aplacada. Mas, não consegue decidir se dá ou não e, em caso positivo, para quem dar. Os pensamentos machucam sua cabeça que parece que vai explodir e imagina seu crânio se abrindo e seu cérebro escorrendo, como viu num filme, onde um criminoso levou um tiro no olho.

Ao ouvir o relato, o analista imagina a cena do cérebro escorrendo e percebe que sente um misto de horror e prazer. O analista percebe que a inveja de Paulo o incomoda e lhe inspira raiva. Pensa que a caneta seria um presente carregado de inveja. Mas sabe que dizer isso a Paulo, nesse momento, de nada serviria a não ser descarregar sua vontade de retaliá-lo.

O analista se surpreende perguntando a Paulo se ele não havia pensado em livrar-se da caneta deixando-a com ele. Ele responde que não o faria, porque o analista poderia deixar a caneta sobre a mesa e isso o faria sentir-se ameaçado. Nesse momento Paulo está olhando para outra caneta, do analista, que está sobre a mesa. Seu olhar é desconfiado. O analista lhe pergunta o que está vendo e Paulo responde que essa caneta adquiriu uma textura diferente e a vê crescendo, grande, tomando todo seu campo visual e isso o está deixando muito assustado. Afasta a cadeira da mesa. Pede que o analista guarde a caneta. Vendo seu desespero o analista obedece.

O analista lhe diz que sua caneta se tornou afetivamente similar à caneta que recebeu como brinde. O clima parece perigoso e o analista continua falando, cuidadosamente, olhando para Paulo no intuito de avaliar como ele sente suas palavras. Diz-lhe que ambas as canetas estavam contaminadas por emoções ruins e que por isso se tornaram perigosas. Por isso Paulo se sente ameaçado.

Paulo diz que é muito bom ouvir o que o analista disse, que o analista o compreendeu. Mas quer saber por que faz isso. O analista se sente bem por ter despertado alguma responsabilidade e curiosidade em Paulo. Mas, ao mesmo tempo, desconfia de sua reação. Tem receio de que Paulo esteja apenas tentando agradá-lo.

A situação descrita mostra como a realidade interna se vincula à realidade externa, para constituir aglomerados que se manifestam como objetos bizarros. Podemos supor que a caneta buscava representar, através de restos deteriorados de símbolos e equações simbólicas, um complexo conjunto de experiências emocionais relacionado a culpa, ódio, inveja, voracidade, sexo etc., aglomeradas visualmente. Essas experiências são estilhaçadas assim como partes da mente e esses complexos se ligam a objetos, pessoas, partes do corpo e ao analista. Os objetos bizarros buscam descarga e, ao mesmo tempo, sonhadores que os simbolizem.

A grande quantidade de interpretações que, em seguida, veio à mente do analista lhe pareceu intelectualizada e envolvia explicações teóricas sobre o ocorrido. Por isso, o analista tinha certeza que sua capacidade de sonhar estava comprometida. Ficou em silêncio aguardando.

Paulo, então, conta que no bairro onde morava, na infância, as crianças da escola tinham inveja dele, porque sua família tinha melhores condições financeiras e morava numa casa melhor. No entanto, a partir de relatos anteriores, o analista havia criado em sua mente uma imagem da casa de Paulo caindo aos pedaços, pobre, suja e construída em nível inferior às demais casas. Essa imagem era resultado de sua tentativa de representar, em imagens, experiências emocionais relacionadas à deterioração, destrutividade e inferioridade, à vida num mundo empobrecido e decadente. Essa imagem era oposta à que Paulo contava agora, mas indicava o que ele escondia.

As lembranças e associações de Paulo pareciam indicativas de algum trabalho de sonho. Nesse momento, o analista lhe comunica sua hipótese de que Paulo jogou fora a carta que veio com a caneta, porque ela lhe lembrou essa situação – a inveja de pessoas mais pobres que considerava diferentes. O analista não se sente à vontade, ainda, para localizar os sentimentos de inveja dentro de Paulo, ou entre Paulo e o analista.

Em seguida, Paulo diz que tem medo de morrer. O analista lhe diz que Paulo se sentiu ameaçado ao ouvir, do analista, sobre sentimentos de inveja. Paulo responde que "todos vamos morrer um dia". O analista sente que essa resposta "mata" sua intervenção e diz a Paulo que ele, analista, também vai morrer.

Nesse momento Paulo está olhando para o analista, sorrindo, e lhe diz ironicamente que o analista vai morrer primeiro, antes dele, porque é mais velho. O analista sente um arrepio dentro de si.

Antes que ele se recuperasse, Paulo diz que está na hora de terminar a sessão e se levanta. O analista lhe diz que ainda faltam 5 minutos, já que começou atrasado. Paulo responde que está acostumado a que as pessoas se aproveitem dele e como ele sempre sai perdendo, estava indo antes que o analista o mandasse embora. O analista lhe diz que se ficar os 5 minutos ambos poderão aproveitar e ninguém vai sair perdendo. Paulo diz, surpreso, que nunca havia pensado nisso.

O analista sente que, nesse momento, algum avanço pode ter ocorrido mas receia que ele seja desfeito rapidamente. Sabe, também, que teve medo de mostrar a Paulo como ele atacava o analista e o terror de ser retaliado, o que possivelmente o estimulou a querer interromper a sessão. O analista tem dúvidas se sua "covardia" reflete controle por parte das identificações projetivas massivas de Paulo (não-sonho-a-dois), ou se ela indica a necessidade de dar tempo suficiente à dupla analítica para digerir os fatos de forma que eles não traumatizem (tempo do trabalho de sonho). Tem esperança que o segundo fator predomine.

No dia seguinte, Paulo conta que ontem percebeu-se olhando para sua esposa de uma forma diferente. Chegara da sessão e sua esposa o recebera como sempre, mas nunca havia percebido como ela era carinhosa e atenciosa com ele, como ela cuidava dele. Relembra que sempre achou que sua esposa estava com ele por interesse e que nunca se sentiu amado, até ontem. Complementa dizendo que ele mesmo, nunca soube o que era amor. Nesse momento Paulo está emocionado. O analista sente que sua emoção é genuína, mas observa que, em área paralela, continua algo desconfiado. Em seguida, Paulo descreve situações traumáticas vivenciadas na infância que ele mesmo vincula à sua incapacidade em confiar e amar. O analista acompanha os fatos e pode incluir-se no enredo. A sessão se desenvolve predominantemente como sonhos-

-a-dois. Ao terminar a sessão Paulo olha para a caneta sobre a mesa e diz que hoje ela é "apenas uma caneta".

A vinheta mostra como se manifesta no campo analítico um mundo aterrorizante povoado por objetos bizarros. Como nessa área Paulo confunde *self* e objeto, ele também se torna terrorista. O analista é incluído nesse mundo e, ao mesmo tempo que vivencia o terror, tem que dar-lhe significado. Em algum momento, Paulo pode observar o mundo e a si mesmo, discriminados. Os mecanismos da posição depressiva se revelam e vemos Paulo tentando efetuar reparação. Mas a reversão está sempre ameaçando.[7]

O momento assinalado, evidentemente, deve ter sido fruto de muito trabalho mental e o analista desconfia de sua permanência, porque já viveu situações parecidas que foram revertidas. Haverá que sonhar e ressonhar as situações traumáticas, muitas e muitas vezes, indicando a necessidade de um trabalho elaborativo que se faz aos poucos. Um trabalho elaborativo complementar ocorre, ao mesmo tempo, dentro da mente do analista e é dessa forma que vão se desfazendo os aglomerados para que as áreas traumatizadas adquiram significado.

Sonhando vazios e traumas iniciais

O analista desperta sentindo-se mal. Não consegue discernir o que seria esse "mal". Tem impressão que não se refere a seu corpo, que ele é de ordem emocional. O analista busca símbolos verbais que representem o que imagina que esteja sentindo, mas não os encontra. Tentativas de nomeação tais como cansaço e tédio, ainda que não satisfatórias, fazem com que se preocupe com a vitalidade de sua função analítica, da qual terá que dispor durante todo o dia.

O analista se dá conta das limitações dos símbolos verbais para descrever seus estados afetivos que ainda não podem ser

160 SONHANDO OBJETOS BIZARROS E TRAUMAS INICIAIS

conectados à rede simbólica do pensamento. Esses estados, mesmo malnomeados, servem como sinal de alerta para que preste atenção em si mesmo.

Agora o analista se vê frente ao seu primeiro paciente, e percebe que o mal-estar desapareceu e trabalha como habitualmente.

Continua trabalhando bem, até que no meio da manhã, durante um intervalo mais longo, lembra-se de Susana. Será seu último atendimento nessa manhã e percebe que está preocupado.

Enquanto toma seu café lhe vêm à mente algumas lembranças do processo analítico com Susana. Após uma fase inicial da análise, aparentemente produtiva, Susana passou a queixar-se: sintomas no corpo, mal-estares indizíveis, medos indefinidos, pavores de doenças mortíferas, busca desesperada de médicos e tratamentos somáticos de todo tipo. O analista tentava nomear e dar significado a esses sentimentos. Mas, a impressão era que seu trabalho era estéril, suas intervenções não faziam sentido para Susana. O contato com essa área desafiadora estimulava o analista, mas Susana se queixava e queixava, cada vez mais.

Aos poucos o analista percebeu-se desanimado e lutava para dar sentido à sua impotência. O trabalho não era mais agradável. Lembra-se que, aos poucos, passara a perceber-se sonolento, como que adormecido pela cantilena repetitiva de Susana. Tinha que esforçar-se para manter-se acordado, e passou a sentir que sua atenção e concentração estavam como que definhando. Consciente que sua função analítica estava prejudicada, tentava observar seus próprios sentimentos, imaginando que eles lhe dariam pistas para compreender o que estaria ocorrendo no trabalho da dupla.

A descrição acima é similar à anterior, mas agora inclui uma paciente, Susana. O analista *sofre* a experiência emocional, indis-

criminado dela, mas por ainda não ter significado, não pode vivê-
-la. Estamos frente a não-sonhos. Continua buscando símbolos
verbais para poder distanciar-se e dar sentido à sua exasperação e
desesperança. As lembranças que vêm à sua mente indicam alguma abertura nessa busca.

*Ainda no intervalo, o analista continua como que revendo seu
trabalho com Susana. Sente-se incomodado com o gosto estranho do
café que está tomando, tendo que colocar mais açúcar para que fique
suportável. Adiante o jogará fora.*

*Percebe que está intrigado com a mudança que vem ocorrendo nas
últimas sessões. Se antes se sentia sonolento e se esforçava para manter-
-se vivo, ultimamente se via possuído por um certo medo, que vinha
aumentando. Susana parecia ainda mais distante, e seu choro era diferente, assustador. Enquanto visualiza o que está pensando, o analista se
dá conta que vivia momentos de terror. Por isso, pensa agora, seu sono
tinha desaparecido. Pelo contrário tinha que manter-se alerta, preocupado, com dificuldades em devanear e sonhar. Esboços de devaneios
eram aterrorizantes, envolvendo morte, suicídio e algo mais que não
conseguia nomear. Mas somente agora, durante o café, se deu conta
desses esboços de imagens. Percebe que sua mente não os suportava.*

O analista se sente frustrado porque não consegue sonhar os
elementos beta que o invadem. Somente depois perceberá que o
gosto amargo do café era uma tentativa sensorial de dar sentido às
experiências emocionais "amargas". O café jogado fora representa,
em ato, a expulsão de fatos insuportáveis. Esse ato tem componente simbólico potencial mas somente terá acesso a ele quando for
sonhado e pensado.

O autor sente necessidade de ampliar sua capacidade de representação e busca o auxílio do modelo teórico do trauma.

162   SONHANDO OBJETOS BIZARROS E TRAUMAS INICIAIS

Os elementos beta não conseguem ser significados pela mente de Susana porque esta se constituiu em forma deficiente ou/e porque a intensidade e qualidade dos elementos são superiores à sua capacidade (da mente) de sonhar. Nesse modelo algo ocorre nos primórdios da constituição da mente que a traumatiza, a tal ponto que ela não dá conta de sonhar em determinadas áreas. Fatores posteriores, internos ou externos, que mobilizam essas áreas, fazem com que eles sejam vividos como fatos traumáticos.

Temos, no entanto, algo novo: existe um analista e espera-se que ele possa sonhar os elementos que Susana não consegue, como que emprestando-lhe sua função alfa. No entanto, a mente do analista parece que está tão traumatizada quanto a de Susana. Sabemos que elementos beta expulsos entram dentro do analista, através de identificações projetivas, para que este os sonhe, mas, ao mesmo tempo, buscam controlá-lo para que seja mantido o status quo. Mas, será que áreas traumáticas próprias do analista não foram também ativadas?

Enquanto devaneia, de repente, o analista toma consciência do "algo mais" que o aterrorizava e que acompanhava os esboços de imagens terroríficas. Num flash instantâneo se vê morto, talvez tenha visto de relance seu próprio cadáver e sente um terror nunca antes vivido. Sente que vivenciou o nada pós-morte, a não existência. Para escapar do sofrimento busca desesperadamente substituir esse sentimento por outro. Acalma-se quando vem à sua mente a imagem de seus filhos, quando crianças, brincando com ele. No entanto, o analista somente se deu conta de tudo isso posteriormente.

Observando o trabalho da dupla analítica, podemos dizer que estava estagnado. Em parte, paciente e analista estão enredados através de identificações projetivas massivas mútuas de elementos beta. O desânimo, impotência e a sonolência, foram substituídos por preocupação, alerta e terror, ainda sem significação. Um observador externo descreveria a situação como estados afetivos e esboços de cenas que se repetem e repetem, sem solução.

Os nomes não-sonho-a-dois e *enactment crônico* poderiam ser aplicados aos fatos clínicos descritos, já que ambos os membros da dupla analítica, como que paralisados, não conseguem sonhar. No entanto, o fato do analista estar consciente desse fato torna o termo *enactment* crônico não totalmente apropriado. Durante um *enactment* crônico, por definição, o analista não se dá conta que esteja envolvido num conluio obstrutivo. Mas é bastante provável que, em áreas cindidas, não-sonhos-a-dois, não percebidos pelo analista, também estejam ocorrendo.

A imagem visual do analista morto, pode ser considerada um elemento alfa. No entanto, essa imagem insuportável foi instantaneamente revertida. Porque ela seria seguida por outras imagens insuportáveis: os filhos do analista sem pai, órfãos, e essa imagem atrairia a imagem do analista criança, observando seu próprio pai morto etc. Esse enredo traumático somente pôde ser recuperado *aprés coup*, como costuma acontecer com fatos traumáticos. Espertamente o analista criou outro enredo substituto, vendo-se vivo e com saúde, cuidando de seus filhos, crianças felizes.

O não-sonho-a-dois é um *mix* de descargas e comportamentos que revelam o ataque à capacidade de sonhar da dupla. Isto é, frente à experiência emocional, a mente deveria acionar uma engrenagem que lhe daria significação, mas essa engrenagem não dá conta da experiência e é atacada e destruída.

Como vimos, o analista sentiu-se bem atendendo aos pacientes anteriores a Susana. Mas agora, após o café, se percebe impressionado pelas lembranças e imagens que teve durante o intervalo. Sabe que a atenção exagerada a esses fatos pode obstruir sua capacidade intuitiva e busca manter-se num estado de mente sonhante, que permita vivenciar o que vai ocorrer. Ainda que saiba como está sendo difícil busca retomar as recomendações técnicas que costuma seguir: buscar manter-se sem desejo, sem memória, sem intenção de compreender, para poder surpreender-se com o novo.

No horário de Susana, enquanto o analista abre a porta, sente que seu coração está acelerado. Sente-se aliviado ao encontrar Susana, viva, na sala de espera. O analista, ao olhar seu rosto, vê uma prisioneira de campo de concentração, esperando a morte e não se matando antes por falta de forças.

Susana se dirige até o divã, penosamente. O analista percebe que sua preocupação se transformou em desânimo e já se sente tomado por desespero. Percebe-se questionando o tratamento psiquiátrico que Susana efetua, concomitante com a análise. Perceberá, posteriormente, que tentara jogar para fora da sala de análise, para a psiquiatria, sua impotência, culpa e desesperança.

Susana se arrasta para o divã e o analista vai atrás, sentindo sua própria capacidade analítica se arrastando. A narrativa poderia continuar dessa forma e não seria muito diferente de outras sessões. Mas desta vez ocorre algo que surpreendeu a ambos, paciente e analista.

Antes que Susana chegasse ao divã, o analista, sem saber por que, diz que gostaria que hoje ela não deitasse, mas se sentasse, indicando-lhe um lugar.

Susana para, olha para o analista, e vacila. A seguir, penosamente, recua em direção à cadeira, onde se senta. O analista senta-se frente a ela. Ambos, analista e paciente, sabem que algo diferente está ocorrendo, mas não sabem o que.

O episódio descrito revela uma ação aparentemente não pensada pelo analista, isto é, um *acting-out*. Tentemos descobrir sua origem examinando o que vinha ocorrendo antes.

Se lembrarmos do estado do analista pela manhã, quando despertou, não seria descabido supor que, durante a noite, seu sonho procurava simbolizar aspectos que buscavam representação. O trabalho de sonho, no entanto, não fora suficiente e o sonho foi interrompido restando, no analista, a sensação de algo mau – a frase inicial deste relato: "O analista desperta sentindo-se mal". Esse "mal", elementos beta não transformados, evacuados de sua mente, se manifesta como sintomas.

Esse mesmo sonho, no entanto, continua inconscientemente durante a vigília e o analista consegue palavras aproximativas para o que está sentindo: desânimo e tédio, que funcionam como sinais. Ao mesmo tempo, em áreas paralelas, a função analítica se mantém íntegra e o analista pode sonhar o que ocorre com os pacientes anteriores a Susana.

No intervalo, o analista se dá conta que seu sonho inconsciente tinha relação com Susana e, mais ainda, que estava tentando sonhar perdas e lutos terroríficos próprios. Posteriormente confirmará que eles eram complementares aos de Susana. Tem também a convicção que isso já vinha ocorrendo no sonho da noite.

Portanto, quando o analista abre a porta para receber Susana, se sente tomado por elementos beta, mas eles também já vinham tentando ser sonhados inconscientemente há algum tempo. A imagem do campo de concentração reflete esboços de significado. Ao mesmo tempo, sentimentos de culpa e de impotência são projetados pelo analista, sem muito sucesso, na psiquiatria.

O convite do analista para que Susana se sentasse, poderia ser consequência de seu desespero em tentar mudar o enredo estagnado da dupla, à partir da alteração da situação analítica. Talvez desistir de ser psicanalista e conversar com Susana socialmente, consolando-a e apoiando-a? Ou dizer-lhe, frente a frente, que não seria mais possível analisá-la, desfazendo o contrato? Essas hipóteses passaram pela mente do analista, posteriormente, ao rever a sessão. Nesse caso seriam ações não pensadas que visariam expulsar a psicanálise da relação, transformando-a em outra coisa.

Essa avaliação autocrítica do analista, se por um lado indica uma avaliação cuidadosa de sua responsabilidade, poderia também embutir a ação de um superego moralista, que costuma acompanhar os ataques à capacidade de pensar (Bion, 1962a, b). Para substituí-lo por um ego em contato com a realidade é importante observar cuidadosamente os fatos subsequentes.

O analista e Susana estão sentados, um frente ao outro. O analista olha para Susana. Mal consegue ver seu rosto que ela desvia para baixo e para o lado, escondendo-o. Mas, esse esconder é o que mais chama a atenção. De relance o analista vê as mãos e os pés de Susana, retorcendo-se.

Sem saber por que o analista fixa o olhar no rosto semiescondido de Susana e fica em silêncio. Não tem ideia do que falar e continua olhando, fixamente. Ao mesmo tempo, pensa se não cometeu um erro ao pedir que Susana se sentasse. Continua sem saber por que o fez.

Em algum momento o analista percebe que Susana está chorando. Aos poucos, seu rosto vai ficando mais visível, e as lágrimas que rolam pelas suas faces fazem o analista sentir-se emocionado. Nunca a vira chorar dessa forma. O analista percebe que não está mais assustado e sente uma tristeza imensa que, ao mesmo tempo, alivia – como se as lágrimas lavassem a alma.

Após algum tempo o analista percebe que Susana está procurando palavras, entre soluços. Agora Susana olha profundamente nos olhos do analista e diz: "É a primeira vez que alguém olha para mim ..., é a primeira vez que alguém olha para mim..." E continua chorando. Em seguida, ora desviando o olhar, ora fixando-o no analista, entre soluços, faz um relato detalhado sobre situações vividas com sua mãe, enfatizando que ela nunca a considerava, nunca lhe dava atenção, nunca a ouvia, mas principalmente, nunca a olhava. Procurava o olhar de sua mãe, para sentir-se existente, viva, e encontrava um "não olhar" que a aniquilava.

O enredo estagnado é rompido. A experiência emocional do aqui e agora adquire significado ao mesmo tempo que abre para a rede simbólica de Susana atraindo afetos, lembranças e pensamentos que, por sua vez, ampliam ainda mais o significado. O terror de não existência, antes impossível de ser representado, é vinculado às experiências emocionais do presente e do passado, condensadas principalmente no não-olhar aniquilador.

Esta visão dos fatos nos obriga a considerar que o ato do analista revelou ser mais complexo que uma simples descarga. Ele envolvia também trabalho de sonho inconsciente que resultou numa ação que representava, de alguma forma, a necessidade de Susana de ser vista, de sentir-se existente.

Podemos incluir este ato no que tenho chamado *enactment agudo*. Ele envolve um *mix* de descargas, elementos beta sendo sonhados, elementos alfa sendo formados e esboços de pensamentos buscando desenvolvimento. Esse mix, colocado abruptamente no campo analítico, continua sendo sonhado pela dupla. Ele desfaz o *enactment* crônico anterior. Evidentemente, áreas em que existia discriminação entre ambos, de não *enactment*, também fizeram parte do processo.

Suponho que o trauma de não existência, fez inicialmente Susana agarrar-se desesperadamente ao seu analista, numa espécie de fusão, em que evitava a tomada de consciência da separação *self* e objeto. O analista também se envolveu na situação e há indícios de que fatores próprios contribuíram para o fato. Essa era a origem do *enactment* crônico, uma forma de manter o trauma congelado. Essa fusão, por sua vez, impedia que existisse espaço para simbolizar, bloqueando o desenvolvimento da capacidade de pensar.

Se essa fusão, em fantasia, poderia proteger Susana de entrar em contato com seu sentimento de não existência, ao mesmo tempo a ameaça constante de separação, de discriminação *self*-objeto, a mantinha aterrorizada. Pior ainda, a fusão era também sentida como mortífera pois o objeto, confundido com o *self*, também se tornara mortífero.

Penso que quando o analista convida Susana para sentar-se frente a frente, ele se sente incomodado, não apenas porque sabe que sua função analítica está perturbada, mas também porque intui que está estimulando percepção de separação entre *self* e objeto. Sente receio e culpa pela possibilidade de traumatizar Susana ao defrontá-la com a realidade. No entanto, a tentativa de mudança da situação analítica, envolvia também um cuidado do analista, um vínculo amoroso, que faz com que Susana se sinta considerada e principalmente vista.

O fato de ter se aberto espaço para simbolização e pensamento, nos confirma que predominou, no episódio, a discriminação amorosa entre *self* e objeto. Por outro lado, somos obrigados a supor que essa discriminação ocorreu como resultado da simbolização e, por isso, o trauma foi atenuado. A questão paradoxal que se impõe é a seguinte: somente podemos viver a relação triangular se ela for pensada, e somente podemos pensá-la se estivermos vivendo nela.

Em nosso modelo, esse círculo emocional virtuoso é desencadeado por um objeto com função alfa disponível. Mas essa função alfa somente será disponível se o objeto puder transitar entre situações triangulares e o caos, que impele a situações duais.

Em outras palavras, penso que a separação abrupta entre Susana e seu analista (o *enactment* agudo) somente ocorreu porque alguma espécie de simbolização implícita já estava ocorrendo. Isto é, o desespero de Susana e seu terror traumático de algo como a morte estavam sendo trabalhados inconscientemente pelo sonho do analista, através de uma *função alfa implícita,* que repercutia no sonho da dupla. Ainda que em parte o trabalho parecesse paralisado, em áreas paralelas o analista continuava tentando sonhar. No entanto, Susana constantemente desvitalizava e revertia o sonho do analista transformando-o em não-sonho. O analista continuava insistindo, lutando contra seu desânimo e terror, mas ele também contribuía para a reversão. Ambos os membros da dupla tinham receio de reviver traumas.

Podemos visualizar parte desse trabalho nas imagens de cadáveres, campos de concentração, pais mortos e pais vivos com filhos felizes. Personagens buscam pensadores e pensadores buscam personagens. Afetos destrutivos e não-olhares mortíferos, lutam com capacidade acolhedora, tentativas de formação de símbolos, olhares amorosos, produto de ambos os membros da dupla, sendo trabalhados inconscientemente. O surgimento do *enactment* agudo mostra que o trauma da discriminação *self*-objeto pode ser vivenciado, em forma atenuada, graças à função alfa implícita, que vinha ocorrendo e que culminou com a ressignificação do olhar.

Se a capacidade de sonhar o trauma não tivesse sido suficiente, o enredo anterior seria retomado. Isto é, a função alfa seria revertida e Susana se sentiria traumatizada pelos atos do analista ou/e a

170 SONHANDO OBJETOS BIZARROS E TRAUMAS INICIAIS

dupla retomaria a relação fusional. Situações desse tipo devem ter ocorrido, muitas vezes, durante o processo anterior.

O episódio relatado permitiu que o analista se desse conta de aspectos próprios. Pôde pensar também em suas dificuldades de ver Susana de outras formas, e fazer com que ela se sentisse vista. Susana, por sua vez, com avanços e retrocesso foi desenvolvendo capacidade de ver a si mesma e a seu analista sob diferentes perspectivas. A capacidade de viver em situação triangular e a capacidade de pensar se desenvolvem ao mesmo tempo.

O analista percebeu, também, que a fase inicial do processo analítico, que parecia produtiva, envolvia fenômenos de área não psicótica, sonhos-a-dois entre Susana e seu analista. Mas esses sonhos também encobriam funcionamento de áreas primitivas. No decorrer do tratamento verificou-se que, muitas vezes, a função primordial de supostos sonhos-a-dois era esse encobrimento. Por isso, funcionavam como falsos-sonhos.

O sonho do analista

Nas situações clínicas descritas, vemos como os analistas precisam envolver-se profundamente com seus pacientes, para poderem vivenciar aquilo que eles não conseguem simbolizar. Ao mesmo tempo terão que discriminar-se dessa experiência para poder transformá-la em sonho.

Quando vivenciamos esse mundo não simbolizado com nossos pacientes, podemos entrar em contato com aniquilamento e não existência. Quando o analista não consegue suportar esses fatos, ele pode devolvê-los ao paciente e/ou desligar-se, "indo embora." Esse "ir embora" pode ser momentâneo, visando recuperação. Comumente o analista percebe o fato, porque seu paciente o denuncia, de alguma forma.

No entanto, se esse "ir embora" for se prolongando, o paciente se sentirá abandonado e irá embora para a loucura ou o suicídio, ou – na melhor das hipóteses – para outro profissional.

O desespero do analista em simbolizar, equivalente ao desespero do paciente, pode levar o analista frustrado a efetuar intervenções que, mesmo não sendo devoluções agressivas, sabe que não são apropriadas. Por exemplo, apoio, explicações racionais, perguntas desnecessárias, atos compassivos etc. O analista impotente pode reclamar do paciente por sua suposta não colaboração. Essas intervenções são não-sonhos que visam preencher os espaços terroríficos aparentemente vazios.

Ainda que essas intervenções não sejam recomendadas, curiosamente elas costumam não ser prejudiciais em determinadas circunstâncias. Penso que muitas vezes seu conteúdo é vivenciado pelo paciente como menos importante que a constatação de que seu analista está vivo e interessado. Isto é, o paciente intui que seu analista, mesmo assustado e pouco potente, continua buscando – através de tentativas e erros – dar sentido ao que está ocorrendo. Dessa forma o paciente também se sente existente.

Estes fatos fazem parte do que tenho chamado função alfa implícita. O analista, em áreas paralelas aos não-sonhos e *enactments* crônicos busca sonhar inconscientemente o que está ocorrendo e, através de ensaios e erros, sucessos e reversões, vai dando significado, aos pouco, às situações traumáticas. Esse esboço de significado somente ficará evidente após muito trabalho de sonho implícito e, eventualmente, poderá emergir como *enactment* agudo.

Os fatos descritos impõem que se examinem detalhadamente supostas falhas da função analítica. Sua compreensão pode dar-nos pistas importantes para o que está ocorrendo no

172 SONHANDO OBJETOS BIZARROS E TRAUMAS INICIAIS

trabalho da dupla e não ficaremos surpresos se descobrirmos que certas intervenções do analista, apenas visam reforçar vínculos emocionais, enquanto o trabalho de simbolização busca desenvolver-se ou está ocorrendo em forma implícita. No entanto, não acredito que apenas o acolhimento emocional, sem o esforço de buscar significados, seja suficiente. Este fato diferencia o trabalho psicanalítico de outras abordagens.

Penso que o analista trabalha, ao mesmo tempo, em todas as áreas mentais. Interpretações em área simbólica supõem um analista presente que, ao mesmo tempo, ajuda a simbolizar e a criar estruturas mentais. Seu trabalho, portanto, também beneficia áreas psicóticas e traumáticas. E, quando o analista trabalha em área de simbolização deficitária, também está estimulando a rede simbólica existente em área não psicótica. Dessa forma traumas poderão ser *lembrados e ressonhados* (aquela parte dos traumas que havia sido simbolizada, mas reprimida), *reconstruídos e sonhados* (aquela parte que havia sido transformada em não-sonhos psicóticos) e *construídos e sonhados* na relação (aquela parte da mente primordial que nunca seria lembrada).

Notas

1. Grotstein (2007) chama mentalização à passagem da sensorialidade para a imagem e pensar ao próximo passo, quando os elementos alfa colocados em sequência dão origem às narrativas.

2. A questão, bastante atual, da representação e simbolização em psicanálise é abordada por vários autores como Botella & Botella (2003, 2013), Marucco (1998, 2007), Green (1988a, 1988b, 1998, 2008), Barros (2002, 2011, 2013), Ogden (1989b), Melsohn (2001), Ferro (2009), Cassorla (2009a, 2009c, 2013a), Rosas de Salas (2010), Minerbo (2011), Levy (2012), Levine (2013), Scarfone (2013), Reed (2013) e nos capítulos do livros editados por Azvaradel (2005), Rose (2007) e por Levine, Reed & Scarfone (2012).

3. Bianco (2009) observou que pacientes com apneia do sono acordavam justamente quando seu sonho estava se transformando em pesadelo.

4. Segal (1981) nos fala de sonhos preditivos que envolvem simbolização e evacuação ao mesmo tempo.

5. Bokanowsky (2005) diferencia trauma, onde ocorre destruição da mente, de traumatismo, que se mantém em área não psicótica.

6. Os Botella (2003) discutem também o trauma como negatividade que "costuma estar presente sob a forma de normalidade do afeto, do caráter, da inibição, mas totalmente ausente nas associações e no jogo transferência-contratransferência..." [...] "Sua existência somente pode suspeitar-se através de certos transtornos, "acidentes" do pensamento, que provam a presença de uma perturbação devida a uma não representação e não ao conteúdo do acontecimento" (p. 165, tradução minha).

7. Não devemos, no entanto, confundir a reversão defensiva para uma EP rígida com a oscilação adequada entre EP <-> D que faz parte do processo de pensar (Bion, 1962b).

9. O que acontece antes e depois do *enactment* agudo: validando fatos clínicos

Nos capítulos anteriores, foram descritas configurações clínicas, que articulavam *enactments* crônicos e agudos, e propostas hipóteses teóricas sobre sua origem, funções e consequências. Essas configurações e hipóteses tentarão ser validadas neste trabalho. As várias etapas de seu desenvolvimento inicial se encontram em Cassorla (2001, 2003, 2004, 2005a, 2005b, 2007, 2008a, 2008c) e sua evolução recente em Cassorla (2009a, 2009c, 2013b, 2013c, 2014b). Elas serão resumidas a seguir e ficarão mais claras durante o processo de validação.

Sabemos que não é possível separar totalmente o fato clínico, da teoria da observação explícita ou implícita utilizada. Isso levado em conta, e em função da observação clínica, propus a hipótese de que, durante o *enactment* crônico, a dupla analítica se organiza de forma tal que situações traumáticas são congeladas, evitando-se o contato com a realidade. Isso é feito através de identificações pro-

176 O QUE ACONTECE ANTES E DEPOIS DO *ENACTMENT* AGUDO

jetivas massivas mútuas, que promovem uma relação dual, defesa contra a percepção da relação triangular. Essas configurações obstruem a formação de símbolos e a capacidade de sonhar, impedindo o acesso à realidade, ainda que em outras áreas sua percepção seja razoável.

O *enactment* crônico é dissolvido em 2 situações: 1. quando o analista se permite um "segundo olhar" (Baranger et al., 1983) ao material, reescutando sua escuta (Faimberg, 1996) por si mesmo, ou com a ajuda de colegas. 2. quando ocorre um *enactment* agudo.

A intensidade do *enactment* agudo obriga o analista a dar-se conta do insólito que está ocorrendo. Quando isso ocorre sua capacidade analítica é retomada e ele vai se tornando capaz de sonhar, significar e pensar o fato. Em seguida, isto é, *après coup,* ele pode dar-se conta que estava envolvido num *enactment* crônico, anterior ao *enactment* agudo, sem que o tivesse percebido. A tomada de consciência desses fatos permite que o analista os trabalhe com seu paciente, fortalecendo o processo analítico.

Evidentemente, existe também o risco do *enactment* agudo não ser percebido ou aproveitado pela dupla, levando a impasses ou retomadas do *enactment* crônico. Esta retomada pode ocorrer, também, quando a dupla não tem condições, ainda, de viver na realidade triangular.

O processo de validação

O psicanalista é, ao mesmo tempo, clínico, pesquisador e pensador da psicanálise. Em seu trabalho ele sonha, pensa e manifesta ou publica seu pensamento, mesmo que essa publicação seja dirigida apenas a si mesmo e ao paciente. Ao mesmo tempo ele está, sempre, buscando validar sua percepção do que está ocorrendo. Validar é testar se "os fatos são realmente os fatos", o grau de veracidade do que se observa e pensa. Intuitivamente os seres humanos utilizam o sentido comum, isto é, a constatação de que os vários sentidos de observação convergem e concordam, para julgar se a observação é verdadeira (Bion, 1963; Sandler, 2005). Isso se amplia para o desejo de saber se a percepção dos outros é similar à nossa, ou pelo menos não contraditória. Essa é a base dos processos de validação das ciências experimentais, em que os fenômenos estudados são avaliados através de experimentações efetuadas por vários pesquisadores.

Em psicanálise, lidamos com variáveis rebeldes, que além de não se repetirem exatamente da mesma forma, estão sempre em constante transformação. Por outro lado os instrumentos de observação, os processos mentais, fazem parte do que está sendo observado. Temos, portanto, que objetivar nossa subjetividade (Renik, 1998; Cavell, 1998).

A investigação clínica, isto é, a observação e compreensão do que ocorre no campo analítico entre os dois membros da dupla, tem sido a origem das principais descobertas da psicanálise. As validações mais importantes para o clínico referem-se a sua necessidade de saber se seu trabalho está sendo criativo, útil para o desenvolvimento de seu paciente. Neste modelo não é possível qualquer validação, se o analista não tem claro o que é "trabalho criativo, útil para o desenvolvimento do paciente". Há, portanto, que conceituar antes de validar e essa conceituação já implica em certa teorização.[1]

Neste trabalho utilizaremos três tipos de validação:

1. a microvalidação, isto é, a avaliação do que ocorre durante os movimentos da sessão. Esta validação é efetuada, neste modelo, observando a emergência (ou não), no campo

analítico, de ideias, afetos, lembranças, associações, que nos indicam que a rede simbólica do pensamento está se ampliando, isto é, que estão ocorrendo sonhos-a-dois ao vivo. É isso que considero "trabalho criativo e desenvolvimento". Faz parte intrínseca do processo a observação dos estados emocionais que transitam no campo analítico, e em particular as ideias, sentimentos e devaneios do próprio analista. O paciente é um membro importante nessa validação ("o melhor colega", Bion 1980), já que suas respostas nos instruem sobre o valor de nossas intervenções. É esta microvalidação que permitiu afirmar, acima, que após a percepção do *enactment* agudo "o processo analítico se fortalece".

2. a macrovalidação implica na observação do que ocorreu num segundo momento, fora da sessão. É um pensar sobre, um "segundo olhar". O psicanalista praticante utiliza esse recurso rotineiramente, escrevendo o que observou para uma leitura posterior. Comumente, sua percepção se amplia durante a escrita. Também apresenta suas observações a colegas, em reuniões a dois ou em reuniões científicas. Os colegas têm que ser psicanalistas e isso implica que existe uma teoria de observação comum (ou pelo menos não contraditória) entre os membros da profissão. E tem que haver um certo consenso em relação à realidade que está sendo observada.

No modelo proposto a melhor forma de cotejar nossa visão do que aconteceu numa sessão, é o relato, como se fosse de um sonho, a um colega sensível, psicanalista, que também sonhará os fatos apresentados em vértices complementares ao sonho da dupla apresentado pelo analista. Caso o colega sonhe sonhos similares ou complementares, valida-se a realidade dos fatos vivenciados.[2]

3. a macrovalidação sistemática pelos pares. Quando o material clínico é apresentado, por várias vezes, em reuniões científicas e em publicações que circulam no meio psicanalítico, o pesquisador busca verificar se os fatos clínicos que observou foram também observados dentro da comunidade de psicanalistas. E, em caso positivo, em que grau suas hipóteses teóricas serão compreendidas, aceitas, modificadas e refutadas.

Este processo, em psicanálise, é altamente complexo já que existem múltiplos referenciais teóricos que, como vimos, influenciam a observação, conceituação e formulação de hipóteses. Por outro lado a sistematização da validação pelos pares não é realmente sistemática – ela é aleatória e vai depender de fatores ideológicos, políticos, linguísticos e culturais. Considerando esses fatores, continuam atuais as ideias de Freud (1940) de que as hipóteses psicanalíticas esperam suas modificações e justificativas a partir da experiência acumulada de muitos processos analíticos.

Dessa forma, a validação mais ampla em psicanálise, ocorre quando se põe à prova a experiência mediante a observação de sua repetição, por um grande número de analistas. Após um amplo debate, ocorrerá validação, se existir um consenso ou sentido comum dentro da comunidade analítica (Botella & Botella, 2001), ou, pelo menos de uma parte importante dela.

Por outro lado, é a transformação dessas experiências em textos e a sua publicação, o fator mais importante para que esse debate ocorra. Como vimos, essas publicações serão mais ou menos lidas dependendo do seu acesso, do conhecimento da língua e do prestígio científico do autor. Certamente autores mais prolíficos e respeitados, terão maior oportunidade de validarem suas observações e teorias, porque serão mais lidos.

180 O QUE ACONTECE ANTES E DEPOIS DO *ENACTMENT* AGUDO

Os fatos clínicos que tento validar neste texto, foram postos à prova em trabalhos científicos publicados e apresentados em reuniões científicas e congressos. Sua publicação e tradução para os principais idiomas e sua citação e utilização por outros autores,[3] indica certo grau de aceitação pela comunidade psicanalítica, ou pelo menos, de não invalidação.

Neste trabalho proponho um outro tipo de validação. Verificar se nos textos de outros colegas, que também estão pondo à prova suas observações, existem fatos clínicos similares aos meus. Esses autores não conheciam meus trabalhos ou não os levaram em conta quando publicaram suas observações. Além disso, tentarei verificar em que grau minhas hipóteses teóricas podem ser úteis para a compreensão do que foi posto à prova pelos colegas. Desta forma, também tento verificar o poder das hipóteses efetuadas.

Critérios de escolha do material

Entre muitos materiais interessantes escolhi quatro, utilizando os seguintes critérios:

1. Textos de fácil acesso ao leitor. Como estou pondo à prova minha tentativa de validação, espero que o leitor deste trabalho possa, caso deseje, avaliar minhas ideias, tendo acesso aos trabalhos originais que vou utilizar. Três dos textos (Yardino, 2008; Ivey, 2008; Bateman, 1998) estão publicados em inglês no *International Journal of Psychoanalysis*. Outro (Sapisochin, 2007) está, em espanhol, na Revista de *Psicoanálisis* de Madrid e foi apresentado em Congressos Internacionais.

2. Autores de culturas psicanalíticas diferentes, um latino-americano (Yardino), um europeu-Espanha (Sapisochin), um sul-africano (Ivey) e um europeu-Reino Unido

(Bateman).[4] Essa variabilidade de orientações teóricas e culturais parte do princípio que "fatos são fatos" independente de viés cultural.

3. Relatos clínicos detalhados. Ainda que o grau de detalhamento seja diferente, escolhi aqueles materiais que teriam dados suficientes para cotejar com minhas observações.

As limitações desta abordagem repousam no fato de que não tenho acesso profundo a fatos que ocorreram nas sessões de meus colegas, ou porque não existem palavras para sua descrição, ou porque os autores não consideraram importante colocá-las. Essa limitação poderia ser suprida, em parte, se eu entrasse em contato com eles. Preferi não fazê-lo por dois motivos: a) porque meu material de estudo é aquele relatado, da forma que foi relatado, e essa forma expressa também experiências emocionais. Portanto, me coloquei na mesma situação que qualquer outro leitor; b) para evitar influenciar-me com as informações que meus colegas me passariam, para além do escrito. Evidentemente, abri mão da possibilidade que essas informações enriquecessem o processo de validação.

Devo também salientar que os materiais clínicos escolhidos visavam ilustrar aspectos relacionados a diferentes objetivos para cada autor e eles não tinham relação direta com os fatos que tento validar. O objetivo de Yardino, ao apresentar seu paciente Ignacio, foi estimular os leitores e comentadores (Apfelbaum, 2008; Fogel, 2008) da sessão "O analista trabalhando" do *International Journal of Psychoanalysis*. Ela não faz teorias explícitas, mas chama a atenção para o que denomina "um momento significativo da transferência". O objetivo de Sapisochin foi discutir, profundamente, aspectos metapsicológicos e técnicos em relação ao Agieren, em referencial pós-freudiano, ilustrado por seu paciente Alvaro. Ivey, por sua vez, efetua um denso trabalho crítico sobre os debates contemporâneos em relação às funções do *enactment* e mostra alguns desses aspectos com o material de seu paciente P. O objetivo de Bateman foi estudar organizações defensivas pele-fina e pele-grossa em pacientes *borderline* e sua relação com os *enactments*, que ilustra com o trabalho com sua paciente Jane.

Os materiais utilizados foram resumidos, neste texto, de forma que se focalizassem principalmente os aspectos que interessam para a validação.

Apresentação e discussão dos materiais clínicos

Material 1. Analista: Yardino (2008). Paciente: Ignacio

Ignacio buscara análise pressionado por sua esposa que não o suportava mais, exigindo que ele mudasse ou saísse de casa. Descrevia-se como perfeccionista, controlador, difícil de lidar e contou de sua análise anterior em que boxeava com seu analista que "talvez se cansou" – então disse "não dá mais" e o deixou.

Na entrevista inicial mostrou-se hostil e desqualificou a figura feminina de várias maneiras. Yardino, desanimada, imaginou que Ignacio não voltaria, ainda mais porque ela estava sendo comparada com outro analista, com quem Ignacio também se entrevistara.

Ignacio escolheu Yardino e demorou até conseguir efetuar um trabalhoso contrato. Ele não evidenciava angústia ou afetos, com exceção de intensa raiva. O rinque de boxe se instalou, e por 3 anos Ignacio desafiou Yardino, também atrasando, faltando sem avisar e não pagando na data correta. Reagia agressivamente a interpretações, ou elas não lhe faziam sentido, ainda que em alguns momentos sua couraça defensiva vacilasse e parecesse entrar em contato com suas emoções.

Mesmo quando Ignacio faltava várias sessões, Yardino não se lembra de querer que ele desistisse da análise. Ela acreditava que o ajudava sobrevivendo a seus ataques e não os devolvendo.

Certo dia, após duas ausências consecutivas, Yardino esperou por 35 minutos. Era a última sessão de um dia cansativo e resolveu ir embora. Já na rua percebeu-se indecisa – sabia que ele ainda poderia chegar, mas persistiu em sua decisão.

Nessa noite, Yardino acordou sobressaltada por um sonho em que seu filho, criança, soltava-se de sua mão e o perdia, num supermercado. Nesse momento, percebeu que havia errado: tinha ido embora no início da sessão e não ao final, como imaginara. A sessão era às 20h30min e não às 20h, como em outros dias.

Yardino se culpa e não fica satisfeita com as hipóteses que faz para compreender seu erro. Sabe que o sonho revelava seu desejo contratransferencial atuado de "soltá-lo, perdê-lo, não vê-lo mais".

Na sessão seguinte, Ignacio chegou 5 minutos antes, fato nunca ocorrido. Yardino o recebe no horário com uma desculpa (que "não pôde evitar"). Ignacio responde que não havia problema – chegara antes da hora mesmo tendo se deitado tarde na véspera. Estivera na escola de seus filhos numa festa de agradecimento aos professores e conta como se sensibilizou com os atos de amor, abandonando a couraça de porco-espinho que a analista vinha lhe mostrando.

Yardino esperava um ataque furioso ou um silêncio gelado e se surpreende. Mais ainda com as palavras "atos de amor" que ela já havia utilizado. Acreditava que não teriam sido registradas.

O silêncio de Ignácio em relação à sessão anterior faz Yardino perguntar: "O que nos aconteceu?"

184 O QUE ACONTECE ANTES E DEPOIS DO *ENACTMENT* AGUDO

Ignacio responde que também se surpreendeu. Costuma ficar confuso com este horário e por isso veio sem desjejum e banho para chegar na hora. "Soltei-me, deixando rituais para ter todo o horário". Chama a atenção de Yardino o "soltei-me" e o fato de não haver referência à sessão anterior.

Adiante, Ignacio diz que "o de ontem foi importante, sentir o carinho, a generosidade [...]. Que celebrou vindo na hora hoje". Mas sabe que poderá voltar a tropeçar.

Quando Yardino lhe lembra que ontem não houve sessão, Ignacio ri dizendo que ela o largou na calçada, mas isso tinha que ocorrer porque ele, muitas vezes, a deixava esperando. Chegara tarde porque confundiu as horas e viu a analista indo embora, de longe. Desta vez ele tinha ficado sozinho.

Quando Yardino lhe mostra que o erro fora dela, Ignacio se torna ansioso e insiste em que o erro tinha sido dele, porque está certo que sua analista nunca o abandonaria. Yardino interpreta sua dificuldade em aceitar que ela poderia deixá-lo, talvez como sua mãe na infância.

Então, emocionado, Ignacio se lembra de quando tinha 3-4 anos de idade, em que a mãe se distraiu olhando vitrines e ele se perdeu. Outra mulher o levou à polícia. Somente horas depois a mãe apareceu – ela havia se esquecido que o tinha levado às compras. "Esqueceu-se de mim totalmente, e eu era pequeno, tinha medo, sozinho entre tanta gente". Fica calado e chora.

Em seguida Ignacio se lembra do filme "*Point of break*" onde surfistas roubam bancos, se arriscam muito, são quase suicidas. Pensa em seu lado louco que o leva a correr perigos no esporte e na vida... Na adolescência se arriscava esperando que alguém o parasse, "mas não, podia quebrar-me todo que ninguém ia perceber".

Discussão

Em meu modelo, o *enactment* agudo ocorre quando Yardino vai embora induzida pelas faltas e atrasos de Ignacio.

Indo para casa, Yardino se sente incomodada, mas não tem clareza em relação aos afetos envolvidos e certamente sua mente busca dar-lhes significado, tentando sonhá-los.

Tenho proposto que o *enactment* agudo envolve não apenas descargas, mas também um movimento de busca de significação. Yardino vivencia essa busca como indecisão e esboço de culpa. Seu trabalho de sonhar não-sonhos continua inconscientemente e se revela, enquanto dorme, como sonho noturno. Nesse sonho, de perda do filho, os afetos traumáticos (ódio, retaliação, medo, culpa, desejo de soltar-se), que antes não podiam ser sonhados, se transformam em símbolos imagéticos com certo sentido. Esse sentido também mostra o difícil contato com a situação triangular, o fato de que Yardino tem vida própria, separada de Ignacio. Na verdade Yardino está sonhando seu não-sonho, mas também o não-sonho de Ignacio, transformando ambos em sonhos-a-dois. No entanto, o sonho é interrompido e Yardino acorda assustada, porque não é possível manter a percepção traumática do ódio e da situação triangular de separação.

Mesmo assim, ao acordar, o sonho possível se conectou à rede simbólica do pensamento, e Yardino tem acesso à sua memória reprimida dando-se conta do erro em relação ao horário. Dessa forma, observamos "ao vivo" a transformação dos elementos do *enactment* agudo em formas simbólicas mais complexas (Langer, 1979), imagens que atraem símbolos verbais com os quais Yardino se comunica consigo mesma.

Ao reencontrar Ignacio, Yardino se surpreende com o fato dele não ter se dado conta de que fora abandonado por ela. Ignacio insiste em assumir a culpa pela falha, absolvendo Yardino. Penso que Ignacio busca desesperadamente retomar a relação dual, negando o trauma do contato com a realidade, a separação *self*-objeto. Essa relação dual constitui o *enactment* crônico, como veremos adiante.

No entanto, Yardino não entra no conluio sedutor, e ao assumir a culpa, continua sonhando a realidade da situação traumática. Suas colocações se conectam com a rede simbólica obstruída de Ignacio, estimulando seu sonho da vigília. Dessa forma, Ignacio se lembra quando a mãe o perdeu. Mas, ao contrário da mãe, Yardino está presente. A cena seguinte, atraída por *"Point of break"* indica autopercepção de "perder-se" como conduta autodestrutiva, repetição compulsiva da situação traumática, agora encontrando sonhadores.

Tenho proposto que o *enactment* agudo desfaz um *enactment* crônico anterior, que existe paralelo ao trabalho adequado da dupla. Assim, por um lado Yardino, ciente da couraça defensiva, buscava sonhar os traumas do paciente. Ao mesmo tempo, no entanto, se constituíra um enredo de violência, sadomasoquista, que em parte passava desapercebido. Yardino nos conta como se sentia num rinque de box, contrariada, desesperançada e fatigada e com dificuldades em romper essa situação.

É possível que os analistas não percebam, em forma suficiente, o *enactment* crônico ou não o denunciem, porque evitam entrar em contato com seu ódio, como assinala Calich (2009). Yardino nos diz que nunca havia desejado que Ignacio não voltasse e somente se deu conta desse desejo escondido após o *enactment* agudo.

Penso que, nessas situações, os analistas intuem que suas intervenções podem ser retaliadoras, retraumatizando o paciente, mesmo que isso não lhes seja claro. O fato de estarem sendo provocados o tempo todo é, portanto, minimizado. O ódio mais ou menos negado se vincula, também, ao amor que todo analista sente por seu trabalho. Essa vinculação se manifesta como masoquismo "necessário" do analista, similar ao da mãe que suporta o maltrato de seu bebê enquanto busca sonhá-lo. O analista corre o risco, porém, de viver masoquismo além do necessário.

Propus que, durante o *enactment* crônico, em áreas paralelas, o analista utiliza explicita e implicitamente sua função alfa, tecendo significado nas áreas traumatizadas. Quando o paciente não suporta o sonho significante, ele é revertido para não-sonho. Nesse momento o analista intui que a tessitura não foi suficiente, porque a realidade ainda é vivida em forma traumática. Continua trabalhando, sonhando e tecendo as bordas dos buracos traumáticos e esse processo demanda paciência e tempo. Em determinado momento, quando a dupla intui que é possível contato com a realidade, mesmo que ainda algo traumático, ambos experimentam "soltar-se". Testam se é possível viver na realidade e isso demanda intensificação do sonhar o trauma, agora ao vivo. Nesse momento surge o *enactment* agudo, como revivência atenuada do trauma que está sendo sonhado.

Proponho, portanto, que independente de seu ódio, Yardino somente se permitiu sair antes do final do horário, porque intuía que valia a pena correr o risco de evidenciar-se como não-*self* para Ignacio. Possivelmente teve essa mesma vontade em outras ocasiões, mas não o fez para evitar risco de retraumatismo insuportável.

Grande parte do descrito, é fruto de profundo contato entre inconscientes da dupla. Penso que, durante o *enactment* crônico, o analista sonda inconscientemente o estado dos recursos simbólicos do paciente, enquanto este faz o mesmo em relação ao estado de escudo-protetor do analista, intuindo o quanto ele poderá conter o potencial trauma. O *enactment* agudo ocorre em determinado momento, nem antes nem depois, quando há coincidência na percepção inconsciente de ambos, de que vale a pena reviver o trauma. Este fato é também identificado por Fogel (2008) nos comentários ao material.

As hipóteses acima nos ajudam a compreender melhor o constrangimento e culpa que os analistas sentem, mesmo antes da compreensão do *enactment* agudo, e que continua após. Eles decorrem, basicamente, de culpa persecutória pelo ódio retaliatório, e consequente retraumatização do paciente. Mas também envolve culpa depressiva pelo sofrimento causado ao paciente por mostrar a realidade. A origem dessa culpa é, num primeiro momento, atribuída à falha da função analítica, mas posteriormente se tem acesso aos seus motivos mais profundos. Verifica-se, dessa forma, que o analista somente tem acesso ao que ocorreu *après-coup*, isto é, após sua ocorrência. Neste momento estou ampliando as hipóteses que busco validar.

Material 2. Analista: Sapisochin (2007). Paciente: Alvaro

Alvaro, 40 anos, tem história crônica de maltratos psíquicos, físicos e graves condutas autodestrutivas. Durante o tratamento, foi identificado um objeto interno sádico sabotador, chamado *"destroyer"*, algoz de si mesmo e dos outros. Aparecia na relação analítica, por exemplo, antes das férias, atacando o desenvolvimento anterior.

Em certa sessão Alvaro, muito deprimido, conta de atuação grave e perigosa para sua saúde financeira e física. Por isso não tinha dinheiro para sair de férias, retomando sua vivência crônica de desvalia e desamparo. Sapisochin pensa sua fala como "todos vão de férias e eu fico em Madrid sem contar com ninguém".

O analista o lembra que ontem ele dissera que poderia ir a tal lugar, ficar com fulano etc. Mas a intervenção soa estranha a Sapisochin. Alvaro despreza a intervenção e Sapisochin assinala que sua resposta lhe lembrava uma criança que rejeita rapidamente as atividades que se lhe oferecem. Em seguida, Alvaro produz um discurso obsessivo e Sapisochin não consegue mais retomar o tema.

Incomodado, Sapisochin revê sua intervenção. Mesmo adequada em *timing* e conteúdo, lhe parecia estranha em relação à sua técnica habitual. Enquanto Alvaro se afastava nas suas associações, veio à mente do analista cena de criança entediada, que recusa brincar, mas nesse segundo olhar, vê um adulto ocupado que não quer ser incomodado pela criança, que então fica mais entediada.

Sapisochin se lembra, como *dèja-vu*, que seis meses antes, nas férias de Natal, também se surpreendera ao escutar-se "maníaco", minimizando o desamparo de Alvaro face à interrupção. Ao buscar pistas, Sapisochin se lembra de uma interpretação de seu analista, anos antes, sobre período de sua vida que preferia não recordar. Percebe que havia se identificado com um objeto incapaz de empatia, com vivências de criança desamparada.

Em seguida, lembra-se que Alvaro, durante suas férias na infância, ficava com seu pai, que o violentava fisicamente, enquanto sua mãe viajava com a família de origem. Sapisochin pensa na mãe como unida simbioticamente à sua própria mãe e no pai vingando-se no filho.

Sapisochin conclui que atuara sua identificação complementar com um objeto maníaco, incapaz de investir e empatizar com o desamparo e desorganização de uma criança, para proteger-se do sentimento de culpa por abandoná-la com alguém que maltrata, durante suas férias. E que somente pôde perceber sua posição contratransferencial inconsciente após a atuação.

Em seguida Sapisochin mostra a Alvaro que havia se instalado entre eles um objeto sacana, gozador, que agia em forma contínua. Utiliza uma expressão do próprio paciente (*"alguien en continuo*

190 O QUE ACONTECE ANTES E DEPOIS DO *ENACTMENT* AGUDO

cachondeo") para descrever o estado maníaco e superficial desse objeto materno, que estava sendo recriado no espaço analítico. Diferente da versão oficial: mãe carinhosa e compreensiva.

Alvaro responde, em tom irônico que "pode ser", porque ao entrar viu um guia do Brasil sobre a mesa e pensou que "este esnobe já saiu de férias".

Discussão

Penso que Sapisochin vinha, há tempos, tentando sonhar sonhos e não-sonhos de Alvaro, envolvendo situações de desamparo e impotência em luta com destruição e sabotagem. Sapisochin chama de empático-intuitiva a escuta nesta área, equivalente a minha ideia de sonhos-a-dois.

Ao mesmo tempo, Sapisochin chama de "disco riscado" a repetição tediosa de Alvaro. Dessa forma, em áreas paralelas à escuta empatico-intuitiva, se constitui um *enactment* crônico – nesta situação, um paciente entediante submete um analista entediado e, possivelmente, vice-versa.

Como vimos, nessas situações os analistas têm dificuldade de liberar-se do conluio dual, porque intuem que farão o paciente reviver situações traumáticas de desamparo, fruto do contato com a realidade, a separação *self*-objeto. A percepção posterior de Sapisochin de que poderia "sacanear" Alvaro, abandonando-o para cuidar de si próprio ficara congelada no *enactment* crônico. Ao mesmo tempo, o analista vive um masoquismo necessário não podendo ocupar-se de sua própria vida, enquanto tece as feridas traumáticas através de sua função alfa implícita e explícita.

O *enactment* agudo ocorre quando o analista descarrega, tornando-se "maníaco". Ao mostrar, criticamente, que Alvaro teria "outros amigos e brinquedos", o analista desmente a desorganização e desamparo do paciente frente à interrupção de férias. Penso que o mal-estar de Sapisochin, por ter perdido sua capacidade analítica, se soma a sua intuição de estar retraumatizando seu paciente.

Em seguida, aproveitando seu incômodo, Sapisochin recupera a capacidade de sonhar. Graças a ela recorda as férias do Natal, quando acontecera fato similar, menosprezando o sofrimento do paciente. Este fato nos mostra que *enactments* agudos ocorrem mais ou menos claramente entremeando-se com os *enactments* crônicos, mas nem sempre podem ser aproveitados, refazendo-se o conluio dual.

Sapisochin teoriza a revivência traumática como *Agieren* e mostra como ele somente poderá ser compreendido *a posteriori*, no que chama escuta através do desvio (*rodeo* em espanhol) transfero-contratransferencial que é concomitante com a empático-intuitiva. Sua teorização coincide com minhas ideias de que existe um espectro de elementos entre sonho <-> não-sonho que busca manifestar-se, ao mesmo tempo, no campo analítico.

Em seguida, Sapisochin amplia seu sonho e divide com Alvaro a percepção do objeto em sacanagem contínua, antes congelado no *enactment* crônico. Esse sonho do analista se conecta à rede simbólica de Alvaro, que tem acesso à sua percepção do Guia Turístico e sua fantasia de que o analista já estava de férias. O sonho-a-dois continua fazendo Sapisochin perceber que o Guia à mostra já fazia parte do objeto maníaco que sacaneia.

Sapisochin passa também a compreender melhor os atos autodestrutivos vistos como estigmas identificatórios com objetos arcaicos, incluindo o objeto em sacanagem contínua que Alvaro não podia abandonar, resultando enredo repetido compulsivamente.

192 O QUE ACONTECE ANTES E DEPOIS DO *ENACTMENT* AGUDO

Fica mais clara a fantasia de Alvaro de que paciente e analista ficariam unidos "até que a morte os separasse", fantasia realizada também no *enactment* crônico.

No material, Sapisochin revela fatos pessoais. A pessoa real do analista faz parte do processo analítico, com sua capacidade intuitiva e com seus pontos cegos. O analista ideal não existe e seus processos mentais podem enganchar-se com aspectos do paciente, tanto para que o analista possa vivenciá-los, como para impedir sua percepção. Sapisochin se lembra de uma interpretação de seu analista de um período que preferia não recordar. Esse fato o faz entrar em contato com sua dificuldade, naquele momento, de empatizar com o desamparo de uma criança. Discretamente, Sapisochin nos poupa de fatos pessoais. Imagino que ele faça o mesmo na situação analítica. Penso que o analista somente deve revelar-se ao paciente, isto é, "colocar as cartas na mesa" (Renik, 1999) em ocasiões muito particulares e não mais do que o necessário, evitando sobrecarregar o paciente com conflitos pessoais.

Material 3. Analista: Ivey (2008). Paciente: P

P, médico, está constantemente envolvido com mulheres usuárias de drogas, emocionalmente negligentes com ele, repetindo situações similares que vivera com sua mãe, que não o amamentara e à noite o trancava com uma mamadeira de água doce. Ivey conta que havia feito muito trabalho interpretativo em relação a esses envolvimentos, mostrando que P aceitava água doce de suas amantes que não o nutriam emocionalmente. A compreensão desses fatos fazia P sentir que deveria terminar o relacionamento com a atual amante, R, mas não se sentia suficientemente forte para isso.

Em determinada sessão P contava, de novo, como se sentia negligenciado por R, mas rebatia essas queixas em forma típica, dizendo haver momentos em que ela demonstrava consideração, dando-lhe esperanças. Ivey se sente frustrado com esse ciclo habitual, que já havia sido muito interpretado. Percebe-se assinalando a P que havia pouca evidência da capacidade de mudança de R, lembrando-o das falhas que ele havia identificado nela. Acrescentou que P parecia querer evitar a realidade dolorosa, de que R não podia satisfazer suas necessidades adultas de relacionamento, assim como sua mãe não pudera satisfazer suas necessidades infantis.

Enquanto dizia isso, Ivey sentiu que sua intervenção soava áspera, crítica e ineficiente. P, suspirando, deu razão ao analista, afundou-se na cadeira parecendo derrotado e disse que se sentia fraco e patético. Ivey se sentiu mais desconfortável ainda e a sessão terminou dessa forma.

Algumas horas antes da sessão seguinte, P ligou dizendo não ter certeza se deveria comparecer à sessão, pois se lembrara que Ivey havia dito que não estaria disponível para uma sessão, talvez esta. Ivey não se lembrava dessa conversa. P veio à sessão e disse que, apesar da ambivalência de R, a relação estava melhorando e decidiu manter o relacionamento embora tivesse sentido, dias antes, que devia terminá-lo.

Ivey comentou sobre a ausência de qualquer referência ao telefonema, supondo que P talvez não quisesse vê-lo após sentir-se patético na sessão anterior. Por isso teria se convencido que ele não estaria disponível. P admite isso e acrescenta que o telefonema dava uma 'saída' ao analista, uma oportunidade de ter uma folga dele. P tinha certeza que Ivey estava decepcionado, porque ele não conseguia romper com R.

Ivey lhe pergunta se tinha dito algo, na sessão anterior, que o levasse a senti-lo crítico e decepcionado. P diz 'não' e acrescenta que isso era mais ou menos o que sentia em relação a si mesmo. Na verdade, tinha sentido, por um tempo, que Ivey estava decepcionado por seu "travamento" e tinha cogitado parar o tratamento. Ele sentia isso, mesmo Ivey tendo parecido compreensivo e não desaprovador no passado. Após um silêncio reflexivo, P se lembrou de como seu pai tinha sido constantemente crítico em relação a ele e como ele se sentia uma decepção para o pai.

Discussão

Ivey, no texto, chama *enactment* interpretativo (Steiner, 2006) a sua intervenção áspera, fruto de sua irritação com o apego de P à sua amante R. Em meu modelo, o conjunto de fatos, incluindo as reações do paciente, constituem um *enactment* agudo.

No material, Ivey mostra que já vinha incomodado com os relacionamentos de P correndo o risco de hipervalorizar a suposta realidade externa em detrimento da observação do que ocorria no campo analítico. Penso que a dupla analítica se envolvera num *enactment* crônico, com componentes sadomasoquistas. Isto é, o paciente queixoso de suas amantes estimula o analista a tomar partido contra R. P concorda com Ivey, mas o frustra constantemente não conseguindo terminar o relacionamento. O analista frustrado insiste em seu modelo interpretativo e novamente P concorda, mas nada acontece. Analista e paciente estão frustrados e críticos um com o outro e também consigo mesmos, sem dar-se conta suficiente do que está ocorrendo no campo analítico.

O *enactment* agudo (a fala áspera de Ivey, a resposta patética de P e sua sequência) vai revelar e desfazer o *enactment* crônico subjacente. Isso ocorre porque Ivey, incomodado, se dá conta da inadequação de sua intervenção crítica e, em seguida, pode sonhá-la, conectando-a com a rede simbólica do pensamento. Certamente situações desse tipo já vinham ocorrendo antes, mas se mantinham como não-sonhos estanques.

Lembremos que o *enactment* agudo indica, em forma atenuada, a tomada de consciência traumática da situação triangular. No entanto, a cada ameaça de vivenciar essa situação, a dupla pode tentar retomar a relação dual do *enactment* crônico. Podemos ver esses momentos no material clínico.

Assim, após a intervenção áspera do analista, P se sente derrotado e concorda com Ivey, condenando-se. Ivey também se condena. Estaria tudo pronto para a retomada do *enactment* crônico, com o paciente lamentador, vitimizado e incompetente complementando a frustração do analista.

No entanto Ivey, incomodado e curioso, busca observar a continuidade do processo. Quando P volta, após o confuso telefonema, novamente se queixa de R e Ivey poderia retomar suas intervenções críticas. Mas, graças à percepção do *enactment* agudo, Ivey agora está alerta e não se deixa enganar. Retomando seu trabalho de sonho investiga o significado do telefonema. P confessa que, sadicamente, estimulara o analista decepcionado a tirar "uma folga". Certamente, se isso tivesse ocorrido P se vitimizaria para depois acusar Ivey etc.

O conluio compulsivo de não-sonhos-a-dois, lembra um não--sonho traumático, em que se revive um enredo estanque similar: estimular o interesse de mulheres supostamente negligentes afastando-se delas, mas também decepcionando-as caso elas se aproximem. Enredo que recobre outras situações traumáticas mais arcaicas, algumas que sequer podem ser lembradas. A adicção a essa constelação objetal, repetida e congelada no *enactment* crônico, indica que é melhor a relação dual, em que o trauma é controlado, do que a dissolução da relação e a tomada de consciência da relação triangular.

Após o *enactment* agudo a dupla entra em contato com lembranças e fatos novos, ampliando-se a rede simbólica do pensamento.

No entanto, novamente se tentará reverter o trabalho de sonho. Na sessão seguinte, P afirma ter terminado a relação com R. Ivey acompanha cuidadosamente as complexas associações de P. Após um intenso diálogo, Ivey mostra a P sua dificuldade em admitir que seu analista havia sido crítico. P concorda, mas também agradece ao analista por tê-lo alertado para o comportamento autodestrutivo que vivia com R. Dessa forma, mesmo responsabilizando Ivey pelo término da relação, o enredo sadomasoquista busca reversão para enredo de sedução mútua.

Na discussão, Ivey mostra que P buscava submeter-se ao desejo contratransferencial do analista e, em forma sensível, mostra as dificuldades da dupla em discriminar *self* de objeto.

Como vimos, as tentativas de retomar os conluios crônicos indicam que os traumas vivenciados no campo analítico, que estão sendo sonhados implicitamente, não o foram em forma suficiente. Como o esboço da relação triangular é, ainda, insuportável, os possíveis sonhos revertem para não-sonhos. Aos poucos, porém, as áreas simbolizadas aumentam e o trauma atenuado se revela como *enactment* agudo, possibilitando o sonho subsequente.

Ivey não nos traz material posterior, mas demonstra como aproveitou seu trabalho para entrar em contato com aspectos próprios. Refletindo sobre fatores pessoais que poderiam ter estimulado o *enactment* agudo, Ivey nos conta que eles se tornaram mais claros posteriormente, ao discutir a situação com colegas. Isto é, a contratransferência inconsciente somente pode vir à tona, graças à participação de outra pessoa. Yvey se lembra de breve e intenso relacionamento romântico que havia tido com uma fumante inveterada, a conexão inconsciente com a adicção a drogas. O relacionamento naufragara devido à ambivalência dela, deixando Ivey rejeitado e crítico em relação a si mesmo e ao seu julgamento da situação, situação complementar à trazida por P. Ivey nos lembra, com Pick (1985), da habilidade dos pacientes projetarem em aspectos específicos do analista.

Penso que os fatores pessoais do analista, aos quais temos acesso após um *enactment* agudo, representam o último elo, tornado consciente, de um conjunto de traumas superpostos que, tecendo uma rede traumática, tanto nos constitui como indivíduos, como nos estimula a repetições em diversos graus. Os primeiros, caracterológicos, fazem parte da pessoa real do analista, e por serem egossintônicos, tanto podem ajudar-nos em nossa função analítica, como constituir-se em pontos cegos. Os demais devem ter sido identificados e trabalhados em nossas análises pessoais. Mas, sempre restam elementos que buscam retornar, muitas vezes enganchando-se nos conflitos do paciente, como *enactments*. Sua compreensão promove aumento da capacidade simbólica do paciente e do analista. Não raro é, este que, em alguns momentos, mais aproveita, e todos os analistas já passamos por situações com nossos pacientes em que temos vontade de pagar-lhes em vez de cobrar nossos honorários...

Penso que nenhum analista pode afirmar que a análise foi produtiva se ele mesmo não se desenvolveu. Por isso aposto que P também continuou aproveitando o trabalho analítico, ainda que muitas vezes tivesse que fugir do contato com a realidade.

Material 4. Analista: Bateman (1998). Paciente: Jane

O resumo deste material será discutido juntamente com as hipóteses teóricas de Bateman. Ele descreve três níveis de *enactment* no material apresentado. O chamado "primeiro nível de *enactment* – conluio contratransferencial", revela um analista que tentava reassegurar, aliviar e aconselhar Jane, face à sua tristeza, desespero e desamparo. Bateman irá perceber, posteriormente, que não fora capaz de reconhecer totalmente o que estava ocorrendo, tornando-se "parte de uma relação objetal patológica". Ao mesmo tempo, ele percebia, em parte, o que estava ocorrendo e trabalhava adequadamente.

Transpondo a situação para meu modelo, o "primeiro nível de *enactment*" corresponde ao que chamo *enactment* crônico. Paciente e analista estão envolvidos em não-sonhos-a-dois ainda que, ao mesmo tempo e em canais paralelos, estejam ocorrendo transformações em sonho.

Após dois anos de análise, antes de um período de férias, Bateman mostra que Jane se sentiria abandonada e ela considerou o analista egoísta por não aguardar suas próprias férias. No retorno das férias Jane chega agressiva, arrogante, tensa e desdenhosa, desprezando o analista, de quem não teria sentido falta. Bateman nos diz que a defesa pele-fina (Rosenfeld, 1987) havia sido substituída por pele-grossa. Logo em seguida, porém, Jane retomou sua posição de autopiedade.

No decorrer do tratamento, Bateman percebe que continuava com pena de Jane. Havia uma preocupação com suicídio, mas intervenções nessa área não eram aceitas. Jane foi ficando cada vez mais desesperada, assustadora e ameaçadora. Oscilações entre organizações pele-fina e pele-grossa aumentaram em intensidade e frequência. Aos poucos Bateman percebe como se sente impotente, incapaz de fazer seu trabalho, e pensando se não seria melhor que ela não viesse ou interrompesse a análise.

Em determinado momento, Bateman, exasperado, lhe disse que ela sentia ter derrotado a análise, triunfado sobre sua capacidade de ajudá-la e que agora queria que o analista observasse, enquanto ela aos poucos cometia suicídio. Diz-lhe que ela não sabia se queria apagá-lo de sua mente e não voltar mais, ou se queria provocá-lo a dispensá-la, de maneira a poder continuar tendo pena de si mesma.

Após uma resposta arrogante de Jane, e mais uma colocação do mesmo tipo do analista, Jane abandona a sala de análise sem dizer uma palavra. Bateman sai, após alguns minutos, mas o carro de Jane já não mais estava.

Penso que nesse momento estamos frente a um *enactment* agudo. O analista se mostra exasperado, e Jane, sentindo-se acusada e incompreendida, abandona a sala de análise. Neste momento, o *enactment* crônico anteriormente descrito é desfeito. Isto é, o conluio defensivo de autopiedade e reasseguramento explode em forma traumática, revelando seu oposto. A descrição do analista de busca do carro de Jane indica sua preocupação e culpa. Penso que a saída de Jane gratificaria o desejo de Bateman de livrar-se dela, mas ao mesmo tempo seu amor o levará a buscar sonhar o ocorrido.

O *enactment* agudo descrito indica que paciente e analista estão vivendo e ao mesmo tempo tentando sonhar o trauma congelado no *enactment* crônico. Esse trauma indicava a queda "num buraco negro", como Bateman assinala. Esse sonho já tentara ser sonhado antes das férias, quando Bateman em forma vigorosa, já vinha mostrando a Jane que ele era uma pessoa separada dela, mas com poucos resultados. Isso é novamente assinalado, mas desta vez Bateman se dá conta de sua exasperação. Durante o *enactment* agudo, portanto, ocorre um mix de descargas e contato traumático com a realidade da relação triangular.

Nesse momento Bateman introduz o "segundo nível de *enactment* – a contratransferência defensiva". Ele percebe que o conluio de autopiedade e reasseguramento escondia seu medo do risco suicida. Dá-se conta, então, que seu desejo de que Jane fosse embora, revelava a fantasia suicida projetada nele. Assinala que somente após a erupção, foi capaz de perceber que, durante todo o tempo da análise, tinha medo do comportamento autodestrutivo de Jane, mas era um "ponto cego". Portanto, após o *enactment* agudo, o analista amplia sua capacidade de sonhar.

Bateman pensará, posteriormente, que o suicídio potencial crônico da mãe controlava toda a família, e Jane se autossacrificava cuidando continuamente que sua mãe não se matasse. Bateman havia sido recrutado para algo similar, tendo que impedir que Jane fizesse mal a si mesma, mas através do *enactment* crônico.

Penso que o segundo nível de *enactment,* proposto por Bateman, é outra forma de olhar para o mesmo *enactment* crônico de autopiedade e reasseguramento, defesas contra a ameaça suicida. Esse suicídio seria uma fuga do "buraco negro", confundido com o contato traumático com a realidade triangular. O suicida foge do Nada terrorífico em busca de um Tudo idealizado, uma vida simbiótica, num paraíso-útero, sem necessidades e frustrações (Cassorla, 2010a), similar à fusão fantasiada com o analista durante o *enactment* crônico.

Após o *enactment* agudo, em outra sessão, Jane traz um sonho noturno, misto de descargas traumáticas com componentes simbólicos, em que suas fantasias suicidas se tornam evidentes e dão pistas ao analista para sua compreensão. Isto é, após o *enactment* agudo, como tenho proposto, o trabalho de sonho da dupla se fortalece. Bateman já tem contato com seus medos e, frente à possibilidade real de suicídio, sugere a Jane internação hospitalar. Ela recusa a sugestão e tenta retomar o conluio anterior, agora reassegurando Bateman de que está bem. O analista, no entanto, insiste na internação.

Em seguida Jane tira uma faca de sua bolsa e a desfere contra seus pulsos e a palma da mão, sangrando. Bateman faz uma tentativa desajeitada de interpretação e Jane lhe diz para "cair fora". Desesperado, Bateman diz que se ela não largasse a faca ele se sentiria pior e não conseguiria pensar em como ajudá-la. Jane pula do divã como um gato predador, dizendo que faria o que quisesse. Anda pela sala e não aceita a sugestão de Bateman para sentar-se e pensarem juntos. Aponta a faca para ele. Bateman lhe diz que tem medo que ela se destrua ou o ataque. Supreendentemente Jane entrega a faca e acaba aceitando a internação.

A análise continuou com Jane internada. Após a internação Jane revelou capacidade embrionária de levar em conta o que havia ocorrido e passou a reconhecer a importância da análise.

Os atos de Jane, novos *enactments* agudos, configuram uma mistura de descargas e de elementos simbólicos sendo colocados no campo analítico e Bateman mostra que se constituem na continuação, agora ao vivo, do não-sonho sobre suicídio sendo atuado e, ao mesmo tempo, sonhado. Jane assusta o analista, mas, ao mesmo tempo, valida sua percepção sobre a necessidade de ajuda externa.

As considerações teóricas de Bateman são muito semelhantes às que assinalei em meus trabalhos e sinto não tê-las conhecido antes. Ele escreve que Jane não havia desenvolvido capacidade de deixar a mãe e reavaliar sua relação com ela com base em uma perspectiva diferente. Assinala que Jane estava presa numa relação diádica, incapaz de triangular a relação. Essa relação diádica estava sendo vivida com o analista durante o *enactment* crônico. Após o *enactment* agudo e os fatos que se seguiram, Bateman consegue pensar claramente, tornando-se um terceiro separado de Jane.

202 O QUE ACONTECE ANTES E DEPOIS DO *ENACTMENT* AGUDO

Bateman descreve um "terceiro nível de *enactment*", quando tira a faca de Jane, pede que se sente e lhe diz que não conseguiria pensar em caso contrário. Em seguida passa boa parte da sessão persuadindo-a a internar-se. Jane tenta retomar a relação diádica reassegurando o analista. Bateman assinala que quanto mais aterrorizado ele ficava, mais Jane tentava reassegurá-lo. E quanto mais calmo, mais aterrorizada ficava Jane. Só quando insistiu na internação percebeu que podia pensar claramente, reassumindo seu papel analítico e não estando mais "à mercê do *enactment* sob pressão projetiva".

Penso que o "terceiro nível de *enactment*" corresponde ao trabalho de sonho que está sendo feito após a dissolução do conluio crônico, iniciado como *enactment* agudo. Esse trabalho de sonho sofre idas e vindas, tentativas de reversão para não-sonhos, ameaça de revivência traumática etc., mas em última instância é o caminho necessário para elaborar o luto pela perda da relação diádica e a assunção da triangularidade edípica.

Considerações finais

Validação dos fatos clínicos: Essa validação mostrou-se proveitosa. Nos quatro relatos, foram identificadas situações que podem ser descritas como *enactments* crônicos e *enactments* agudos, configurando-se conforme descrevemos anteriormente.

Dessa forma, verificou-se que o *enactment* crônico *precede* o *enactment* agudo. Este surge em forma mais ou menos intensa e ameaça destruir o campo analítico. Os analistas percebem sua falha e se sentem culpados. Em seguida buscam compreender o que havia ocorrido.

Após sua compreensão a dupla analítica se torna mais potente e sonhos-a-dois indicam trabalho em áreas traumáticas e ampliação da rede simbólica do pensamento. Isso já se iniciara em torno do *enactment* agudo, mix de elementos descarregados e em processo de transformação em sonho. Ao mesmo tempo, ou em seguida, os analistas se dão conta do conluio paralisante anterior, *enactment* crônico.

Durante o *enactment* crônico, os analistas têm uma certa percepção das situações traumáticas e buscam sonhá-las. Mas as áreas de estancamento, não-sonhos-a-dois, não são percebidas em forma suficiente.

Com frequência, após um início de *enactment* agudo, a dupla tende a retornar à organização crônica anterior. Por exemplo, Yardino nos mostra a tentativa desesperada de Ignacio não perceber que a analista havia cometido um erro – isto é, que ela era uma outra pessoa, tentando manter a relação dual. Sapisochin nos mostra o *enactment* agudo, do qual não se dera conta em forma suficiente nas férias de Natal, retomando-se o conluio crônico. Ivey nos mostra como, constantemente, se busca retornar ao conluio sadomasoquista, por vezes tornado sedutor. E Bateman nos indica várias situações em que a dupla, e principalmente Jane, se comportam de forma a retomar o conluio de reasseguramento, quando ela percebe que o analista é outro.

Em todos os casos os analistas descrevem seu constrangimento e sentimentos de culpa, quando intuem a ocorrência do *enactment* agudo. Todos tomam consciência de fatores próprios que os tornaram vulneráveis aos conluios ocorridos e alguns deles se revelam ao leitor em aspectos íntimos, refletindo os movimentos da psicanálise contemporânea, de valorizar a pessoa real do analista como facilitador ou obstrutor dos movimentos que ocorrem no campo analítico (Levine & Friedman, 2000; Marucco, 2007; Bonaminio, 2008).[5]

Validação das hipóteses teóricas: se a objetivação dos fatos clínicos, através dos relatos de vários autores, permitiu sua identificação e comparação com fatos de minha experiência clínica, essa validação se torna mais complicada em relação a hipóteses teóricas. Essa dificuldade tem relação, também, com o fato dos objetivos e teorizações dos quatro autores estudados, não serem necessariamente similares aos meus e também diferentes entre si, conforme já foi assinalado.

Minhas hipóteses teóricas propõem que as configurações identificadas através dos fatos clínicos descritos, sejam fruto da dificuldade desses pacientes suportarem a realidade. Ela é vivenciada como traumática, porque não tem condições de sonhá-la e pensá-la, e esse funcionamento corresponde ao que se tem sido descrito nas configurações *borderline*. Essa falta foi teorizada como decorrente da não introjeção adequada de função alfa.

Nas áreas em questão, os pacientes não conseguiram elaborar a situação edípica, mantendo uma relação dual. A não elaboração da situação triangular, por sua vez, impede a formação de símbolos, as capacidades de sonhar e pensar. Forma-se um círculo vicioso: a realidade é sentida como traumática, porque não se tem mente capaz de sonhá-la; o sonho, por sua vez, não é possível, porque não se elaborou a situação triangular e não existe espaço para sonho. O paciente vive num mundo vazio, com falta de coesão de seu *self*, cindido e projetado em objetos dos quais depende desesperadamente e que, ao mesmo tempo, sente intrusivamente ameaçadores. A coesão de sua identidade acaba por depender de como são vivenciados os objetos externos, dentro dos quais vive projetivamente. Sua vida acontece numa espécie de concha, que tem uma carapaça externa, mas os pacientes não têm "coluna vertebral" (Rey, 1994). Ao viverem como parasitas nessa concha, estão constantemente inseguros.

No processo analítico os pacientes fantasiam entrar dentro do analista, tornado concha protetora, buscando uma suposta segurança. Imobilizando o analista que é vivenciado como uma parte de si mesmo, agarrando-se a ele, evita-se o traumático contato com a realidade – de que o analista é outro. O paciente confunde a perda da relação dual, onde ele se encontra protegido, com a revivência de traumas que não pôde sonhar, porque não tinha mente para tal. Por isso testes de realidade que ocorrem durante o processo analítico tendem a ser abortados e se retoma a organização patológica dual.

O *enactment* crônico, portanto, manifesta a organização defensiva ocorrendo no campo analítico. O analista não se dá conta dele em forma suficiente por três motivos, concomitantes: 1. a massividade das identificações projetivas do paciente ataca sua capacidade de pensar; 2. essas identificações projetivas se "engancham" em áreas traumáticas do analista; 3. o analista, identificado com o paciente, tem dificuldades em mostrar a realidade porque intui que isso poderia causar um trauma insuportável, com risco de loucura, suicídio ou destruição do processo analítico.

No entanto, assim como o paciente, o analista mantém áreas cindidas, que têm razoável contato com a realidade. Nessas áreas ele busca ressonhar sonhos do paciente e tem acesso a não-sonhos que tenta sonhar. Propus, como hipótese, que durante o *enactment* crônico, o analista implicitamente utiliza sua função alfa com seu paciente, que a introjeta, também em forma implícita. Essa função alfa vai refazendo, pouco a pouco, as áreas traumatizadas. Quando há esboço de capacidade simbólica a dupla como que arrisca separar-se e o trauma é vivido, em forma atenuada, através do *enactment* agudo.

Dessa forma, penso que o *enactment* agudo envolve início de trabalho de sonho, misturado com elementos brutos que deman-

206 O QUE ACONTECE ANTES E DEPOIS DO *ENACTMENT* AGUDO

dam esse trabalho, reflexo do que a função alfa implícita está fazendo com as áreas traumatizadas que estão se recompondo. Os fatos clínicos fortalecem essa hipótese: nos quatro relatos pudemos identificar um espectro de símbolos (sonhos) <-> não símbolos (não--sonhos) sendo sonhados, ao vivo, no campo analítico.

As hipóteses teóricas dos quatro autores, condizentes com seus objetivos, ainda que não possam ser comparadas com as minhas, não as invalidam. Pelo contrário, muitas vezes as fortalecem e desenvolvem. As interessantes contribuições de Sapisochin ampliam minhas ideias sobre simbolização e técnica, chamando a atenção para traumas filogenéticos e arcaicos, num referencial freudiano contemporâneo e para a escuta através do desvio contratransferencial, como a forma de acesso a essas áreas.

Bateman, por outro lado, seguindo Rosenfeld (1987), estimula a atenção para a oscilação entre organizações pele-grossa e pele--fina nesses pacientes, mostrando que a dupla se torna mais vulnerável aos *enactments* quando ocorre uma mudança nas defesas. Em meus trabalhos havia observado que os *enactments* crônicos se apresentam com dois tipos de enredo estanque principais: idealização mútua e sadomasoquismo mútuo, que oscilam entre si. Eles correspondem, de alguma forma, às configurações pele-fina e pele-grossa descritos por Bateman. Penso que o *enactment* agudo ocorre, durante essa oscilação, como fruto do esboço de contato com a realidade. Quando ela não é suficientemente suportável a organização é refeita, por vezes com sinal oposto. Existe também similaridade entre minhas hipóteses e as constatações de Bateman em relação às funções dos *enactments* crônicos (que ele chama de primeiro e segundo nível) na manutenção da relação dual, evitando o contato com o terceiro. E na entrada do analista como representante da função paterna (terceiro nível), contribuindo para o *enactment* agudo.

Finalmente, as detalhadas observações de Ivey em relação às controvérsias, principalmente aquelas em que coloca a importância da subjetividade do analista na produção dos *enactments*, são complementares às minhas hipóteses.

Entre os vários autores que têm estudado *enactments* chamou-me a atenção Schreck (2010). Ela descreve finamente como a dupla se envolveu num *enactment* crônico sadomasoquista, sem dar-se conta em forma suficiente. Ele foi desfeito e compreendido, após um *enactment* agudo em que a analista não suportou os ataques de sua paciente e a mandou embora da sala de análise. Quando a dupla se reencontra o trabalho é fortalecido, ainda que tentativas de retomar o *enactment* crônico estejam sempre presentes. A descrição da autora e sua teorização, utilizando minhas hipóteses, fortalece minhas expectativas de validação.

Por outro lado, nas supervisões e discussões com colegas, mais ainda quando principiantes, identificam-se *enactments* cuja responsabilidade primordial é do analista, portanto mais próximos do início do espectro "*acting-out* (do analista) <-> *enactment* (da dupla)". Essas situações não são relatadas em trabalhos científicos. O mesmo ocorre com *enactments* interpretativos (Steiner, 2006, 2009) muito sutis, que passam quase desapercebidos, mas que fazem parte do dia a dia de qualquer dupla analítica. Mesmo nestes, proponho que existe uma identificação dual anterior. As ideias de Caper (1995) sobre a dificuldade de fazer uma interpretação mutativa coincidem com minhas hipóteses, pois a interpretação transferencial defronta o paciente com a realidade da situação triangular.

Em trabalhos anteriores (Cassorla, 2001, 2005a) propus que os *enactments* podem ser considerados normais e patológicos. Considerei *enactments* normais aos fatos que ocorrem continuamente no campo analítico, em que paciente e analista vivem ou revivem microtraumas decorrentes do fato de serem pessoas distintas tentando identificar-se, comunicar-se e sonhar-a-dois. Evidentemente, durante esse processo o espaço triangular existente obriga a tomar contato com a realidade. Os *enactments* normais são compreendidos e desfeitos quase que instantaneamente e, por isso, não chamam a atenção. São fruto de identificações projetivas normais ou de identificações projetivas massivas, com as quais o analista, propositalmente, se deixa envolver, tornado uno com o paciente. Mas, ele se dá conta do que está ocorrendo e pode desfazê-los quando achar oportuno.

Estas ideias, que consideram a tomada de consciência da relação triangular como traumática em graus maiores ou mínimos, implicam que o processo analítico se constitui como um espaço contínuo de *enactments* e vivências de traumatismos. Neste contexto, fazem muito sentido as ideias de Hartke (2005), que considera a existência de uma situação traumática básica na relação analítica, em que o sonho de microtraumas de desencontro (que estou chamando *enactments* normais), faz parte do processo elaborativo. A violência do trauma é revelada pela intensidade do *enactment* e sua elaboração os torna normais ou mínimos.[6]

As observações acima me fazem, portanto, propor a existência de um espectro contínuo de *enactments* emergindo no campo analítico, cujos extremos serão os normais, sutis ou mínimos de um lado, e os *enactments* agudos, intensos, do outro, com todas as possibilidades intermediárias.

Evidentemente, na ânsia de validar suas observações, o autor deste trabalho pode ter cometido erros de avaliação. Existe, por exemplo, o risco de que eu tenha escolhido material propício para confirmar minhas ideias, ignorando outros que as refutariam. Ou que os resumos efetuados do material clínico, visando iluminar os fatos clínicos que me interessavam, mantivessem escondidos aspectos que os refutassem. Em outras palavras, a subjetividade do pesquisador, seu instrumento de investigação, também pode traí-lo, provocando algo similar a *enactments* crônicos observacionais e teóricos. Espero que o fato de ter consciência dessa possiblidade tenha me protegido desses erros, mas não posso ter certeza.

Desta forma ponho à prova este trabalho, contando que os leitores participem do processo de validação, com seus instrumentos de observação subjetiva e objetiva, criticando, refutando, complementando ou ampliando minhas observações e hipóteses.

Estamos buscando a verdade, mas sabemos que quando a perseguimos, sempre estará à nossa frente. Em nosso processo de ensaio e erro temos que lembrar-nos, com Freud (1933), que "o que hoje é valorizado como a mais alta sabedoria, amanhã será rejeitado e substituído por alguma outra coisa, embora também esta seja apenas uma tentativa. O último erro é, então, qualificado como a verdade. E é por essa verdade que devemos sacrificar nosso bem máximo!" (p. 210, edição brasileira).

Notas

1. Tuckett (1994), Michels (1994), Azevedo (1994), Kernberg (1994) e Cassorla (1998a, 2004), entre outros, estudaram o processo de validação clínica em psicanálise.

2. A gravação e filmagens das sessões não podem captar o clima emocional e as sensações, sentimentos e ideias que passam pela mente dos membros da dupla. Essa limitação da pesquisa empírica impõe que ela seja sempre cotejada com a investigação clínica.

3. Por exemplo, Verissimo (2000); Sanchez Grillo (2004); Barros, Gabbard & Williams (2005); Abreu (2006); Devereux (2006); Rocha (2009); Marchon (2006, 2009); Ribeiro (2007); Gus (2007); Paz (2007a, 2007b, 2009); Deserno (2007); Churcher (2008); Ivey (2008); Wieland, (2008); Borensztejn (2009); Lothane

210 O QUE ACONTECE ANTES E DEPOIS DO *ENACTMENT* AGUDO

(2009); Luz (2009); Galipeau, (2009); Mann (2009); Schreck (2010); Gheller (2010); Brown (2010, 2011, 2013); Levine (2010, 2012); Sapisochin (2011, 2013); Bernardi & de Bernardi (2012); Chaves (2012); Ponsi (2012); Strauss (2012); Bohleber et al (2013); De Leon de Bernardi (2013); Greenberg (2013); Schwartz (2013); Steyn (2013); Yerushalmi (2013); Gastaud, Padovan & Eizirik (2014); Marks-Tarlow (2014); Nos (2014); Ruvinsky (2014).

4. Os trabalhos de Yardino e Ivey foram traduzidos para o português e podem ser encontrados no *Livro Anual de Psicanálise* (2010), número 24. Yardino nas páginas 9-16 e Ivey nas páginas 29-46.

5. Autorrevelações do analista ao leitor se encontram, entre outros, em Levine & Friedman (2000); Jacobs (2001, 2006); Cassorla (2001, 2004, 2005b, 2008c); Sanchez Grillo (2004); Hartke (2005); Orbach (2009); Calich (2009); Shreck (2010).

6. Friedman (2008) considera "*enactments* mínimos" a situações em que o analista é o mais profissional possível com um paciente o mais objetivamente motivado.

10. Quando o analista se torna estúpido: entre Narciso e Édipo

Faz parte do *enactment* crônico o ataque à capacidade de percepção do analista, que não se dá conta que está envolvido em conluios duais com seu paciente. Essa obnubilação perceptiva ou estupidez, costuma associar-se à arrogância. A estupidez impede a percepção da própria estupidez. O estudo posterior dos fatos clínicos revela que essa estupidez, paradoxalmente, protege a dupla do contato traumático com a realidade triangular. Sua aparente acentuação, em novo paradoxo, revela que esse contato se tornou possível, configurando o *enactment* agudo.

O analista, mesmo obnubilado, pode intuir suas dificuldades e solicitar que colegas receptivos o ajudem a sonhar o que está ocorrendo. Neste capítulo, mostraremos como a estupidez pode contaminar também os colegas que passam a vivenciar os mesmos fatos ocorridos entre a dupla analítica.

Utilizo duas acepções para *estupidez*, que se complementam.

212 QUANDO O ANALISTA SE TORNA ESTÚPIDO

1. No mito de Narciso este se apaixona por sua própria imagem refletida na água de um lago. *A estupidez se revela na* incapacidade de Narciso discernir *self* de objeto. Esse obstáculo na percepção da realidade faz, numa das versões do mito, com que Narciso se afogue ao tentar alcançar o objeto idealizado que ele não percebe ser sua própria imagem.

   Transpondo a situação para o campo analítico, estamos em área em que analista e paciente, através de identificações cruzadas, constituem uma relação fusional. Cada um sente o outro como prolongamento de seu próprio *self*. Ambos podem não ter consciência desse fato. Quando isso ocorre o processo analítico permanece congelado na área dual de fusão-confusão, ainda que em outras áreas possa ocorrer desenvolvimento. Estamos frente ao *enactment* crônico.

2. A segunda acepção de *estupidez* remete à indelicadeza grosseira de Narciso quando recusa o amor da ninfa Eco. Narciso diz a Eco que prefere morrer que receber seu amor. Podemos considerar a rejeição de Narciso como resultante do terror de entrar em contato com o outro, isto é, com a diferenciação *self*-objeto. Portanto, a função da estupidez é evitar o contato com a realidade triangular, visando manter a fantasia de completude narcísica.

A transposição da segunda acepção para o campo analítico, indica situações onde a percepção da realidade triangular é atacada. A ameaça de discriminação *self*-objeto provoca ansiedade catastrófica. Essa ansiedade é descarregada, ao mesmo tempo em que a dupla analítica retorna à situação fusional. Quando o paciente atribui, com razão, essa percepção ao trabalho analítico, este será atacado. Esse ataque pode ser efetuado atacando vínculos (Bion, 1959) e tentando deformar ou bloquear a capacidade de pensar do analista, através de identificações projetivas massivas. Estas podem enganchar-se em fatores próprios do profissional. Portanto, a retomada da relação dual e a estupidez, são precedidas de esboço insuportável de contato com a realidade. Essas situações se aproximam dos *enactments* agudos. No entanto, eles não são suportados e o *enactment* crônico é retomado.

As configurações implicadas nas duas acepções, oscilam em duplo sentido: relação dual congelada <-> ameaça de percepção da relação triangular. A estupidez se manifesta, portanto, tanto na impossibilidade de perceber-se a relação dual como na impossibilidade de vivenciar a relação triangular.

Os modelos descritos remetem ao trabalho com pacientes que revelam dificuldades para perceber e viver na realidade triangular, onde *self* e objeto estão discriminados. Entre esses pacientes se encontram aqueles em que predominam configurações *borderline*, isto é, onde partes cindidas vivem num mundo de relações duais, enquanto outras mantêm contato com a realidade triangular. Estes pacientes não conseguiram, em determinadas áreas de sua mente, elaborar situações edípicas, retornando ou permanecendo em situações narcísicas. Por outro lado, a atração pelas situações narcísicas indica traumas que dificultam sua elaboração.

O mito de Édipo revela situações complementares ao de Narciso. Se neste o estado inicial é a fusão indiferenciada e a triangularidade é a ameaça, no mito edípico a triangularidade adquirida se torna perigosa. Por esse motivo é revertida. Isso ocorre, por exemplo, quando Sófocles (em "Édipo-Rei") descreve o início da investigação de Édipo em busca do assassino de Laio. Édipo consulta Tirésias, o adivinho cego. Ocorre um tenso e agressivo diálogo onde Tirésias tenta abrir os olhos de Édipo para a realidade. Um esboço de percepção ameaçadora faz com que Édipo se defenda, efetuando violentas

214 QUANDO O ANALISTA SE TORNA ESTÚPIDO

projeções dentro de Tirésias. Édipo acusa grosseiramente Tirésias de estar em conluio com Creonte (irmão de Jocasta) para tirar-lhe o trono. Dessa forma, Tirésias, o agente da percepção traumática passa a ser responsabilizado pelas fantasias inconscientes de Édipo. A projeção dentro da dupla Tirésias-Creonte a torna depositária dos aspectos vorazes, invejosos e destrutivos, livrando a dupla Édipo--Jocasta, os reais usurpadores do trono de Laio.[1]

O psicanalista que lida com essas configurações corre riscos similares aos desses mitos. O paciente Narciso poderá ver o analista como um prolongamento de si mesmo, uma imagem no lago. O analista corre o risco de identificar-se com essa imagem e ver, também, o paciente como um prolongamento de si mesmo. O espelhamento apaixonado se revela como conluios de idealização mútua, sem que o analista perceba o que está ocorrendo. Ou o analista será visto como Eco buscando arrancar o paciente da sua autossuficiência. Como resultado, formam-se conluios de dominação/submissão. Esses conluios, tanto de idealização como sadomasoquistas constituem *enactments* crônicos.[2]

A clínica

Ana, jovem psicanalista em formação, é membro de um grupo de estudos que coordeno. Há dois anos havia trazido material clínico de Paula, jovem advogada, que se sentia vítima de situações conflitivas. O material indicava que Paula sabotava seus recursos emocionais e intelectuais, projetando sua autodesvalorização no ambiente que era vivenciado como ameaçador e frustrante. Sua vida miserável também se manifestava em imensas dificuldades financeiras. Era claro que Paula se colocava, quase compulsivamente, em situações propícias para sofrer e vitimizar-se.[3]

Paula (paciente) se queixava de Ana (analista) não valorizar seu sofrimento e não ajudá-la em forma suficiente. Aos poucos,

Ana passou a sentir-se incompetente e culpada. No entanto, percebia claramente que seus sentimentos eram estimulados pelas identificações projetivas de Paula. Esses fatos eram interpretados e Paula parecia compreender o que Ana lhe mostrava. Mas essa compreensão era pouco aproveitada e Paula voltava a queixar-se. Em vários momentos Paula parecia assumir alguma responsabilidade por sua vida. Minha impressão, como supervisor, era que o processo analítico, ainda que difícil, caminhava razoavelmente. E, que com o tempo, ele se tornaria mais produtivo.

Após algumas semanas Ana preferiu discutir outros pacientes e não tivemos mais notícias de Paula por dois anos.

Um dia Ana, que estava escalada para trazer material clínico, chega ofegante e atrasada à reunião do grupo e nos conta que está trazendo material de uma paciente muito interessante, que já havíamos discutido dois anos antes. O tratamento está indo muito bem. Mesmo assim resolveu trazer uma sessão. Está certa que eu, coordenador do grupo, vou encontrar algo novo. Sinto-me incomodado com o elogio de Ana.

Ana diz que se trata de Paula, aquela paciente "das fronteiras". Relembra que havíamos ficado confusos – não sabíamos se Paula morava em R ou S, se estava ou não casada, se se assumia como advogada ou não. Ana nos recorda que Paula vem de uma família muito pobre e não consegue usufruir de seus recursos emocionais. Reclama de sua situação financeira e constantemente ameaça parar a análise por esse motivo. Em seguida Ana relata uma sessão:

"Paula entra na sala com uma expressão feliz e conta que foi a uma festa da empresa onde seu pai trabalha. Ali descobriu, surpresa, que seu pai era admirado e querido por seus chefes e colegas".

216 QUANDO O ANALISTA SE TORNA ESTÚPIDO

Ana é interrompida por um colega do grupo que indaga qual é a profissão desse pai. Ana diz que ele tem um cargo administrativo importante. Eu me surpreendo porque me lembrava que o pai tinha pouca instrução e era alcoólatra. Guardo essa lembrança para mim.

O relato da sessão continua: "O pai apresentava aos seus colegas sua filha advogada, orgulhosamente. Ela se sente acolhida carinhosamente. Até a mãe, uma mulher que vivia sempre mal-humorada, lhe disse que estava feliz por ter uma filha inteligente e bonita".

Eu continuo estranhando o que ouço. Lembro-me das sessões anteriores, em que Paula se lamentava e queixava dos pais. Percebo, também, que eu e os membros do grupo estamos inquietos, incomodados com algo indefinido.

"Paula conta que sua irmã, também presente na festa, faria uma viagem de turismo para o exterior. Havia muitas crianças na festa e Paula se divertiu muito brincando com elas.

Após a festa, retornam para casa em seu automóvel. O marido estava na direção e a cunhada sentada atrás. Cruzam com o automóvel de um amigo médico obstetra. Paula diz ao marido que, quando engravidar, gostaria que esse médico fizesse o parto".

Nesse momento Ana interrompe o relato e nos conta que Paula tinha horror à ideia de engravidar e ter filhos.

Ana retoma a sessão. "Paula se queixa que seu marido ficou em silêncio. Paula olha para trás e quer saber qual é a opinião de sua cunhada sobre ela engravidar. A cunhada responde que 'está muito quente' e pede que aumentem a ventilação dentro do automóvel".

Ana, mais uma vez, interrompe o relato e nos diz, satisfeita, que Paula está progredindo. Ana se refere ao desejo de Paula engravidar. Sinto-me aborrecido com o apressado critério de "progresso" de Ana. Ao mesmo tempo, percebo que a alegria de Ana contrasta com o estado de ânimo do grupo. Estamos desinteressados, cansados e inquietos. Atribuo isso ao fato do relato ser monótono e detalhista. Estava claro que não víamos a hora dele terminar.

Em determinado momento meu desinteresse sonolento é substituído por um estado de alerta. Ana está descrevendo uma acirrada discussão entre ela e Paula. "Paula se queixa que sua mãe não a apoia em seu desejo de engravidar. Ana diz que Paula quer que todos concordem com ela. Paula discorda de Ana. Ana insiste que Paula sempre quer ter razão". O clima da sessão está tenso e agressivo. "Paula, brava, diz que Ana não a está entendendo. Ana relembra Paula de situações em que sempre queria ter razão, no trabalho e com o marido. Em seguida Paula diz que tem medo que seu marido a deixe devido a problemas financeiros. Ana permanece calada. Em seguida a sessão termina".

Enquanto ouvia a discussão percebi que estava decepcionado com Ana. Ela não ouvia Paula e queria que concordasse com suas próprias teorias. Estava claro que Ana havia perdido sua função analítica. Imaginei que a última fala de Paula, sobre o medo de ser abandonada pelo marido, refletia a situação de abandono que vivenciava frente à incompreensão de sua analista.

Tentando não revelar minha decepção disse a Ana que havia me chamado a atenção o clima do final da sessão. Ana ficou pensativa e após algum tempo disse que acabara de lembrar-se que se sentira muito mal naquele momento. Havia percebido seus ataques a Paula e ficara constrangida e culpada. Acha curioso não ter se lembrado disso quando resolveu trazer a sessão para o grupo, e mais ainda, enquanto a apresentava.

218 QUANDO O ANALISTA SE TORNA ESTÚPIDO

Em seguida Ana espontaneamente nos conta mais sobre o processo analítico. Lembra-se que há algum tempo Paula faltara sem avisar por 3 sessões. Ana a esperou, preocupada. Ao voltar Paula disse, indiferente, que faltara porque havia feito um caro tratamento estético. Em seguida Ana nos conta que Paula havia trocado seu carro antigo por outro novo e sofisticado. Ana afirma que somente agora se dá conta o quanto vinha se sentindo espoliada financeiramente. E, afirma, "somente agora, que estou falando sobre isso".

À medida que Ana vai tomando consciência de seus sentimentos, eu e o grupo permanecemos em silêncio. Ana se lembra que, ao final da sessão, Paula pagou todas as sessões, inclusive algumas atrasadas. Ana surpreendeu-se porque Paula não reclamou do custo. Sempre que pagava, Paula insistia em diminuir o número de sessões ou ameaçava parar o tratamento. Vacilando, e envergonhada, Ana nos conta que cobrava de Paula um preço especial, bem abaixo do que costuma cobrar, penalizada com seus problemas financeiros. Finalmente Ana nos conta que logo que Paula saiu, pensou que na próxima sessão proporia um aumento nos honorários.

Sonhando o material clínico

No processo de supervisão, o analista comunica ao supervisor, através de identificações projetivas realísticas e símbolos verbais, como está sonhando os sonhos e não-sonhos de seu paciente. O analista espera que o supervisor ressonhe seus sonhos, em outras vertentes, ampliando sua capacidade de pensar. No entanto, a capacidade de pensar do supervisor pode também ser atacada pelos não-sonhos descarregados pelo analista, descarga essa da qual nem sempre a dupla supervisor-analista se dá conta. Nesse caso o supervisor também corre o risco de envolver-se em não-sonhos-a--dois com seu supervisionando, constituindo-se *não-sonhos-a-três*. Quando existem várias pessoas no grupo de discussão clínica, esse risco é diminuído, mas não eliminado.

1. A sessão e o *enactment* agudo

Como vimos, Ana deixou de levar o material de Paula durante 2 anos.

Quando Ana chega ofegante e atrasada talvez ela estivesse descarregando seus não-sonhos. Ao mesmo tempo, estaria tentando representar, em atos, seu mal-estar em relação ao "atraso" de sua capacidade analítica. Enquanto não tenham significado, esses atos são não-sonhos em busca de sonhadores.

Ana vem com a expectativa que eu, seu supervisor, encontre algo novo no material. Sinto-me incomodado e esse incômodo continuou durante o relato. Vivencio uma experiência emocional cujo significado me escapa. Apenas um esboço de significado assoma: sinto-me ameaçado pela expectativa de Ana em relação a mim. Meu sonho não consegue ir além disso.

À medida que o relato continua, visualizo Paula na festa, usufruindo de seus recursos emocionais. Essa visualização, minha vivência do sonho-a-dois ocorrendo no campo analítico, é um *mix* resultante de fatos contados por Ana, conectados a fatos vivenciados durante minha vida. Mas, ao mesmo tempo, vêm a minha mente imagens e ideias relacionadas a miserabilidade, produto de sessões anteriores (e de minhas experiências pessoais). O contraste me surpreende.

Quando Ana mostra sua alegria por Paula desejar engravidar sinto-me decepcionado. Não me conformo que Ana considere esse desejo como sinal de "melhora". Vejo a função analítica de Ana perturbada. Nesse momento, ao me defrontar com a coincidência dos desejos de Ana e Paula, faço a hipótese de que elas poderiam estar vivendo uma relação idealizada. Adiante será confirmado que estavam ocorrendo não-sonhos-a-dois originando um *enactment* crônico de idealização mútua. A contribuição de Ana era evidente também em sua crença de que o trabalho estava "indo muito bem".

Meu sonho, que deu significado à possível idealização mútua, pressiona minha mente a ampliar seu significado, como uma concepção em busca de realizações (Bion, 1962 b). Um passo além me faria perceber que o conluio de idealização entre Ana e Paula se repetia no campo da supervisão. Mas, somente vou dar-me conta desse fato adiante.

Ao mesmo tempo, outros afetos brutos demandavam trabalho de sonho. Os membros do grupo, inquietos e desinteressados, desejavam que o relato terminasse logo. Isto é, havia algo incômodo (elementos beta) que buscava ser eliminado, através do corpo (inquietação, desinteresse) e da projeção no mundo externo (desejo que o relato terminasse).

Meu estado de sonolência tinha a mesma função: fugir da realidade frustrante. Mas ele também revelava minha *rêverie*. De repente, sou alertado pela absurda discussão entre Ana e Paula. Ana se mostra estúpida e arrogante. Minha decepção com Ana aumenta. Tenho duas alternativas: fugir da frustração ou suportá-la até que ela adquira significado (Bion, 1962 a, b). Nesse momento crucial tomo consciência que minha decepção com Ana estava ligada a uma idealização anterior. Essa percepção traumática é fruto da desidealização brusca. Novamente tenho duas alternativas: fugir da percepção traumática ou inclui-la na rede simbólica do pensamento.

Uma das defesas contra a realidade frustrante é a onisciência. Ela é acompanhada da cisão e projeção da percepção da realidade traumática no objeto. Como essa percepção ameaça a onisciência, ela é condenada moralisticamente. A discriminação entre verdadeiro e falso, realidade verdadeira e criação onisciente, é substituída pela afirmação ditatorial de que algo está certo ou errado (Bion, 1962a).

Na situação descrita, a onisciência me faria condenar Ana por ter me decepcionado. Eu não seria capaz de perceber que a idealização e a decepção eram produtos de minha mente, de minha inteira responsabilidade. A condenação moralística me tornaria estúpido e arrogante.

Liberado do momento moralístico, retomei minha função de supervisor aceitando que deveria conviver com a realidade, isto é, as limitações de Ana (e as minhas) e tentar compreender como a capacidade analítica havia sido atacada.

Retomemos a observação da discussão entre Ana e Paula. Ambas tinham ideias divergentes e se acusavam mutuamente. Era evidente que, nessa disputa moralística, cada uma desejava ter razão. Não podemos excluir a possibilidade de que, também, desejassem pensar com sua própria mente. No entanto, as condenações mútuas (principalmente de Ana em relação a Paula) indicavam ressentimento pela falta de concordância. Esse ressentimento refletia a dor pela destruição da relação dual idealizada.

Nesse momento, minha percepção da realidade se ampliou. Se era verdadeiro que Ana havia perdido sua função analítica, isso havia ocorrido graças à potência dessa mesma função. Esse aparente paradoxo se apresentava da seguinte forma: 1. Num primeiro momento, Ana e Paula viviam um *enactment crônico*, uma relação dual idealizada (não-sonho-a-dois). Por não haver sonho, Ana não tinha consciência do fato. 2. A discussão indica que essa relação idealizada está sendo desfeita. Ao discordarem Ana e Paula se dão conta, de alguma forma, da realidade triangular. Isto é, que são seres humanos separados. Suponho que essa percepção da realidade triangular

222 QUANDO O ANALISTA SE TORNA ESTÚPIDO

é fruto do trabalho analítico. Essa hipótese terá que ser confirmada. No entanto, essa percepção é traumática e Ana e Paula buscam retomar a relação dual idealizada.

Considero *enactment agudo* o conjunto de fatos que se manifestam através da discussão entre Ana e Paula. Ele indica dissolução do *enactment crônico* e início de contato com a realidade triangular. Ele também manifesta o trauma que acompanha esse contato e a tentativa de retomar a relação dual.

O *enactment agudo* envolve um mix de fatos, ocorrendo ao mesmo tempo: 1. Elementos beta, não-sonhos, sendo descarregados (através de emoções, atos e fala); 2. Não-sonhos buscando sonhadores; 3. Não-sonhos sendo sonhados; 4. Sonhos recém sonhados sendo revertidos para não-sonhos; 5. Sonhos buscando inclusão na rede simbólica.

Essa nova visão dos fatos mostra que havia ocorrido uma dupla reversão de perspectiva (Bion 1963) em minha percepção dos fatos. A aparente falha na função analítica de Ana, durante o *enactment* agudo, era na verdade uma retomada dessa função. E o processo analítico que ocorria antes, aparentemente produtivo, na verdade estava tomado por relações duais obstrutivas que passavam desapercebidas.

As consequências do *enactment agudo* dependerão de qual de duas forças predominará. A primeira indica trauma, catástrofe psicológica e ameaça de destruição do campo analítico. A segunda indica trabalho de sonho e contato com a realidade. Este contato, por ser traumático, estimula a força destrutiva. O trabalho de sonho, ao tentar dar sentido ao trauma, busca neutralizar a destruição. Existem três possibilidades: 1. que a situação traumática fuja do controle e o processo analítico seja destruído; 2. que a relação dual seja retomada, refazendo-se o *enactment* crônico; 3. que o trabalho de sonho do analista e da dupla gerem significado, incluindo o trauma na rede simbólica do pensamento.

Como vimos, a sessão terminou com Paula num momento depressivo, preocupada com a possibilidade do marido (que representava Ana) deixá-la devido a problemas financeiros. A fina sensibilidade de Paula ficará evidente adiante.

2. Após a sessão do *enactment* agudo

Ao final da sessão, Ana se sente culpada pela discussão. Mas, logo ataca a percepção de sua culpa. Esse sentimento, ainda que inconsciente, continua pressionando sua mente em busca de ampliação de significado. Isso a impele a buscar outros sonhadores, no grupo de estudos.

Após relatar a sessão e estimulada pela continência do grupo de estudos, Ana pode vincular suas experiências aos elementos de sua rede simbólica do pensamento. Lembra-se da estranheza e culpa em relação à discussão com Paula. Percebe que havia se esquecido do fato, tentando escapar da realidade.

Enquanto nos conta seus sentimentos, o sonho de Ana se amplia. Lembra-se de situações em que se sentiu desrespeitada e percebe, aos poucos, que havia atacado sua percepção de que Paula lhe causava mal-estar. Ao dar-se conta que se sentia espoliada financeiramente, entra num momento depressivo e admite que cobrava muito menos de Paula.

Agora Ana sabe que havia se constituído um conluio sadomasoquista. Paula atacava, espoliava e provocava inveja em Ana. Por outro lado Ana atacava Paula ao não permitir que ela usufruísse de sua capacidade analítica. A estupidez de Ana transformava a violência em idealização submissa. Mas a submissão não era percebida. Isto é, a dupla analítica se defendia do conluio persecutório através de defesas maníacas.

Quando Paula paga as sessões sem reclamar do custo e sem ameaçar parar a análise e, em seguida, Ana pensa em aumentar seus honorários, duas possibilidades se impõem:

1. Que Paula está assustada com o fato de Ana ter perdido a cabeça. Paula tenta acalmar sua analista visando manter a relação dual idealizada.

2. Que o *enactment agudo* seja fruto inicial de trabalho-de-sonho-alfa, isto é, de esboço de contato com a realidade. A continuação desse trabalho-de-sonho poderia ampliar a capacidade de pensar.

A sequência dos fatos nos mostra que a segunda possibilidade é a correta. Em sessões posteriores, quando Paula se mostrou ressentida, foi possível retomar a situação da discussão em forma criativa. Paula trouxe fantasias e lembranças de situações traumáticas primitivas. Entre elas uma possível depressão intensa da mãe e situações de abandono cuja percepção havia negado. Possivelmente essas situações eram revivências de outras, mais primitivas, que nunca seriam lembradas, mas que haviam sido revividas na relação analítica. Os traumas, antes não sonhados, adquiriam figurabilidade. Além disso, construções hipotéticas preencheram lacunas na rede simbólica. Ana, por sua vez, aumentou sua acuidade para perceber precocemente o risco de retorno a conluios duais. A capacidade de sonhar e pensar da dupla havia sido fortalecida.

3. Antes do *enactment* agudo

Quando, ao final da supervisão, nos demos conta que Paula e Ana viviam um conluio idealizado, alternando-se ou encobrindo um conluio sadomasoquista, fomos obrigados a suspeitar que esse mesmo conluio poderia estar presente antes da sessão, passando desapercebido. Bion (1965) nos provoca nesse sentido, quando assinala que após uma catástrofe psicológica poderemos identificar invariantes que já estavam presentes na fase pré-catastrófica.

Ao revisarmos o material anterior ao *enactment agudo*, inclusive o trazido dois anos antes, percebemos que Ana e Paula trabalhavam em duas áreas, simbólica e não simbólica. Paula trazia sonhos que Ana ressonhava e não-sonhos que Ana tentava sonhar. Através deles Paula mostrava sua miserabilidade e atacava Ana, fazendo-a sentir-se impotente, miserável e culpada. Ana se dava conta do que ocorria e continuava, pacientemente trabalhando.

Ao mesmo tempo, em área não simbólica, Ana havia sido recrutada a participar de um *enactment crônico* sadomasoquista, do qual não se dava conta. A capacidade analítica de Ana fora subjugada pelos ataques de Paula e pelo medo que ela a deixasse. A fantasia de relação dual era reforçada pela diminuição crônica dos honorários. A paciência necessária de Ana se transformou em paciência masoquista. Idealizando sua paciência e negando a destrutividade, Ana se envolveu num conluio de idealização que encobria e alternava com o sadomasoquista.

Quando Ana apresentou esse material no grupo, dois anos antes, não fui capaz de perceber o que ocorria. O fato de Ana não ter contado sobre seu medo de perder Paula, nem sobre a redução dos honorários, contribuiu para isso. Não descarto que minha percepção tenha falhado também por um início de idealização de Ana.

226 QUANDO O ANALISTA SE TORNA ESTÚPIDO

Adiante discutirei fatores relacionados a essa idealização, tanto no campo analítico como no campo da supervisão.

O que acontece durante o enactment crônico

A observação clínica nos mostra que os *enactments* agudos indicam início de contato com a realidade triangular, como vimos na sessão relatada. O fato de Ana e Paula terem desfeito a relação dual idealizada, nos obriga a supor que, durante o conluio obstrutivo, ocorre um desenvolvimento implícito da rede simbólica em áreas paralelas à obstrução. O *enactment* agudo ocorre graças a esse desenvolvimento.

Em outras palavras, penso que durante o *enactment* crônico, em áreas paralelas ao conluio dual, o analista percebe o que está ocorrendo e tenta sonhar não-sonhos. Muitos sonhos são revertidos para não-sonhos. O analista continua tentando sonhá-los. O trabalho-de-sonho pode não ser visível, já que está encoberto pelo *enactment* crônico. O paciente fantasia que controla o analista através da relação dual, "... mas ao mesmo tempo e em outro nível" (Grotstein, 2009) existe trabalho implícito da função alfa, que tece os buracos traumáticos da rede simbólica.

Quando a realidade triangular se impõe, ocorrem duas possibilidades. Quando ainda não há suficiente capacidade para sonhar, o conluio dual é mantido ou retomado. Mas, em determinado momento, é possível viver na realidade, ainda que ela continue traumática. Mas, esse trauma é atenuado. Ele emerge no campo analítico como *enactment agudo* e pode continuar sendo sonhado, ao vivo, pela dupla analítica.

Como vimos, Ana e Paula haviam constituído um *enactment* crônico persecutório/idealizado. Ao mesmo tempo, a função alfa explícita e implícita tecia áreas traumáticas. Na sessão relatada

Paula mostra que estava podendo sonhar a realidade triangular, aproveitando melhor seus recursos. Esse fato tornou mais claro o conluio de vitimização e espoliação, vivenciado nesse momento principalmente por Ana. O risco de discriminação e contato com a realidade aumenta.

Ana reconhece o desenvolvimento de Paula mas, em área paralela, está cega para seus próprios sentimentos de espoliação. Tampouco percebe como a inveja toma o campo analítico. O fato de Paula ter trazido claramente seus recursos faz pensar que ela provocava Ana a entrar em contato com a espoliação. A discussão entre ambas, o *enactment* agudo, ocorre quando a dupla intui que havia se constituído rede simbólica suficiente para correr o risco do contato com a realidade triangular. Esse contato é suportado e o trabalho de sonho pode aprofundar-se. Se isso não fosse possível, retomar-se-ia a relação dual.

Ana vai confessar-me, posteriormente, que sua alegria com a possível gravidez de Paula encobria sua própria tristeza. Ana havia adiado seu casamento devido a problemas financeiros. O fato de Paula reclamar que os outros não apoiavam sua gravidez, se enganchou nos conflitos de Ana, que teve que sacrificar seus desejos sem reclamar. Em outro nível, Ana reclama de si mesma por ter se sujeitado a Paula.

A experiência clínica me faz considerar que *enactments* crônicos e *enactments* agudos fazem parte do trabalho com pacientes que vivenciam a realidade como traumática, como os pacientes *borderline*. Para escapar dessa realidade, o paciente entra – em fantasia – dentro do analista, tomado como escudo protetor. A relação dual defende do contato com a realidade triangular, ao mesmo tempo que permite a ação da função alfa implícita. O estudo de configurações *borderline* se encontra no capítulo sete.

228 QUANDO O ANALISTA SE TORNA ESTÚPIDO

Enactments agudos se manifestam em forma mais leve, quando áreas traumáticas são menos intensas e existe maior capacidade de elaboração. Eles se manifestam como *microenactments*, por exemplo, certos *enactments* interpretativos (Steiner, 2006) em que o analista se surpreende com seu tom de voz ou com certas colocações que não costuma fazer. Esses *microenactments* são facilmente identificados e, em geral, não têm consequências. Mas, correm o risco de repetir-se, cronificando-se.

O modelo proposto nos auxilia a compreender também fatos que ocorrem no trabalho em área predominantemente não psicótica. A relação transferencial com pacientes neuróticos envolve certo grau de indiscriminação entre paciente e analista. Essa relação dual é rapidamente desfeita através de interpretações que reintroduzem o paciente na relação triangular. Esse contato com a realidade é traumático, ainda que em forma mínima. Existiria, portanto, uma situação traumática básica em qualquer relação analítica (Hartke, 2005). A dificuldade do analista efetuar uma interpretação mutativa (Strachey, 1934; Caper, 1995) tem relação com esse risco. No modelo proposto, essas situações envolvem *enactments* normais (Cassorla, 2001, 2005a, 2012a) ou mínimos (Friedman, 2008).

Em área neurótica existem condições mentais suficientes para suportar e sonhar a realidade e a interpretação mutativa é possível. No entanto, ela é contraindicada em área psicótica, enquanto não se crie rede simbólica capaz de suportar o trauma do contato com a realidade triangular.

Uma questão que se impõe é, por que o analista não percebe que está envolvido num *enactment crônico*. Proponho 3 fatores para tal: 1. A qualidade massiva das identificações projetivas do paciente ataca a capacidade de pensar do analista; 2. Essas identificações projetivas se engancham a situações traumáticas próprias do analista; 3. O analista tem receio de desfazer a relação dual porque intui que isso seria altamente traumático para o paciente (ou para ambos).

Felizmente os analistas já podem revelar suas próprias contribuições a impasses analíticos, liberados de autoavaliações moralísticas. Dessa forma o conhecimento psicanalítico pode avançar. Ana percebeu as similaridades entre aspectos de sua vida e de Paula. Ambas vinham de famílias pobres e haviam lutado energicamente para desenvolver-se. Ana sabia o que era ter problemas financeiros. A identificação com Paula fazia Ana sentir-se feliz com seus "progressos". Ao mesmo tempo, a relação idealizada impedia Ana de ver que não estava sabendo cuidar de si mesma. Ataques invejosos de Paula e a ação de objetos internos próprios eram ignorados. A análise pessoal de Ana certamente se aprofundou.

O supervisor, por sua vez, sabe que se identificou tanto com Ana como com Paula, porque ele também veio de uma família com dificuldades financeiras e somente se tornou analista porque, em certa fase de sua vida, encontrou um analista que lhe cobrou apenas o que podia pagar.

Estupidez, arrogância e curiosidade

Em "Ódio na contratransferência", Winnicott (1949) coloca que, se o analista não demonstrar, de alguma forma, o ódio que o paciente lhe despertou, o paciente tampouco acreditará que pode despertar amor. Esse trabalho já apontava para a vertente intersubjetiva da psicanálise contemporânea. Neste texto, mostrei que essa manifestação pode desfazer conluios duais. Ainda que o analista pareça estúpido.

Bion (1958) demonstrou que a presença, no campo analítico, da tríade *estupidez, arrogância e curiosidade*, mesmo que em forma

230 QUANDO O ANALISTA SE TORNA ESTÚPIDO

esparsa, encobre, e ao mesmo tempo revela, catástrofe psicológica destrutiva. No texto bioniano estupidez tem a acepção de obtusidade, burrice. Neste texto lido com pacientes menos perturbados em que configurações *borderline* estão encobertas. A tríade aparece quando nos aproximamos de área psicótica (não simbólica) e se manifesta por meio de *enactments*.

O paciente manifesta *curiosidade* ao desejar continuar sua análise. Esse desejo o faz correr um risco considerável: de não conseguir manter a fusão fantasiada com o analista. O risco de retraumatização, de destruição da relação dual, é similar à de Adão e Eva quando são seduzidos pela serpente. E de Édipo quando consulta tanto Tirésias quanto o oráculo. E de Narciso frente a Eco.[4]

A fusão transferencial é acompanhada de *curiosidade* em relação ao analista. O analista é conhecido a partir de sua reação às identificações projetivas que o paciente coloca dentro dele. O analista frustra o paciente se não se deixa recrutar e mantém mente própria. O paciente será expulso do "paraíso" dual tendo que enfrentar a realidade traumática.[5]

A *arrogância* se vincula à onisciência e à avaliação moralística que substitui a percepção da realidade por julgamento condenatório. Qualquer fato que indique a existência do outro, da realidade triangular, será considerado, oniscientemente, como mau e errado. O paciente condena ditatorialmente tudo aquilo que ameaça a relação dual. O que é arrogância para o observador é o uso legítimo de seus direitos para o paciente.[6]

A *estupidez* se vincula ás deficiências na capacidade de simbolizar, sonhar e pensar. Pode manifestar-se como onisciência, em conluios duais, e/ou por descargas na ameaça de contato com a triangularidade. A indiscriminação e deformação da realidade e a visão condenatória daquilo que frustra vincula a estupidez com a arrogância.[7]

Como vimos, o analista corre o risco de ser recrutado *tornando-se* um aspecto da parte psicótica do paciente. Impedido de sonhar, o analista não se dá conta do que ocorre. Torna-se estúpido e arrogante, como o paciente. É curioso pelo simples fato de ser analista. Pode, também, tornar-se depositário de culpas persecutórias e depressivas, quando se imagina traumatizando o paciente ao mostrar-lhe a realidade triangular.

Em "Experiências com Grupos", Bion (1961) descreve situações desse tipo. Ele nos diz que o analista não percebe que sua mente está torporosa e que toma como realidade o que é, na verdade, produto de identificações projetivas massivas. O analista imagina que os intensos sentimentos que vivencia estão inteiramente justificados pela situação objetiva. Posteriormente, Bion atribuirá esse torpor à ação da tela beta, que provoca no analista aquilo que o paciente deseja.

Joseph (1989), por sua vez, nos mostra elegantemente como o analista é recrutado a representar aspectos do paciente para manter o *status-quo*. Outros autores pioneiros no estudo das identificações projetivas massivas incluem, além de Bion e Joseph, Grinberg, Rosenfeld, Sandler, Grotstein, Ogden etc. Todos mostram como o analista é induzido e recrutado a tornar-se um aspecto do paciente, tema que Ferenczi já sugerira.[8]

Se o *enactment* crônico é inevitável, seu diagnóstico precoce poderá tornar-se possível quando o analista mantém observação minuciosa de si-mesmo. A constatação de que sua mente trabalha, predominantemente, com memórias, teorias e desejos, indica obstrução na capacidade analítica. Impressão de que o processo

232 QUANDO O ANALISTA SE TORNA ESTÚPIDO

analítico está indo muito bem ou cansaço excessivo devem ser considerados. Como vimos, em outros capítulos, orgulho em relação à potência de sua própria capacidade analítica (no primeiro caso), ou em relação à paciência e capacidade de conter (no segundo), costuma encobrir arrogância e estupidez. Irritação com o paciente ou admiração constantes, são outros indicativos. O analista deve deixar de lado certa preguiça resistencial, quando se sente impelido a escrever o material clínico, mesmo que não tenha clareza em relação aos motivos. Esse fato indica a necessidade de um "segundo olhar" (Baranger, Baranger & Mom, 1982), de uma "escuta da escuta" (Faimberg, 1996). Sonhos contratransferenciais noturnos e intuições de sonhos diurnos podem dar-nos outras pistas.

O trabalho analítico, mais ainda com pacientes graves, estimula o autoconhecimento do analista. Ele é levado a entrar em contato com áreas traumatizadas próprias. Um processo analítico promove desenvolvimento em ambos os membros da dupla. Espera-se que o paciente aproveite mais que o analista, mas a falta de desenvolvimento do analista obriga a supor que algo errado está ocorrendo.

Notas

1. Penso que Tirésias também estaria projetando massivamente, em Édipo, fatos conflitivos 'edípicos' próprios, miticamente expostos em sua interferência nos conflitos entre Zeus e Hera e no assassinato de serpentes durante o ato sexual (Cassorla, 2008b, 2010b).

2. Lembremos que Narciso e Édipo coexistem no mesmo paciente. Na fronteira ("border") entre as duas configurações o paciente se assemelha a Hamlet: "Ser ou não ser, eis a questão". "Não ser" se manifesta como conluio narcísico e indiscriminação mortífera e "ser" em insuportável contato com a realidade.

3. O leitor possivelmente vai confundir-se em relação a quem é a analista e quem é a paciente. Fatores para essa confusão ficarão claros adiante. Para não dificultar a leitura assinalo que o nome Ana se inicia com A de Analista e o nome Paula com P de paciente.

4. A serpente, o oráculo e Tirésias podem ser tomados como equivalentes à preconcepção edípica (Bion, 1962b). A tomada de consciência traumática da realidade triangular, incluindo a consciência da morte (vínculo K) resulta de curiosidade desobediente (Cassorla, 2010a).

5. O paciente é expulso do Paraíso e jogado no Inferno. Se esse Inferno puder ser sonhado se transformará em Terra, a realidade. Mas os demônios infernais e os deuses idealizados continuarão sempre assombrando (Cassorla, 2010a).

6. Bion nos mostra que quando a intolerância á frustração não é muito grande a personalidade desenvolve onipotência para substituir a realização da preconcepção ou da concepção com a realização negativa. A onisciência passa a substituir o aprender com a experiência. Ao mesmo tempo, um superego moralístico passa a avaliar a realidade como certa ou errada, substituindo a ideia de falso ou verdadeiro (Bion, 1962b).

7. Em outro trabalho (Cassorla, 1993) vinculei a estupidez a "*to turn a blind eye*" ou "fazer vista grossa".

8. Uma revisão das ideias desses autores pode ser encontrada em Cassorla (1995, 1997, 2008c) e Brown (2011). Este autor estuda em forma aprofundada a questão da intersubjetividade. A evolução do conceito Identificação Projetiva se encontra em Spillius e O'Shaughnessy (2011).

11. Édipo, Tirésias e a Esfinge: do não-sonho às transformações em sonho

Narrativas míticas condensam aspectos e fantasias ancestrais da humanidade e refletem complexas configurações emocionais. O psicanalista praticante, em contato com elas, se sente estimulado a utilizá-las e transformá-las em modelos que permitem a transmissão de aspectos inefáveis da experiência emocional. O hábito mental do analista deve abolir riscos de reducionismo e concretude do modelo, mas estes fatos devem ser sempre considerados.

O objetivo deste capítulo é propor modelos referentes a configurações que podem ser nomeadas (e nomes refletem culturas psicanalíticas) como *não-sonhos-a-dois, enactments*, recrutamentos contratransferenciais e bloqueios à capacidade de pensar. Entraremos em contato também com os temas morte, suicídio, homicídio precipitado pela vítima, lutos patológicos e reações de aniversário (Cassorla, 1985, 1986, 1998b, 1998c, 1998d, 1998e, 2000, 2008b, 2008d). Os modelos terão por origem o mito edípico (Brandão,

236 ÉDIPO, TIRÉSIAS E A ESFINGE

1986, 1992) e sua transformação teatral proposta por Sófocles em Édipo-Rei. Os relatos serão complementados com conjecturas, especulações imaginativas do autor, estimuladas por vivências clínicas e experiências como analista, supervisor e docente. Essas especulações assumem características de *sonhos* buscando revelação (no sentido fotográfico) de aspectos obscuros.

Lembremos que Laio, rei de Tebas, infértil, ao procurar o oráculo, em Delfos, descobre que se tiver um filho será morto por ele. O bebê nascido de sua mulher Jocasta será entregue a um servidor para que seja morto, exposto no monte Cíteron. Este se apieda do bebê, Édipo (pés furados) e o entrega a um pastor de Corinto. Os reis de Corinto, Políbio e Mérope, adotam Édipo, mas lhe escondem o fato. Adolescente, Édipo desconfia de sua origem. Ao procurar o oráculo descobre que matará seu pai e se casará com sua mãe. Por isso se afasta de Corinto e, aparentemente sem rumo, toma a direção de Tebas, em cujas portas a Esfinge propõe enigmas aos jovens, matando aqueles que não os decifrassem. No caminho, numa encruzilhada, Édipo se defronta com um homem soberbo seguido de sua guarda pessoal. Ambos não admitem dar passagem ao outro e lutam. Édipo mata o homem e todos (com exceção de um) seus guardas. Esse homem, morto por Édipo, era Laio, que ia consultar o oráculo devido à Esfinge que assolava seu reino. O sobrevivente conta, em Tebas, que Laio fora vítima de um grupo de salteadores. Em seguida Édipo chega às portas de Tebas, decifra o enigma da Esfinge e, como prêmio, se torna Rei casando-se com Jocasta.

A cidade se desenvolve feliz e Édipo é reverenciado. Anos após ocorre uma Peste em Tebas e o povo exige que Édipo tome providências (neste momento inicia-se a peça Édipo-Rei). Édipo solicita a seu cunhado Creonte que consulte o oráculo. Este associa a Peste com o assassinato de Laio e prevê que somente cessará quando o assassino for descoberto e punido. Édipo assume a tarefa. Inicia sua investigação consultando Tirésias, o adivinho cego. Este evita comprometer-se, é dúbio, e acaba por acusar o Rei. Édipo imagina que está sendo vítima de intrigas porque Creonte deseja o trono para si, e Tirésias estaria a seu mando. Jocasta tenta fazer Édipo não acreditar em oráculos contando-lhe sobre seu bebê e a suposta falha do oráculo, já que Laio teria sido morto por salteadores. Édipo associa a morte de Laio com a encruzilhada e começa a suspeitar de si mesmo. O restante do relato mostra a luta entre a verdade que tenta impor-se e variadas formas de evitá-la. Finalmente, Édipo percebe que ele é o assassino e se cega, logo após defrontar-se com o suicídio de Jocasta. Exilado Édipo é cuidado por sua filha Antígona que o acompanha até sua morte.

Não-sonho-a-dois 1: Édipo e Tirésias

Local: Tebas. Deveria descobrir-se o assassino de Laio, primeira condição para que a Peste, que assolava a cidade, cedesse. Édipo chama o adivinho cego Tirésias, na esperança que este identifique o criminoso.

Tirésias chega contrariado e não esconde sua irritação. Resmunga algo sobre pessoas infelizes que não querem pensar, mas ninguém compreende sua fala. A seguir, com má vontade, se recusa a responder as questões de Édipo e usa frases dúbias. Anuncia males para todos, para Édipo e para si mesmo e demonstra que, também, está com medo. Busca proteger-se evitando detalhar suas visões. Édipo está incomodado e, ao mesmo tempo (imagino), como que hipnotizado. Penso que, posteriormente, descobrirá que se via em Tirésias, via seu pavor, seu orgulho desmedido, sua tendência a não responsabilizar-se.

Tirésias continua negando-se a responder. Édipo se encoleriza e desconfia que Tirésias está nesse estado porque o cego estaria envolvido, de alguma forma, com a morte de Laio, e passa a cul-

238 ÉDIPO, TIRÉSIAS E A ESFINGE

pabilizá-lo. Nesse momento, Tirésias, acusado, perde o controle e retorna a acusação para o próprio Édipo.

A interpretação acusatória de Tirésias estava correta, mas viera carregada de ódio, transformando a verdade em crueldade. Por isso, essa verdade será de quase nenhuma utilidade para Édipo. A verdade carregada de ódio complementa o ódio à verdade de Édipo e isso fará com que ele, em seguida, descarregue a culpa na dupla Creonte-Tirésias, acreditando que as acusações de ser o assassino teriam como objetivo tirar-lhe o trono, que ficaria para Creonte.

Especulando: proponho que, quando Tirésias defrontou-se com Édipo, aquele se sentiu incomodado porque, ao ver o Rei, é obrigado a *re-ver* a si mesmo. Ele, Tirésias, quando jovem vivera a experiência de ser curioso, arrogante e imprudente (Bion, 1957) e fora punido por isso. Contavam que ele, vendo (não se sabe se dentro ou fora de sua mente...) a relação sexual de duas serpentes matou a fêmea. Carregou-a como uma sombra dentro de si mesmo (Freud, 1917) e tornou-se, melancolicamente, uma mulher. Sete anos após, teve uma recaída, e desta vez matou o macho, voltando a ser homem. Ideogramas que a mente de Tirésias não conseguia apreender suficientemente para inclui-los na rede simbólica do pensamento, impedindo-o de aprender com a experiência. Essa não aprendizagem o levou, tempos depois, a envolver-se num conflito entre os membros do divino casal, Zeus e Hera, tomando partido. Novamente arrogante. Certamente Tirésias tinha dificuldades em relação a casais...[1] Punido com a cegueira, e por isso mesmo, sua intuição se torna aguçada e passa a ser conhecido como sábio. Mesmo agora – frente a Édipo – Tirésias, com toda sua sabedoria, não entende como o Ser Humano compulsivamente repete curiosidade arrogante, como que atraído por destruição e morte. Dessa forma Tirésias vê a si mesmo em Édipo. Édipo vê a si mesmo em Tirésias.

Forçado pela projeção acusatória de Édipo Tirésias se desvencilha violentamente da imagem refletida responsabilizando Édipo pelo crime, e paradoxalmente revelando uma verdade. Tirésias ao confundir-se com Édipo não soube ser um bom *terapeuta* e, por isso, o fez sofrer desnecessariamente. A confusão identificatória fez com que a verdade, contaminada pelo ódio, se tornasse imprestável para estimular pensamento.

Imagino que Tirésias não suportou entrar em contato com *seu próprio* sofrimento e culpa, eliciados pelos aspectos que Édipo projetara. Se, na intersecção das duas mentes se poderiam *re-ver* lembranças reprimidas relativas a curiosidade sexual e impulsos homicidas, a identificação mútua massiva impediu que isso ocorresse. Isto é, cada qual confundiu a si mesmo com o outro: ambos são assassinos e malditos mas, ao projetarem mutuamente, confundindo-se, não podem entrar em contato com si mesmos.

Séculos depois, se Tirésias fosse um psicanalista, teorizaria o ocorrido (entre ele e Édipo e também entre Édipo e Creonte) como não-sonhos-a-dois ou *enactments*, complexos de identificações projetivas massivas cruzadas, redundando em ataques ao pensamento. O campo analítico revelará dramas estanques, produto da externalização de aspectos internos do paciente interagindo com os do analista, constituindo-se complexidades identificatórias. Durante o *enactment*, produto de não-sonhos, o processo analítico se paralisa (numa relação continente-contido parasitária), e tal qual numa revivência traumática, os não-sonhos se repetem e repetem, obstruído o acesso à rede simbólica. Quando o analista consegue manter capacidade suficiente de *rêverie* e função alfa, os não-sonhos podem ser sonhados, abrindo-se a rede simbólica por onde deslizarão os significados, agora adquiridos. Tirésias quase conseguiu isso, mas Édipo não conseguiu sonhar seu sonho verdadeiro porque ele lhe foi comunicado contaminado por ódio, revertendo-se a função alfa (Bion, 1963).

Não-sonho-a-dois 2: Édipo e o oráculo

Édipo se afasta do oráculo e de Delfos, após receber a nefasta notícia: mataria seu pai e se casaria com sua mãe. Sequer pôde questionar – imaginemos que guardas ("seguranças") o carregaram, à força, para fora do templo, enquanto ouvia o povo chamando-o de maldito. Está cansado, triste, assustado, sentindo-se à beira da loucura. Pensa se não seria melhor morrer.

Conjecturemos: Édipo caminha, mancando, pela estrada. Lembra-se de Políbio e Mérope, seus pais, surpresos ao serem indagados sobre sua legitimidade. Percebeu mentira na resposta: não se sentiu amado, futuro rei de Corinto, como afirmavam. Naquela noite (imaginemos) um sonho terrível (suas pernas estavam cortadas e se movimentava apoiado em duas pessoas, que descuidadas, o deixavam cair...) fez com que abandonasse Corinto em busca de suas próprias pernas, rumo ao oráculo.

Foi difícil chegar a Delfos, os pés e o corpo doíam, sua alma parecia minguar. Entrou no templo cambaleante e, colocado para dormir e sonhar sonhos que deveria contar aos sacerdotes, sentiu-se grato por encontrar um espaço para descanso.

No dia seguinte Édipo acordou assustado com seus pesadelos: imagens escuras, névoas, trovões, violência, nada claro. Sabia que houvera uma batalha, um castelo, uma torre que desabava sobre ele ...Corria na escuridão, fugindo de ameaça de morte, curiosamente sem mancar... – de repente, se vê num monte (Cíteron?) onde se defronta com o cadáver de uma mulher, um espectro que se levanta e lhe oferece seu seio gelado...[2]

Édipo se dirige à sala onde os sacerdotes o esperam, aterrorizado com essas imagens que ainda persistem em sua mente, e se sente enlouquecendo. Não sabe mais se foi sonho, lembrança ou loucura.

Ao defrontar-se com os sacerdotes Édipo se dá conta que não pode demonstrar fragilidade. Treinado como príncipe valoroso, certamente vaidoso, não pode humilhar-se ao solicitar ajuda. Por isso, sua demanda é arrogante, mascarando seu terror e sofrimento.

Os sacerdotes ficam mal impressionados com a forma como Édipo se apresenta e não percebem seu pavor e desamparo. Conversam com ele por certo tempo (50 minutos...), sobre seus sonhos e não sabemos mais sobre o que e, de repente, o sacerdote mais graduado avança sobre Édipo, gritando: "Maldito, maldito, vá embora, você não pode ficar aqui. Este é um templo sagrado, não um lugar para pessoas da tua laia". Enquanto os guardas o expulsam, Édipo ouve espantado os sacerdotes gritando: "retirem este parricida daqui, retirem este maldito que vai casar com sua mãe após matar o homem que o gerou". As vozes aumentam, é um coro (o povo, "vozes" internas...), e Édipo se desespera, enquanto os guardas o carregam para o exterior do templo.

As conjecturas descrevem configurações emocionais presentes no mito. Penso que a expulsão do templo, falha na função alfa, decorreria do recrutamento dos sacerdotes por aspectos arrogantes de Édipo constituindo-se um *enactment* em que a identificação mútua transita por ataques ao pensar, orgulho desmedido, curiosidade arrogante, super-superego. Não sabemos dos aspectos próprios dos sacerdotes mas o resultado final será *rêverie hostil*, no dizer de Ribeiro (1999), intuído também em modelos tais como bombardeios atômicos, ataques de dinossauros, pedradores internos etc. (Bion, 1975; Sapienza, 2009), ocorrendo *a-dois*.

Homicídio precipitado pela vítima: Édipo e Laio

Imaginemos. Édipo chora. Sua alma dói insuportavelmente. A incompreensão e a expulsão do templo não eram suficientes para explicar sua dor. Ela era muito mais profunda. Não sabe mais

242 ÉDIPO, TIRÉSIAS E A ESFINGE

o que sente e pensa (se é que consegue), não sabe seqüer quem é. Tem a impressão que é apenas uma sombra que logo vai se apagar. Por que o sacerdote não o ouviu? Queria ter podido falar de sua dor, de seu sofrimento, tantas perguntas...que nem sabia formular. Percebe, num laivo de sanidade, que eram questões que vinha tentando formulá-las desde sempre, mas não conseguia...

Édipo chora e caminha pela estrada, para o mais longe possível de Delfos. Édipo se afasta de um ou outro viajante que, condoídos, tentam aproximar-se dele. Sente-se como um leproso. Quer ficar só, não acredita que alguém queira ouvi-lo, que suporte sua maldição.

Pensa em seus pais, Políbio e Mérope. Gostaria de voltar para eles, para ser cuidado. Mas, Édipo sabe que, se voltar, *ele* terá que cuidar de seus tristes pais. Teme matá-los de tristeza se souberem de seu sofrimento.

Nesse momento, Édipo se lembra do oráculo e se assusta mais – talvez o sacerdote estivesse certo. Sim, pode matar seu pai, Políbio. E casar-se com Mérope, sua mãe! Esses pensamentos o fazem parar. Decide não retornar a Corinto e toma outra direção. Édipo continua na estrada, mancando, sofrendo, chorando. Quer a Morte, melhor que a loucura que ameaça tomá-lo por completo.

Édipo tenta dormir, isolado, escondido num canto da estalagem. Os outros hóspedes o irritam com suas conversas animadas. Édipo não consegue deixar de ouvir sobre um monstro, uma mulher-animal, na entrada da cidade de Tebas. Ela estrangula os jovens que passam. Logo Tebas só terá velhos e desaparecerá.

Édipo, aos poucos, se interessa pelo relato. O monstro, Esfinge, antes propõe enigmas que ninguém soluciona. Édipo sorri, pela primeira vez em semanas, um sorriso triste, o sorriso de quem descobriu um meio de morrer. Sua morte será heróica, não um assassinato ou um suicídio, mas o que será no futuro chamado homicídio precipitado pela vítima (Cassorla, 1998e). Édipo, como futura vítima da Esfinge se sente finalmente alguém. Alguém para a morte. Não seria esse, sempre, seu destino do qual fugia?

Édipo segue pela estrada rumo a Tebas, rumo a seu destino. Cruza com pessoas apavoradas, que contam de mais assassinatos causados pela Esfinge. Isso o anima ainda mais. Sente-se curioso: como será o monstro? Por que ele faz isso? Chega até a perguntar-se se a Esfinge não sofreria, como ele, um sofrimento que a tornara homicida? De repente, Édipo percebe que matar alguém pode ser um alívio, substituto de desejo de morrer.

Nesse momento de sua caminhada Édipo se encontra numa encruzilhada. Um homem soberbo, arrogante, acompanhado de uma caravana, lhe nega a passagem. O homem tira sua espada. E, Édipo, em vez de fugir ou deixar-se matar, não sabe como, se torna forte, tão forte como nunca imaginara e mata seus adversários, incluindo o homem soberbo. Dessa forma, Édipo, sem saber, mata seu pai verdadeiro, Laio rei de Tebas. Que se dirigia justamente ao mesmo oráculo de Delfos, para consultá-lo sobre o que fazer em relação à Esfinge.

Édipo se sente aliviado e orgulhoso. Continua caminhando. Ainda que ferido, caminha melhor, seus passos são firmes e seu porte agora é altivo. Não se sente mais desesperado. Parece um milagre. Anoitece e Édipo sonha que está louco. O pesadelo aterrorizante se transforma quando, no sonho, encontra alguém que não tem medo de sua loucura e o acolhe ouvindo-o com atenção e dizendo-lhe palavras que indicam compreensão. Agora o sonho lhe parece alvissareiro.

244 ÉDIPO, TIRÉSIAS E A ESFINGE

Mas, ao retomar à caminhada a melancolia o toma, de novo. Mais intensa que antes. Édipo quer morrer. Quer encontrar a Esfinge para que esta o mate. Mas, não é mais uma morte que só serviria para escapar da loucura – agora Édipo tem a impressão, quase certeza, de que há justiça nesse morrer, ainda que o motivo não lhe seja claro. Por isso, mesmo melancólico, sente um estranho ímpeto que o dirige, intrepidamente, rumo às portas de Tebas, ao encontro com a Esfinge.

Rêverie, função alfa, transformações em sonho e suicídio simbólico: Édipo e a esfinge

Édipo, finalmente, se encontra frente à Esfinge. Há uma pequena multidão cercando os dois. É avisado que se solucionar o Enigma herdará o trono de Tebas, casando-se com a rainha Jocasta. Agora Édipo se sente algo confuso: ainda que queira morrer, parece que surgem algumas dúvidas. A ideia de ter um novo lar quase que o atrai, mas logo elimina esse desejo de sua mente.

Olha para a Esfinge aterrorizante e se surpreende com o olhar suave do monstro. Ao mesmo tempo, percebe uma sombra nesse olhar que lhe causa certo medo. Mas, a sensação de alívio é maior. A face da Esfinge lhe parece familiar e não mais o aterroriza. Observando-a sente que sua monstruosidade a faz sofrer. Seria ela monstro como resultado de outros sofrimentos? Édipo agora está certo que a arrogância da Esfinge, que se coloca como dona da verdade, da vida e da morte, nada mais é que uma fuga de uma dor monstruosa. Édipo se sente igual a ela – parecia um príncipe, mas era um monstro, igual a Esfinge. Quanto mais olha para a Esfinge mais se vê, pedaços de animal, Ser Humano, estranhos, aglomerados, confusos, bizarros. E, como quem se vê num espelho que reflete o desconhecido, Édipo se re-vê. Mas, curiosamente com menos medo, talvez com esperança...

Enquanto a Esfinge e Édipo conversam, ela cantando baixinho, ele vê, como num espelho, toda sua vida. Um bebê asfixiado, se desintegrando, em pedaços. Abandonado, desesperado, animais devorando-o, de fora e por dentro. Morrendo, aterrorizado, e de repente, milagre, alguém apertando suas partes quase estilhaçadas, contendo-as, dando-lhes forma. Alguém que o salva da morte. Há uma imensa gratidão que se espalha pelo mundo, ainda que, às vezes a lembrança do terror tente reaparecer. A gratidão se volta para a Esfinge, que continua com seu olhar suave, ouvindo com atenção. A cada sussurro seu, a mente de Édipo se ilumina. Emociona-se e chora, mas agora é um choro reconfortante. A Esfinge o observa, com olhar carinhoso e o encoraja a olhar-se mais e mais. E Édipo vê sofrimento nos olhos da Esfinge, o sofrimento de um monstro precisando desesperadamente de alguém, que o faça sentir que existe. Percebe que, como ela, iniciou sua caminhada pela vida engatinhando num chão machucante, em seguida aprendeu a mancar, o cajado como companheiro, andando a vida como um bebê-adulto-velho, manco e confuso, buscando a si mesmo.

Nesse momento Édipo percebe que resolveu o Enigma. Qual o animal que se move com quatro patas de manhã, duas à tarde, três à noite? Não sabe mais se foi a Esfinge quem o propôs ou se foi ele mesmo. Tanto faz. Édipo é especialista em pés, em alicerces, já que tanto sofre com suas falhas. Édipo sabe que um Homem, no amanhecer da vida, se apoia em quatro pés, engatinha, usando também as mentes de seus pais. Mais tarde, pode liberar-se deles e andar com seus dois pés. E, no ocaso da vida precisa de um cajado, de três pés, de uma mente-filha em quem se apoie. Nesse momento, Édipo toma consciência das vicissitudes do caminhar a vida, do nascimento e da necessidade de suporte, do desenvolvimento adequado e manco, da exclusão com seu desespero, inveja e ciúme, da sexualidade que fertiliza e pode matar, da passagem do tempo, da destruição que vem de fora e principalmente de dentro, da morte.

246 ÉDIPO, TIRÉSIAS E A ESFINGE

A Esfinge, que buscava transformar-se e transformar mentes, se sente feliz. Não precisará devorar mais uma parte fracassada de tornar-se humana, que a atacaria por dentro, digladiando-se com outras partes e aumentando sua monstruosidade. Não mais precisará fundir-se, asfixiar, para não desintegrar-se. Agora pode viver, assim como Édipo, o Ser Um, Ser Humano, enriquecendo-se e permitindo a vida do Outro, separados. Agora a Esfinge se sente *terapeuta e* sabe que somente o conseguiu porque pôde sentir o que Édipo sentia. E esse sentir ocorria porque fazia eco com as vicissitudes de sua própria vida.

Agora a Esfinge não é mais necessária. Sua parte monstruosa morre e seu amor faz parte de Édipo. A Esfinge se mata. Assim como uma mãe, os pais, o casal, que também devem matar-se simbolicamente, quando seu bebê-filho se desprendeu e caminha com suas pernas pela vida adulta.

Voltemos a nosso tempo. Proponho considerarmos o generoso suicídio da Esfinge, *racional* para alguns (Cassorla, 1998c), como equivalente à capacidade do analista permitir desenvolvimento e desprendimento de seu paciente, abortando componentes invejosos que atacariam a análise redundando em algo similar a filicídio. O analista se afasta, "mata" partes de si mesmo, propiciando o desenvolvimento do outro, seu paciente. Ao mesmo tempo, contém seus terrores utilizando sua capacidade de *rêverie* e sua função alfa.

Reação de aniversário: a peste

Mas Édipo não sabe que, nas profundezas de sua mente, persiste uma área destruída e destruidora, como que encapsulada. É nessa área que ficaram resíduos de aspectos assassinos. Quando alguns desses aspectos ameaçam vir à tona eles são reprimidos, ou defletidos. E, isso não lhe é difícil, já que num reino há tantos inimigos..., para onde a projeção pode ser dirigida... transformando-se em alucinose. Sim, por vezes Édipo se via ameaçado por eles, tanto pelos inimigos externos quanto pelos internos, e isso lhe produzia pesadelos. Costumava sonhar que morrera e que seus filhos Polinice e Eteócles se matavam por sua herança. Acordava desesperado, imaginando ser um aviso, mas Jocasta, sua mulher, o convencia a não dar importância a seus sonhos.

Especulemos: Édipo agora vai completar 42 anos, 21 anos de reinado (Brandão, 1986, p. 241), durante os quais Tebas foi uma cidade feliz. Curiosamente (imaginemos) próximo a seu aniversário percebe que seus pesadelos aumentam. Um sonho antigo, de sua filha Antígona morrendo prisioneira, se mistura com um novo: ele, Édipo, cego e desamparado, precisando desesperadamente que sua filha o guie. Mas não sabendo se poderá contar com ela.

Aos poucos, porém, os sonhos não têm mais enredo: apenas sente terror, sentimento de catástrofe, de morte. Percebe o risco de ficar louco – imagina Tebas se destruindo, pessoas, animais, plantas morrendo, e nada podendo ser feito. Sua sensação é de ter a mente, seu reino, se desagregando, se fazendo em pedaços. Isso lhe é insuportável.[3]

Quando Édipo percebe que seu sonho-pesadelo se torna realidade, que a Peste está tomando a cidade, já não sabe mais o que é sonho e o que é real. Sabe, apenas, que precisa de ajuda, porque a morte e a loucura estão tomando tudo. Por isso, mandará consultar o oráculo de Delfos. Enquanto isso, como Rei procura manter-se forte e controlado, escondendo sua loucura na intimidade.

A Peste somente termina quando Édipo descobre que ele próprio matara seu pai. Mas Édipo nunca soube porque a Peste ocorrera naquela ocasião e não antes, durante seus 21 anos de reinado.

248 ÉDIPO, TIRÉSIAS E A ESFINGE

Anos após (imaginemos) Antígona está guiando seu velho pai cego e ouve, mais uma vez, seu relato das vicissitudes porque passara. Édipo gostava de contar e recontar sua história, porque a cada vez percebia, fascinado, novos aspectos. Desta vez, ao falar da Peste, Édipo se lembra que, na ocasião, seus filhos eram jovens, que eles se pareciam muito com ele, e diz que lhe lembravam muito a época em que saíra de Corinto em busca de si mesmo. Mas, agora percebe, a loucura, a Peste se desencadeara em sua mente, aos poucos, ao assustar-se por ver-se no espelho. Édipo via um homem, ele mesmo, que tinha as mesmas feições e o mesmo corpo da vítima da encruzilhada (cf. Sófocles, p. 57). Por mais de uma vez pensara em quebrar o espelho. Passou a evitar ver-se porque por várias vezes se apavorou ao "ver" o espelho se estilhaçando junto com a imagem de si mesmo.

Essa imagem, de alguém similar a ele, com a mesma idade e porte, refletindo seu olhar, acusador, o perseguira por dentro e ele não percebera isso com clareza. Agora está certo que esse fato desencadeara a Peste, a loucura. Somente agora Édipo percebe que atingira a mesma idade, o mesmo porte de Laio, seu pai, que matara. E, coincidentemente, seu filho mais velho ia completar 20 anos, quase a mesma idade que ele, Édipo, tinha naquela ocasião.

Édipo se convence (ainda que não saiba por que) que esses fatos haviam mobilizado as áreas encapsuladas, onde se depositavam resíduos de sentimentos sobre assassinato. O tempo, as idades, haviam sido o gatilho que despertara as áreas adormecidas. Édipo, agora que decifrou esse novo enigma, pode morrer em paz.

Retornemos no tempo. Os fatos descritos são conhecidos, hoje, como Reações de Aniversário e indicam revivências de lutos patológicos encistados, tendo como gatilho situações externas relacionadas a datas, aniversários, idades similares e outros fatos temporais (Cassorla, 1986, 1998b). O psicanalista que conhece o fenômeno terá maior chance para sonhá-lo durante o sonho-a--dois que ocorre durante o processo analítico.

Esperança: Antígona

Quando acordou Antígona (imaginemos) viu seu velho pai, próximo à morte, olhando para ela. E, em seus olhos viu paz. Mas, de repente, uma questão lhe veio à mente. Quis saber de Édipo como ele via, tanto tempo depois, o episódio do oráculo, quando fora expulso do templo. Está certa que Édipo continua ressentido com o sacerdote *terapeuta* que não suportou seu terror e sofrimento, expulsando-o. Édipo sorri, pensa e silencia. Antígona insiste. Édipo lhe diz, divertido, que cada vez mais está convencido que não havia nenhum oráculo. Que ele, Édipo, sonhara um pesadelo e que o sacerdote que não suportou sua maldição era, na verdade, ele mesmo. Ele não podia ainda ser *terapeuta* de si mesmo, assim como seu pai, Laio, não pudera lidar com suas próprias maldições. Antígona está desapontada. Édipo a abraça e lhe diz que um pesadelo é muito importante..., para encontrar o outro que nos ajude a sonhá-lo... E, com uma tristeza carinhosa, anuncia a Antígona que, agora que ele está à morte, ela deve preparar-se para defrontar-se com os pesadelos que terá nos caminhos da busca de si mesma. Como pai, espera ter plantado sementes que permitam que ela sonhe seus pesadelos e se reencontre. E, deseja que ela busque ajuda, um bom *terapeuta*, não como o sacerdote e melhor que Tirésias – alguém como a Esfinge, com certeza. Antígona quer saber porque a Esfinge não alertou Édipo sobre seu futuro, mas sabe que seu pai dirá que a vida vai para além dos melhores *terapeutas*.

Enquanto isso Édipo bendiz Antígona e lhe diz que ela merece, como todo Ser Humano, viver a vida, a sofrida e fascinante vida, cujo objetivo é...apropriar-se dela...para que sirvamos de exemplo

250 ÉDIPO, TIRÉSIAS E A ESFINGE

a nossos filhos... para que eles se apropriem de suas próprias vidas
... e assim por gerações...

Notas

1. Tirésias também participa, como Édipo, do que a psicanálise chamará, séculos depois, *conflitos edípicos*.

2. Especulamos sobre "não-sonhos" frutos de traumas iniciais, buscando sonhadores que os sonhem.

3. Especulamos com área de não-sonhos com ameaça de desagregação psicótica, a Peste interna.

12. Sonho sem sombras e sombrações não sonhadas: reflexões sobre experiência emocional

Neste capítulo, são discutidos alguns aspectos relativos à teoria e à técnica psicanalítica, tomando como base a ideia de experiência emocional e sua transformação em sonho. O trabalho original (Cassorla, 2012c) visava discutir a questão "Afinal, o que é uma experiência emocional?", formulada para a Jornada Bion realizada na Sociedade Brasileira de Psicanálise.

1. Afinal emoções

A expressão "Afinal, o que é uma experiência emocional?" envolve linguagem perlocutória cuja intenção primordial é mobilizar afetos. Sentimentos se expressam para além das palavras, na música que aviva ou amortece a letra. O advérbio "afinal", não fosse aqui sabermos de sua origem – estímulo para sonhar – poderia ser ouvido em ritmo de marcha militar, incomodativo e exigente: a dúvida exasperante tem que ser resolvida, eliminada, "solução final".

Em vértice de dupla analítica o modelo acima ilustra possibilidade de aspectos desamparados engancharem-se a super-egos militares através de demanda marcial sedutora. A análise se transformaria num não pensar ou falso pensar das experiências emocionais que seriam repetidas em si mesmas, sem sonho por parte da dupla analítica. Como ocorre em quartéis e ditaduras que proíbem a vitalidade subversiva.

Os termos e metáforas utilizados nos parágrafos anteriores são tentativas – pouco satisfatórias – de colocar em símbolos verbais experiências emocionais. A escrita fixa o pensamento mas, ao mesmo tempo, sacrifica os matizes e melodias da fala. Imagine o leitor as sonoridades, para além dos símbolos da escrita. Talvez concorde que a palavra "exasperar" inclui um x desesperado que pareceria resolver-se num s esperançoso, bruscamente bloqueado por um p impeditivo, que exige espera. A sonoridade se torna exasperante. As palavras "perlocutório", "ritmo", "militar", soam com força imperativa e essa força poderá ser reforçada pela tonalidade. Já "mobilizar" e "música" esparramam seu som sem perder a potência. A dupla analítica busca linguagem exitosa, de realização (Bion, 1970), usando esses mesmos recursos da poesia. Implica em espontaneidade emocional sem perda da função analítica – tarefa ímpar do analista.

Se a música expressa a experiência emocional ela também pode deformá-la e mascarar mentira sedutora. Esse amplo capítulo envolve preferentemente indução imperativa, marcial, e indução piegas-sentimental. Esta, se sutil, pode ser mais perigosa.

A origem da demanda: "Afinal!" – foi a frustração, ansiedade--sinal que estimula um hipotético aparelho que fabrica símbolos. Sem mediação simbólica a experiência não tem sentido. O sem--sentido é traumático. O trauma pode danificar o aparelho e esse dano impede a capacidade de dar sentido. Esse círculo vicioso somente poderá ser rompido com o empréstimo amoroso-revolucionário da função trabalho-de-sonho-alfa – possibilitando ruptura catastrófica criativa.

Experiência emocional não sonhada – não simbolizada – não é experiência. Então, por que se usa esse termo?

2. Conhecimento venatório

Os primeiros caçadores tiveram que desenvolver sua mente frente à necessidade de armazenar suas experiências emocionais e comunicá-las a si mesmos e aos outros: sua sobrevivência dependia da possibilidade não somente de suportar fome e medo enquanto caçavam, mas também da capacidade de registrar e fixar pistas deixadas pelos animais – pegadas, tufos de pelos, galhos quebrados, ruídos, formas de esterco, cheiros. As emoções e gestos iniciais sinalizadores foram, aos poucos, se complexizando em imagens pictográficas representativas. Sua sequência formava uma narrativa do tipo "tal animal passou por aqui" (Ginzburg, 1986).

Essa narrativa pictográfica representava também estados emocionais. Possivelmente os indivíduos de maior êxito nessa tarefa – artistas, xamãs e mães – se especializaram como mediadores entre a realidade e suas representações. Dos pictogramas derivaram os ideogramas e destes os símbolos verbais. Em seguida, a abstração e a utilização de símbolos que representam apenas a si mesmos. Dos grunhidos, gritos, choros e gestos às imagens e à fala; e da fala aos múltiplos ramos do conhecimento e do anticonhecimento.

Bebês humanos e partes bebês em análise, quando desenvolvem sua capacidade de pensar experiências emocionais, seguem as mesmas formas e sequências descritas. Nossa limitada capacidade de pensar pensa que é isso que ocorre...

254 SONHO SEM SOMBRAS E SOMBRAÇÕES NÃO SONHADAS

Sonhar a experiência emocional – transformando-a em gestos--sinais, imagens representativas, ideogramas e símbolos verbais – equivale a transformar o oxigênio do ar e os nutrientes da alimentação em matéria e energia vital. Sem as três transformações não podemos viver como Seres Humanos (SH). Como seres biológicos (SB) bastam, no entanto, as duas últimas.

SB e SH perdem sua vitalidade se respiram ar poluído ou ingerem alimento contaminado. SH perdem sua vitalidade criativa amorosa se não desintoxicam experiências emocionais poluídas ou envenenadas. Por outro lado, se intoxicados, podem paradoxalmente aumentar sua criatividade destrutiva – de si e dos outros.

O modelo, portanto, deve incluir a possibilidade de que redes simbólicas muito bem formadas possam pensar práticas impensáveis (contrassenso paradoxal) através de mentiras, manipulação e destruição, induzindo pessoas a acreditarem que estão lutando pela vida. Correndo o risco de idealizarmos a ética do sonho seriam falsos sonhos. Ou sombras – assombrações dissimuladas – sem sonho. Ou simplesmente sonhos mentirosos...

3. Helen Keller

Helen Keller, que sofreu lesão neurológica com cegueira e surdez na infância, reverteu sua capacidade de sonhar e pensar. Ela descreve sua vida num não-sonho, isto é, sofrendo experiências emocionais mas sem capacidade de significá-las. Experiências sem ressonância, sem sombras. Ao mesmo tempo – revertendo a perspectiva –, Helen nos conta sobre suas assombrações, sombras não sonhadas.

"Vivia num mundo que era um não mundo. Eu não podia esperar descrever adequadamente momentos... inclusive conscientes de nada. Eu não sabia que não sabia nada, que vivia, agia ou desejava. Não tinha nem desejo nem intelecto. Era conduzida entre os objetos e atos por um certo ímpeto natural cego. Tinha uma mente que me fazia sentir fúria, satisfação, desejo. Estes dois fatos levaram a supor que eu desejava e pensava. [...] Nunca vi nada de antemão ou o escolhi. Também ressalto que nunca num gesto ou numa batida de coração senti que amava ou cuidava algo. Minha vida interior, então, era sem atrativo, sem passado, presente ou futuro, sem esperança ou antecipação, sem interrogante, prazer ou fé.

> *It was not night – it was not day. [...]*
> *But vacancy absorbing space,*
> *And fixedness, without a place;*
> *There were no stars – no earth – no time –*
> *No check – no change – no good – no crime.*

Meu ser adormecido não tinha ideia de Deus ou imortalidade, não tinha medo da morte" (Keller, 1902, p. 141-143).

A descrição de Helen é de um Ser Biológico (SB) que, por não conseguir simbolizar, não se sente Ser Humano (SH). Na verdade, sequer sabe que é um SH. Um SH somente sabe que existe se pode perceber-se como existente. No entanto, Anne Sullivan –, sua professora, e a família de Helen viam um SH em potencial, da mesma forma que pais antecipam o que será seu bebê. Helen, os bebês, nossos pacientes, partes de nós mesmos, são (não)-sonhos em busca de sonhadores.

A questão de Helen é poder dar-se conta que existe um mundo fora dela e um mundo dentro dela, que poderia ser observado, examinado, vivido, sob variadas perspectivas. Um mundo onde, por haver discriminação, permite ressonâncias e identificação de sombras. Ao saber-se que sombras são sombras elas deixam de ser assombrações.[1]

4. Sem sombra: relações contratuais

Sempre que a analista abre a porta para seu paciente este permanece esperando que sua analista o convide a entrar. Em seguida o paciente para em frente ao divã, olha para a analista e espera que esta o convide a deitar-se. Ritual parecido ocorre na saída. A analista se sente confortável com este enredo, considerando seu paciente um homem gentil e educado. A analista também é uma mulher gentil e educada.

Relações íntimas são aquelas em que a experiência emocional estimula sonho, isto é, formação de símbolos, pensamento, juízo, decisão, transformação em linguagem. Isso não ocorre nas relações ocasionais ou contratuais, dominadas por manobras sociais de adaptações instintivas ou aprendidas, hábitos, respostas automáticas, comportamentos não intencionais. Essas relações ocorrem fora da área onde as experiências emocionais são observadas e se pensa sobre elas mediante a simbolização de seu significado. São áreas "desmentalizadas" que, no entanto, são necessárias para a sobrevivência (Meltzer, 1986a).

A sequência dos fatos relativos à vinheta acima comprovará que a dupla analítica trabalhava (ou não trabalhava) nessa área.

Certo dia a analista aproveita para marcar dentista no horário de seu último paciente, que está viajando. No entanto se confunde, já que o horário era de seu paciente gentil e não do que estava viajando, que seria no dia seguinte. Quando a analista está saindo de seu consultório se defronta com seu paciente, que está chegando para sua sessão. Sem pensar a analista afirma: "O Sr. está errado no seu horário, sua sessão não é hoje – é amanhã. O Sr. se confundiu". O paciente pede desculpas e se retira. A analista, instantaneamente se dá conta que sua fala fora áspera, agressiva, fora de seu habitual. Constrangida, consola-se atribuindo o fato à dor de dente.

Já na cadeira do dentista, de repente, a analista percebe seu engano. Na ânsia de repará-lo telefona para seu paciente desejando desculpar-se. Este atende educadamente e diz que compreende. Em seguida, como que mudando de assunto, diz que acabara de tomar uma decisão: por estar assoberbado de trabalho, sem tempo, vai interromper a análise. A analista intui o ressentimento do paciente em relação a ser roubado de seu tempo. Tenta convencê-lo a se encontrarem. No meio de sua fala ouve o telefone sendo desligado.

Tenho chamado o fenômeno descrito na vinheta "gentileza" como falsos-sonhos-a-dois ou *enactment* crônico, variedade de não-sonho. A relação contratual congelada se desfaz quando a analista "se engana" em relação ao horário e o paciente ameaça abandoná-la. Isto é, o enredo contratual de gentileza se transforma no seu oposto: enredo de violência mútua fruto da revivência insuportável de relações triangulares. Essa insuportabilidade fora o fator que as reverteira para relações duais. Em outras palavras, o enredo dual (*enactment* crônico) defendia a dupla da tomada de consciência da realidade, da separação *self*-objeto, da triangulação edípica.

Tenho demonstrado que essa experiência emocional traumática pode emergir, agora como *enactment* agudo, graças a um trabalho-de-sonho-alfa implícito que vinha ocorrendo durante a relação dual. É esse trabalho-de-sonho que faz com que o paciente volte e permita que essa experiência traumática continue sendo sonhada, agora ao vivo. (O paciente, no entanto, pode não voltar. Isso ocorreria se o trabalho-de-sonho implícito da analista não tivesse sido suficiente para atenuar o trauma permitindo que ele se "arriscasse" a vir à luz.)

Bion propõe, numa entrevista (Schultz, 2010). "O ser humano é o que eu chamaria de 'muito espertalhão'. Alguns animais são espertos, os animais de circo, por exemplo, podem reproduzir exatamente um desfile municipal. Do mesmo modo, você pode ter certeza que o paciente será capaz de se comportar exatamente como o analista – e é, em verdade, o que eles aprendem a fazer. O paciente deve apenas continuar a vir por um tempo suficientemente longo, para ter sua 'pequena ideia' sobre as diferentes fraquezas e hábitos do analista. Este paciente pode ser exatamente como o analista e cuidar-se exatamente como o analista. [...]. Os pacientes, por consequência, preferirão frequentemente se restringir a ser como o analista. Nós podemos ver com que rapidez as crianças absorvem os maus hábitos dos pais. Os maus hábitos do analista se refletem, cada vez, junto aos pacientes e muito rapidamente".

5. Sombras-ressonâncias em –K

Existem pacientes (e pessoas) com discurso plano, sem profundidade, concreto, em que as palavras significam aquilo a que se referem e não mais que isso, como se fossem "coisas-em-si". Não existe ressonância emocional – isto é, o analista sente sua capacidade sonhante bloqueada e nada lhe vem à mente. Logo se percebe que o paciente não está pensando – as palavras servem para não pensar e os supostos vínculos entre elas são falsos. A falta de ressonância se vincula, no modelo que venho discutindo, a objetos que não emitem sombras.

Outros pacientes descarregam discurso marcial ou piegas em que a ressonância emocional é intensa. No entanto, o analista percebe que essa hiper-ressonância não o faz sonhar – ao contrário, o induz também a descarregar. São não-sonhos em que o analista pode repetir, em forma estéril e mesmo ampliada, o que lhe foi induzido. Dessa forma, as supostas hiper-ressonâncias ou sombras intensas são falsas – não permitem ir além do fato-em-si. Pior: o analista pode enganar-se imaginando que está sonhando e pensando, incapaz de perceber que foi recrutado, dominado, por ressonâncias--sombras perversas, não-sonhos, falsos sonhos e não-pensamentos.

Debrucemo-nos sobre a primeira possibilidade: o discurso vazio, sem ressonância, sem sombras. Frente a ele o analista sente-se perdido – como um astronauta que ao explorar o espaço sideral se perdeu da nave – ficando sem rumo, sem espaço e tempo, inconsciente de si mesmo. Na pior das hipóteses (comum), o analista se torna similar ao paciente – um morto-vivo, incapaz de sofrer, de sentir e de sonhar – e pode não se dar conta do que lhe ocorre. Outra possibilidade, melhor, acontece quando o analista sofre o terror que o paciente não pode sentir. O analista deverá acionar seus recursos internos para ressuscitar ou não morrer. Isto é, ao mesmo tempo que o analista é o paciente morto – vampirizado –, terá que discriminar-se dele para poder transformá-lo em SH.

Ilustro essa ideia (um não-sonho sem sombras) através de um sonho imaginado por Bion (1975, p. 41):

O sono sem sonhos terminara. O dia fora tão vazio de eventos – fatos próprios do dia – quanto a noite havia sido vazia de sonhos. Serviram refeições para as duas moças. Ocorreu-lhes que não possuíam memória da comida; os "fatos" do dia e da noite eram defeituosos, mutilados. Elas estiveram tendo sonhos – sonhos mutilados – carentes de dimensão, como um corpo sólido que, sob a luz, não projeta sombras. O mundo da realidade, dos fatos, não se distinguia mais dos sonhos, da inconsciência e da noite. Pensamentos com e sem pensador substituíam um universo onde a discriminação era a regra. Os sonhos não tinham nenhuma das características que distinguem a mente: sentimentos, representações mentais, formulações. O pensador não tinha pensamentos, os pensamentos existiam sem pensadores. Sonhos freudianos não tinham associações livres; associações livres freudianas não tinham sonhos. Sem intuição, eles eram vazios, sem conceitos, eram cegos (p. 41).

Proponho considerar *ressonância emocional*, vivenciada pelo analista com função analítica íntegra, como fator que identifica proximidade com sonho. Quanto maior ressonância (mas não hiper-ressonância –K) mais próximo nos encontramos de rede simbólica viva – quanto menor ressonância mais próximos de sua falta. Em modelo complementar, estou me referindo ao espectro sonho <->não-sonho.

Como vimos, essa proposta vale para o analista com função analítica íntegra. Mas, sabemos que essa função está sendo atacada constantemente e isso faz parte do processo analítico. O analista deve estar alerta para a possibilidade de que esse ataque seja fruto de hiper-ressonâncias perversas ou ausências de ressonância que podem ativar experiências traumáticas dele mesmo. O analista pode acreditar que está sonhando – principalmente no primeiro caso – mas, na verdade, está dominado por não-sonhos induzidos pelo paciente e/ou por aspectos internos próprios.

Para reduzir essas possibilidades o analista deverá, o tempo todo, propor-se a "segundos-olhares". Ele deve rever constantemente o que imagina que está ocorrendo no campo analítico e essa revisão é auxiliada pela escrita de suas vivências e pela discussão com colegas-sonhadores que o ajudarão a identificar e sonhar seus não-sonhos e a re-sonhar seus sonhos em outros vértices. Existe um impulso epistemofílico em todo o analista que o impele a essas atitudes. Para isso ele deve fazer parte de um ambiente analítico acolhedor (e saber identificar se, eventualmente, esse acolhimento é revertido tornado mortífero). Um analista solitário corre grande risco de perder aspectos de sua função analítica, sem dar-se conta do fato.

Quando a mente do analista não ressoa ele deve buscar ressonância em si mesmo, e para tal terá que utilizar aspectos próprios, de sua mente, que serão emprestados ao paciente, como se empresta um tecido – tecido conectivo emocional – para preencher buracos vazios enquanto não é possível tessitura própria.

Dessa forma, o analista faz muito mais que desvelar aspectos existentes no inconsciente ou dar significado a elementos brutos – ele também fabrica tecido mental simbólico a partir de sua própria mente. Essa constatação nos obriga a conhecer, cada vez mais, a *pessoa real* do analista e sua participação na construção da mente onde ela nunca existiu.

6. Сестро: тука животот се случува во Битола. Ние навистина го пропушти, а мајка ми плаче кога тој се секава на проштална...

Imaginemos que alguém encontrasse, num lugar público, uma folha de papel com símbolos similares aos colocados acima, desconhecidos para ele. Se tentássemos colocar em forma narrativa parte de sua experiência emocional sofrida poderíamos usar termos como: perplexidade, curiosidade, irritação, desânimo, desinteresse, mais ou menos na sequência descrita – mas não iríamos além dessa pobre descrição.

Em geral a situação não teria qualquer consequência e a pessoa se afastaria do texto ou, eventualmente, o guardaria para buscar ajuda.

Suponhamos, no entanto, que a pessoa se considerasse um mais que orgulhoso conhecedor de símbolos e línguas e esses símbolos se lhe revelassem desconhecidos. Sua fantasia de onisciência tornaria a experiência emocional insuportável. Um observador da situação poderia nomeá-la teoricamente como resultado de

262 SONHO SEM SOMBRAS E SOMBRAÇÕES NÃO SONHADAS

"elementos beta + sentimentos de perseguição-depressão insuportáveis + não-mente incapaz de dar-lhes significado". Esse aglomerado traumático seria eliminado, em fantasia e concretamente, ignorando-se o texto (ou melhor, sua percepção e a memória do fato) e imaginando-se que com isso se eliminaria a experiência. Esta, no entanto, permanecerá traumática – transformada em fatos indigestos que potencialmente podem emergir como sinais e sintomas no corpo, na mente ou no ambiente social.

Imaginemos outra possibilidade: o texto foi enviado pelo correio por uma pessoa querida, ou por uma pessoa odienta. Evidentemente a experiência emocional será diferente em cada uma das situações. No primeiro caso entrará em jogo uma preconcepção de algo gratificante, no segundo caso de algo rancoroso.

Curiosidade sadia vinculada a L e K faria a pessoa buscar ajuda (alguém com "função alfa-tradutora") no primeiro caso. No segundo caso, como fruto de experiências sonhadas, poderia não haver interesse em sofrer com o ódio alheio, e o texto seria jogado – concreta e simbolicamente – no lixo.

No entanto, surge um dilema: e se a tradução do texto enviado pela pessoa odienta revelasse algum amor reparatório? Suportar a tradução do texto, mesmo que se revelasse odiento, não indicaria possibilidade de perdão – pelo menos perdão a si próprio por não ter podido transformar ódio em amor?

Entretanto, falsa esperança e possibilidade de vivenciar rancor traumático podem ser fruto de curiosidade, ingenuidade e arrogância – sinais-pistas anunciando ataque catastrófico à capacidade de pensar.

Experiências emocionais...

7. *Sonho*

Imaginemos, agora, que a página com caracteres similares aos descritos acima foi encontrada por um filho adulto entre os documentos antigos de sua mãe. Ao vê-lo percebeu, permeando a estranheza, alguma familiaridade que, no entanto, não era suficiente para deslindar o mistério. Observando-se, nas horas seguintes, percebeu um incômodo assustador associado a uma curiosidade criativa.

Durante aquela noite o filho acorda de um pesadelo, sonho interrompido – não-sonho. Ambiente nebuloso, escuro, difícil distinguir... multidões ... vagões de trem ... bebês ... uma mãe ... perigo ... Ao acordar imagem fugaz de letreiro com símbolos parecidos ao texto.

Instantaneamente vem à sua mente os termos: Skopia, Paulínia, Monastir. É tomado pela lembrança de um devaneio da véspera cuja lembrança havia reprimido: como num filme sobre guerra imaginara sua mãe saindo de sua terra, fuga do nazismo, longa viagem de navio, sua própria infância na América... Lembra-se agora que Skopia era o cidade onde sua mãe nascera e Monastir de onde ela saíra. Ou seria o contrário?

Agora intui que o texto era escrito em alguma língua balcânica, da terra de sua mãe. Estranho não ter pensado nisso antes... E logo se lembra que Paulínia é o nome de uma cidade onde lutara contra torturadores e se deixara torturar... Surpreende-se repetindo a palavra – Paulínia... Paulínia... até que Paulínia se transforma em... Polônia ... Em seguida vem à sua mente o levante do gueto de Varsóvia ...

Percebe, então, que o texto fora estímulo diurno que mobilizara seu aparelho de sonhar experiências emocionais em busca de sonhadores. Como num Google instantâneo, todas suas

264 SONHO SEM SOMBRAS E SOMBRAÇÕES NÃO SONHADAS

experiências simbolizadas (sua rede simbólica do pensamento) são examinadas, buscando-se conexão significante com os elementos beta do texto. Ao mesmo tempo, são estimuladas assombrações, sombras não sonhadas de experiências não simbolizadas – não--sonhos – que saem à luz na esperança de encontrar sentido através dos mesmos sonhadores.

O que ocorreu? Experiências emocionais indigestas, traumáticas, buscavam figurabilidade. O pensamento onírico de vigília a permite através de uma narrativa pictográfica que inclui imagens de guerra e migrações, logo reprimidas. Durante a noite elas ressurgem como cenas terroríficas que assinalam desesperados esboços de significado buscando ampliação e, ao mesmo tempo, terror por essa possibilidade. O sonho da noite, mesmo interrompido, vincula o texto que se buscava sonhar a memórias que vêm à mente ao despertar: Skopia, Paulínia, Monastir – signos derivados de marcas traumáticas. Seguem-se conexões – sentidos – ansiedade – reversões – novos símbolos – vinculações – desenvolvimento e ampliação da rede simbólica.

Esses sonhos e não-sonhos, ressonhados na situação analítica, ampliam os sentidos e significados. Por ex, descobre-se que a trama se constituía como expressão simbólica de atração mortífera do paciente por guetos-campos de concentração em conflito com busca de liberação. Esta, no entanto, se revelava imprudente, precoce e ingênua, por evitar fortalecimento de funções mentais. O trabalho de sonho da dupla permite que o analista – vivenciado nesse momento como agente nazista – se transforme em aliado libertador de aspectos internos. Esses sentidos atraem outros, que atraem outros... e outros... ao infinito...

Sonha-se um palimpsesto onde traumas sonhados recobrem outros traumas que recobrem outros traumas... que recobrem outros... transmitidos por gerações... outros... sem qualquer vestígio de registro... outros... dos primórdios da Humanidade... outros... anteriores a ela... outros...

Experiências emocionais traumáticas, que por serem traumáticas não puderam ser sonhadas. E que, por não poderem ser sonhadas se tornaram traumáticas. O que vem antes, o ovo ou a galinha?

8. Helen Keller: transformações em sonho

Em determinado momento Helen passa a "compreender a ligação entre as palavras e os objetos":

"Impacientada pelas repetidas tentativas que minha mestra fazia para que eu compreendesse as diferenças, agarrei a boneca nova e despedacei-a no chão. Sentindo os pedaços de brinquedo a meus pés, fiquei muito satisfeita. Eu não tinha amizade à boneca. No mundo do silêncio e trevas em que eu vivia não havia sentimentos fortes nem ternura. Depois de varrer os cacos para o lado do fogão, a professora me trouxe o chapéu e compreendi que íamos sair, para gozar o calor do sol. A ideia me fez pular de contente.

Descemos o atalho que dava para o poço, guiadas pelo perfume de madressilvas que aí se espalhavam numa latada. Uma pessoa estava tirando água, e a professora me pôs a mão no jato que escorria da caçamba. Enquanto eu me deliciava com a frescura dessa água, a professora tomou-me a outra mão e escreveu a palavra 'água', primeiro devagar, depois mais rápido (Anne desenhava com seu dedo na mão de Helen). Fiquei imóvel, com toda a atenção concentrada no movimento de seus dedos. De súbito, acudiu-me a lembrança imprecisa de alguma coisa há muito esquecida, e o mistério da linguagem se revelou, ali mesmo, ao meu espírito. Compreendi então que 'água' designava aquela coisa fresca que estava escorrendo pela minha mão. Esta palavra ganhou vida para mim;

266 SONHO SEM SOMBRAS E SOMBRAÇÕES NÃO SONHADAS

inundou meu espírito de uma coisa nova, que era, a um só tempo, esperança e alegria. [...]

Deixei o poço cheia de entusiasmo... Todo objeto tinha nome; todo nome lembrava uma ideia. Tudo o que apalpei, no caminho, já de volta, parecia ter vida; eu via as coisas sob um novo aspecto.

Uma vez em casa, lembrei-me da boneca quebrada. Fui, às apalpadelas, procurar os cacos perto do fogão e tentei debalde reuni-los. Meus olhos se encheram de lágrimas, porque compreendi que havia sido má. Pela primeira vez conheci o remorso.

No mesmo dia, aprendi muitas palavras novas. Não me recordo de todas, mas sei que entre elas havia "pai", "mãe", "irmã" e "professora", que me penetraram de uma sensação inefável, até então desconhecida por mim. Não podia existir no mundo criança mais feliz do que eu, repassando, na cama, todas as alegrias que esse dia venturoso me trouxera. Esperei o amanhecer com impaciência, coisa que nunca me havia sucedido" (Keller, 1908, p. 12).

O leitor já deve ter identificado o ódio destrutivo compulsivo dominando, a capacidade de aceitação e *rêverie* da professora (com seu Édipo elaborado), a significação de coisas-em-si transformadas em coisas-em-mim, o júbilo pela capacidade de pensar, amar e reparar, todas vindo – como um sopro divino – ao mesmo tempo. A boneca destruída já se constitui num primeiro elemento simbólico – com quase nenhuma utilidade para Helen, mas decifrada por Anne. Como a destruição foi *in effigie* e Anne vive com Helen vínculos emocionais L e K, esses vínculos se confundem com o sol, as flores, a água. No final do ciclo de transformações (Bion, 1965) a busca dos cacos da boneca serve como tentativa de reparar Anne e a capacidade de simbolizar e amar. Agora Helen pode ver sua sombra, si mesma, livre de assombrações coisas-em-si, e suas emoções ressoam como vida.

9. Equações

Contam que Einstein, muito ocupado, andava pelo seu laboratório examinando o que ocorria, seguido por um discípulo que queria mostrar-lhe novas formulações matemáticas que avançariam na resolução de um problema. Einstein lhe pedia que esperasse um pouco enquanto se dedicava a suas atividades, mas o discípulo, ansioso, insistia em segui-lo. Em determinado momento, incomodado com a desagradável insistência, Einstein parou e pediu que o discípulo lhe mostrasse as fórmulas. Einstein as olhou por uma fração de segundos e lhe disse, firmemente: "Está errado". O discípulo lhe pergunta? "Como? Por que?". Einstein responde: "Sua equação é muito feia!".

Proponho que o cientista Einstein, a partir de suas realizações anteriores, mantinha a preconcepção que soluções matemáticas são harmoniosamente belas. Se isto ocorresse teríamos uma experiência emocional de satisfação. Como a solução era feia, se tornou uma frustração e Einstein esperava que, ao dizer isso ao seu discípulo, este pudesse desenvolver seu aparelho de pensar para substituir essa frustração por uma nova equação, correta e por isso mesmo bela. (Não podemos excluir a hipótese de que a equação se tornara ainda mais feia porque a insistência do discípulo também era feia...)

Caso o discípulo não suportasse a frustração (tanto da equação feia como da raiva de Einstein) ele poderia abandonar o laboratório e seu trabalho. Nesta situação ocorreria o que Bion descreve como uma "psique que funcione com base no princípio de que evacuar um seio mau é sinônimo de obter um alimento de um seio bom" (Bion, 1962b, p. 103). Desta forma, analogicamente com a situação anterior, concluiríamos que evacuar um seio mau também seria uma experiência emocional de satisfação.

268 SONHO SEM SOMBRAS E SOMBRAÇÕES NÃO SONHADAS

Vejamos uma terceira possibilidade. Estimulado pelo desafio de Einstein o discípulo se debruça sobre a frustração, transformando-a num sonho que, pensado, levará a uma solução melhor do problema. Quando esse pensamento dá a luz uma experiência emocional de satisfação ocorrerá. Mas é uma experiência diferente das anteriores.

10. Notação

Comparemos as experiências físicas com as experiências emocionais. Sem grandes surpresas, como vimos acima, beleza e feiúra fazem parte de ambas.

"Considere uma descrição verbal do efeito de gravidade: solte uma bola e ela cairá. Este é um fato bastante evidente, mas vago pela forma como frustra os cientistas. Com que velocidade a bola cai? Cai em velocidade constante ou acelerada? Uma bola mais pesada cairia mais depressa? Mais palavras, mais sentenças dariam detalhes, mas ainda seriam incompletas. A maravilha da matemática é que ela captura precisamente em alguns símbolos o que só pode ser descrito em muitas palavras.

Esses símbolos, enfileirados numa ordem significativa, formam equações – que, por sua vez, constituem o corpo de conhecimento mais conciso e confiável do mundo. E assim é que a Física oferece uma equação muito simples para calcular a velocidade de uma bola caindo. [...] $v = gt$. Com ela calcula-se a velocidade da bola 2,5 segundos depois da sua soltura. (g é a aceleração da gravidade, que é de 9,6 metros por segundo, multiplicado por 2,5 segundos, dando uma resposta de 24 metros por segundo) [...].

Em relação à sua beleza... renomados cientistas têm (suas equações) favoritas... como... as equações da relatividade geral de Einstein, que descrevem como a matéria curva o tecido do espaço, e a equação de Schrödinger, a equação fundamental de mecânica quântica. 'Com um mero punhado de símbolos, elas descrevem quase todos os fenômenos do universo' [...].

Meia dúzia de pessoas... escolheu (por sua beleza) uma das equações mais simples... escreveu '1 + 1= 2 é o conto de fadas da matemática, a primeira equação que ensinei a meu filho, a primeira expressão do poder milagroso da mente para mudar o mundo real'. Lembro-me de meu filho levantando o dedo indicador, 'o dedo 1' de cada mão quando aprendeu a expressão, e o momento de assombro, talvez seu primeiro assombro verdadeiramente filosófico, quando ele viu que os dois dedos, separados por todo seu corpo, podiam ser reunidos num único conceito em sua mente" (Chang, 2004, p. 1).

11. Notação pessoal

Enquanto escrevia este texto descobri que, para consumo próprio e de uma forma não totalmente consciente, busco identificar nas experiências emocionais da sessão e da vida, algo que proponho (para mim mesmo) poder ser descrito com uma formulação numérica que, pretensiosamente, descreveria o Ser Humano psicanalítico.

$$SH = (1+ 1 = 1) <\longrightarrow> (1 + 1 = 3).$$

onde SH é Ser Humano, função da Capacidade de Sonhar e Pensar.

$(1 + 1 = 1)$ indica que *self* e objeto se confundem, não se discriminam, e

$(1 + 1 = 3)$ indica que *self* e objeto se discriminaram e, quando isso ocorre, descobre-se que não há 2 sem 3.

Corolário: $SH = (1 + 1= 2)$ está errado ou incompleto.

270 SONHO SEM SOMBRAS E SOMBRAÇÕES NÃO SONHADAS

SH pode sobreviver, como Ser Biológico quando $(1 + 1 = 1)$ mas, ao não desenvolver capacidade simbólica $(1 + 1 = 3)$, não se humanizará, não se tornará SH.

Aprofundamentos, certamente mais sensíveis, dessa formulação se encontram em PS <->D/continente-contido e, em maiores detalhes, nos estudos baseados na Grade (Bion, 1977).

O símbolo emerge quando há um espaço tal entre a coisa e mim que me permita percebê-la como separada de mim, relacionando-se comigo e também com outros seres e coisas. A coisa--em-si se transforma em coisa-em-mim, mas separada de mim. Preciso ficar uno com ela $(1 + 1 = 1)$ e, em seguida ou ao mesmo tempo, separar-me dela $(1 + 1 = 3)$. Esse movimento <—> representa a vida humana simbólica.

Sabemos que a capacidade de simbolizar ocorre quando posso manter a separação, mas a separação somente ocorre e pode ser mantida quando posso simbolizar. Este paradoxo segue a mesma direção de: somente posso viver na situação triangular se capaz de significá-la, isto é, de pensá-la, mas somente posso significá-la, pensá-la, se puder viver nela. Ou, PD se faz presente quando se elabora Édipo mas somente se elabora Édipo quando PD é possível. A dupla seta <-> indica esse movimento. Posso expandir essas situações a sonhar-simbolizar <-> (não-sonhar)-(não-simbolizar). Lembrando que < e > se constituem, sempre, no extremo de um contínuo, como o espectro das cores. E não há cores mais ou menos adequadas, mais ou menos belas ou mais ou menos feias: o que interessa é poder usar todo o espectro da forma que seja mais criativa.

Retomemos nosso tema. Somente posso dar-me conta de uma experiência emocional se puder simbolizá-la, mas somente posso simbolizar uma experiência emocional se me der conta dela. Se as proposições acima estiverem corretas estaríamos frente a um círculo, virtuoso ou vicioso, dependendo dos resultados.

Mas, como se iniciou esse quase moto perpétuo? Falta identificar algo que tenha iniciado a movimentação, o ovo (ou a galinha). (A analogia com fertilização não foi casual.) É possível que, se o identificarmos, descubramos também se se pode modificar o círculo, tornando virtuoso algo vicioso. Esta possibilidade interessa ao psicanalista.

Em psicanálise costumamos nomear esse algo de "seio" e função alfa. O seio-função-alfa é uma função pensante (não confundir "pensar" com "cognição": o pensar flui da experiência emocional). O seio-função-alfa pertence sempre a outro ser humano, o cuidador que vai desintoxicar-nos de nossos terrores de morte, modulá-los com esperança e introduzir-nos no mundo, onde sempre existem pelo menos 3.

12. Experiência e tornar-se experiente

Num primeiro momento a experiência emocional nos toma numa indiscriminação *self*-objeto. Como *somos* a experiência somente podemos sofrê-la, mas não sonhá-la e pensá-la. Nesse primeiro momento ainda não somos suficientemente Humanos.

Para tal temos que, ao mesmo tempo que *somos* a experiência, tomar distância dela. E, representá-la através de pensamentos que, por sua vez, pensam essas experiências.

Penso que para aproximar-nos da ideia bioniana de experiência temos que abandonar associações que nos são habituais - por exemplo, associar experiência com pessoa experiente. Não será difícil para quem já se acostumou (a duras penas) a imaginar a existência de pensamentos e pensadores que não os pensam, ou sonhos e sonhadores que não os sonham. Estamos frente a experiências emocionais que não transformaram o experienciador em experiente por falta de recursos para aprender com a experiência.

Essa confusão teria sido evitada se Bion tivesse usado outros termos para pensamentos sem pensador, ou experiências não experienciadas. Assim como Freud teria evitado maior confusão ainda se não tivesse usado o termo "sexual" para fenômenos ocorrendo nos bebês. Mas, felizmente, tanto Freud como Bion teimaram em manter os termos. Tiremos proveito disso.

Como temos visto uma experiência emocional somente se transforma em experiência – no sentido de algo *que torna alguém experiente, que se desenvolveu, aprendeu com a experiência* – se essa experiência tiver sido sonhada. Em outras palavras, experiências emocionais estão em busca de sonhadores e se aproximam da ideia de pensamento sem pensador. Logo, existem experiências nas categorias iniciais da grade – não experienciadas – mas elas somente se tornarão fatos que tornam alguém experiente (desenvolvimento em direção a C, D, E..., na Grade) se esse alguém puder sonhá-los e pensá-los.

Trabalho-de-sonho alfa implica em dar sentido, significar, simbolizar. Experiências emocionais não sonhadas ou simbolizadas nada significam e seu esboço de percepção busca ser eliminado. Fuga das experiências emocionais e ataque ao pensamento incipiente, ocorre no que Bion chamou reversão da função alfa resultando em elementos beta com traços de ego e super-ego, resíduos que contêm restos de sentido que, ao mesmo tempo, são descarregados e buscam novos sonhadores. Há outras formas de fuga: reversão de perspectiva, cisão, recusa, forclusão etc., o trabalho do negativo (Green, 2010a).

Penso que o fato das experiências emocionais não terem sido sonhadas não implica em que não foram registradas. Esse registro é vivenciado como traumático. O termo *trauma* indica justamente isso: experiências que não puderam ser sonhadas, ou porque sua intensidade e qualidade era superior à capacidade da mente de sonhá-las ou porque a mente não tinha desenvolvimento para sonhá-las. Lembro que, neste modelo, traumas são partes constituintes do Ser Humano mas podem também originar problemas e sofrimento.

Ainda para meu próprio uso, considero que existe um gradiente de sonho e, portanto, de trauma. Mais ainda, fatos com diferentes graus de significado (e de não significado) coexistem.

Imagino que este texto, na sua primeira versão, tinha mais elementos não significados ou pouco significados que nesta última versão. Seu significado poderá ser ampliado (ou revertido) numa próxima versão. O leitor poderá fazer o mesmo.

As experiências emocionais não sonhadas, mas guardadas como trauma se repetem e repetem sem solução, ora egossintônicos caracterológicos, ora como sintomas-descargas, ora como sintomas com símbolos deteriorados e esboçados, mas sempre com busca desesperada de pensadores que lhe deem sentido. Discussão de teorias que iluminem essa repetição se repetem e repetem, por vezes compulsivamente ...

13. Não-ver

É evidente (de "ver") a relação entre a visão e a transformação ou a evasão da experiência emocional. E, quando ela é sonhada, sua primeira manifestação é também visual – pictogramas e ideogramas frutos da função alfa.

Édipo fura seus olhos também para punir-se por não ter "visto" que suas experiências emocionais foram transformadas em não-sonho, –K – logo inacessíveis para torná-lo experiente.

Uma caricatura do trabalho do negativo quando perverso implica em fingir não ver a realidade, fingindo-se dessa forma que ela não existe (Cassorla, 1993). A inveja (de "in-vidia" – entrar com os olhos dentro do outro para destruí-lo) é transformada em seu oposto – também para não ser "vista" – mas esse esconder a revela ainda mais ao observador. A fantasia consciente faz crer que realidade não vista não existe. Por ser um mecanismo consciente implica em perversão proposital dos sentidos e não em psicose ainda que esta, certamente, esteja subjacente. Trata-se, portanto, de uma alucinação negativa mentirosa e de uma evacuação desejada mas impossível.

Retenção traumática e evacuação mentirosa remetem a analidade. Green (2010b): "Sua divisa se resume numa única frase: 'Você (ou seja, o outro) não existe'. Sem raiva, sem ódio, mas radicalmente: 'Eu não preciso, nem mesmo fechar minhas narinas para me proteger dos cheiros fétidos que de você emanam porque não sinto mais nada que vem de você. Cheirar o que você emite, ver o que você me dá ver, ou escutar o que você deixa ouvir, seria admitir implicitamente a sua existência. Ora, você não a tem. Você não chega a ser nem uma merda. Você é um monte de cinzas, poeira. E sua morte é retroativa. Você existiu somente por acidente, uma falha na humanidade que deve ser reabsorvida. Você não pode tampouco se tornar objeto de memória: culto ou lembrança. O luto do qual você tornar-se-ia objeto, lhe daria uma existência retroativa. Portanto, este luto não pode realizar-se. Você é um não-lugar (non-lieu)". "Esta é a abstração mortificante da analidade. Foi essa vivência que muitos nazistas tinham com respeito aos judeus, protegendo-se assim de qualquer sentimento de culpa" (p. 118).

Este mecanismo projetivo (que pode ter sido introjetado através do desprezo anal por parte dos objetos primários – identificação com o agressor) ao tornar os outros menos do que "merda" impedem as relações íntimas e a falsa intimidade cessa quando a outra pessoa não mais se submete ao controle anal. A situação triangular é insuportável e o outro será transformado num "merda" inexistente.

Minha experiência tem mostrado que, muitas vezes, o "merda" supostamente não-visto será difamado, vilipendiado, caluniado. Mas isso será feito às escondidas – secretamente – através de fofocas, cartas e falsas denúncias mas sempre 'anônimas'.

Pacientes portadores das configurações descritas atraem admiradores com deficiências narcísicas que os idealizam e não raro têm um séquito de seguidores. O grupo formado se sente superior e os outros grupos "não existem". Quando algum membro do séquito resolve ter mente própria instantaneamente é expulso e considerado não existente. Por vezes, se lhe dará a oportunidade de "penitenciar-se" se, através de "autocrítica", admitir que foi um "merda".(Pais 'educadores' fazem isso com crianças...)

Estes pacientes submetem o analista – relação dual – através de sedução idealizadora. Se o analista se deixa dominar por um lado amedrontado terá dificuldades em perceber o que ocorre ou, quando o percebe, intui os riscos de ser abandonado e difamado em seguida. O paciente busca outro analista falando mal do anterior e isso se repete compulsivamente por inúmeros analistas... até que o paciente encontra algum que se submeta, por exemplo, tornando-se "amigo" do paciente. Mas a função analítica se transformou em "merda". Tenho chamado situações desse tipo de "efeito Orton", nome de um personagem infame de Jorge Luis Borges que manipulava seres humanos em formas similares (Cassorla, 2008e).

276 SONHO SEM SOMBRAS E SOMBRAÇÕES NÃO SONHADAS

Em grupos sociais, quando se pode ver, as consequências são evidentes...

14. Meltzer

A experiencia emocional é o primeiro passo das experiências do pensamento. Núcleo do sentido, na mentalidade humana, distinguindo-as das variações quantitativas de excitação no aparelho neurofisiológico.

"... esta beleza e mistério despertam a inteligência do bebê para conhecer – e, isto é o importante, para *conhecer* a mãe em seu grande sentido bíblico – Melanie Klein claramente viu que também se desperta a estupidez da inveja ou o que Bion, com o tempo, terminará por chamar emoções negativas, o desejo de *mal*-entender. Sua jogada conceitual, opor as emoções negativas e positivas como os vínculos das relações mentais humanas (amor L, ódio H e conhecimento K) acabou com a confusa oposição tradicional entre amor e ódio. Seu esquema contrasta L, H e K, como vínculos de relação, frente a –L, –H e –K, os invejosos antivínculos: antiemoção, anticonhecimento, antivida" (Meltzer, 1986b, p. 25).

"Uma experiência emocional é um encontro com a beleza e o mistério do mundo que desperta um conflito entre L, H, K e –L, –H e –K. Embora o sentido imediato seja experimentado como emoções talvez tão diversas quanto os objetos capazes de evocá-las nessa forma imediata, sua significação se refere, em última instância, às relações humanas íntimas" (p. 26).

"... o sentido implica num complexo de experiências perceptuais que escapam do espectro de explicação de maneira causal e deve ser explorado pela imaginação, usando a simbolização, em primeira instância; ao ter partido do mundo finito da causalidade, o 'sentido' começa a navegar no mar infinito do universo do discurso onde nada pode ser provado, onde nada é correto ou incorreto. O único parâmetro de diferenciação deve ser altamente individual: ou nos interessa ou não nos interessa. 'Sim, este ponto de vista é interessante, mas acho que este é muito mais interessante'. Trata-se de um terreno em que uma crença é uma capitulação; 'até aqui e não mais', neste mar de discurso e exploração; onde o ato de proclamar estar no 'correto' revela a queda no –K" (p. 26).

"Se falamos do 'sentido' deste modo, onde a emoção constitui a manifestação primária, a significação deve ser vista como sua elaboração, dentro da imagem geral do mundo construída pela imaginação. Cada vez que uma emoção dá a luz uma nova 'ideia', desencadeia-se uma mudança catastrófica, anunciada por ansiedade catastrófica, pois toda a imagem-do-mundo (Money-Kyrle) deve re-ordenar-se para dar lugar à nova ideia. Isto nos proporciona algumas pistas para compreender os fatores que fazem com que se reverta a função alfa, especificamente, que os primeiros esboços de ansiedade catastrófica fazem suspeitar imediatamente de uma nova ideia incipiente" (p. 26-27).

Relações humanas íntimas serão aquelas em que as experiências emocionais são capazes de desencadear o pensamento. Opõem-se às causais, sem emoção ou às contratuais que impedem uma resposta espontânea. Faz parte do trabalho do analista proporcionar espaço para que relações íntimas ocorram no espaço contratado para tal. A dialética contratual-íntimo reflete sua necessidade: relações contratuais são necessárias para a sobrevivência, relações íntimas são necessárias para a humanização. A dupla seta <-> se impõe.

15. Mitos

O mito conta que Adão e Eva viviam tranquilamente $(1 + 1 = 1)$ a leste do Éden. Um dia, a serpente aguçou sua curiosidade. Então desobedeceram o mandamento divino e provaram o fruto proibido da árvore do conhecimento (K). Com isso "abriram-se seus olhos" e viram que estavam nus. (Isto é, viram a si mesmos, sua sombra discriminada: $1 + 1 = 3$.) Envergonhados, cobriram-se. Como punição pela desobediência foram expulsos do Paraíso e condenados a trabalhar e parir com dor.

Penso que essa narrativa descreve vicissitudes do momento em que o ser humano pensa, entra em contato catastrófico com a realidade (Cassorla, 2008b, 2010a).

(Lembremos que em modelos psicanalíticos pensar é o mesmo que discriminar si-mesmo de objeto, oscilar entre PS e PD, elaborar e viver na triangulação edipiana, sofrer e elaborar lutos, recuperar partes projetadas, dispor de função alfa, significar, sonhar, simbolizar, ampliar redes simbólicas, criar, transformar o mundo etc. e tudo isso é desencadeado *ao mesmo tempo*, como se uma centelha divina movimentasse um complexo sistema que transforma SB em SH.)

Ao abrirem os olhos, Adão e Eva percebem que, ao viverem na realidade, sofrem necessidades e desejos e, ao mesmo tempo, que essa realidade é frustrante. Metaforicamente a vida na realidade é confundida com os órgãos que a criaram ao percebê-la: mente--órgão sexual procriativo.

(Na Grécia Antiga, matava-se o mensageiro que trazia más notícias – melhor seria se ele se escondesse, como Adão e Eva vão fazer ao cobrirem os órgãos procriativos-mente.)

Até então Adão e Eva estavam impossibilitados de dar sentido-
-significado-mentalização-simbolização-ideação ao que sentiam
(mas não sabiam que sentiam). A frustração, que vem de dentro
e de fora, faz com que Adão e Eva se deem conta de ansiedade,
irritabilidade, medo, inveja.

Penso que Adão e Eva, ao saírem do Paraíso e entrarem em
contato com a realidade, conhecem o Inferno. No Paraíso nada
sabiam – agora, graças à árvore do conhecimento, sabem. Se antes viviam num mundo sem significado, povoado de coisas-em-si,
ameaçados de catástrofes com matizes persecutórias e depressivas
(Bion, 1963) – elementos beta – eles não sabiam disso. Ao come-
rem do fruto proibido toma-se consciência, categórica, do Inferno
e suas assombrações demoníacas.

Concomitantemente, esse contato com o Inferno pressiona
para que se constitua um aparelho para pensá-lo. Sair do Paraíso,
conhecer o Inferno e dar-lhe significado são fatos que ocorrem *ao
mesmo tempo*, pois somente se pode conhecer algo quando adquire
algum significado. Mas nem sempre isso é possível. "A experiência mostra que o homem pode se manter na loucura, para não ter
contato com a verdade, e pode enlouquecer, porque tomou contato
com ela" (Franco Filho, 2006, p. 10).

A expulsão do Paraíso, o conhecimento da realidade, do Inferno, e sua transformação (através do pensamento), mostram a
vida em ação. A vida na Terra, onde há que trabalhar para dar à luz
pensamentos. A Terra, a realidade, não é o Paraíso (o Tudo), mas o
Inferno transformado, compreendido, possível de ser sonhado.

A capacidade de pensar (função alfa) não vem de chofre. Quando Adão e Eva comeram o fruto proibido eles já possuíam certas
capacidades: esboço de percepção de árvore, curiosidade, conside-

280 SONHO SEM SOMBRAS E SOMBRAÇÕES NÃO SONHADAS

ração por serpente, desobediência. Isto é, mesmo antes do pecado original existia algo potencial em desenvolvimento. Psicanalistas nomearão esse 'antes' como fantasias originárias, primordiais, pre-concepções em busca de realizações. A serpente, Deus, o fruto, se oferecem para tal. Isto é, a totalidade já contém, em potência, cisão, separação, discriminação, espaço para o terceiro, possibilidade de contato com a realidade.

Em outras palavras, mesmo no Paraíso, a inquietude humana estimulava movimento – impulso epistemofílico K. O psicanalista praticante, mesmo atraído por Paraíso (por ex., teorias tomadas como certezas oniscientes), deve mergulhar constantemente no Inferno (perseguições pelos demônios-sombrações do não-saber) para poder transformá-lo em Terra, mundo da realidade, onde a frustração demanda trabalho e dor para dar à luz novas ideias.

Woody Allen, o cineasta, sabiamente nos lembra como é penoso viver na realidade mas se consola ao perceber que "é o único lugar onde se pode comer um bom bife com batatas fritas". Essa deliciosa refeição demanda todo um difícil e potencialmente frustrante trabalho de caça, criação de animais, obtenção de carne, semeadura e colheita de batatas, fritura, tempero etc. Similar ao trabalho de nossa mente que deve transformar – ingerir-sonhar--cozinhar – a experiência emocional gado+sementes em bife-com--batatas-fritas metabolizados pelo corpo-mente. Dessa forma a experiência passa a fazer parte desse mesmo corpo-mente, da rede simbólica do pensamento.

Lembrando que se não há ingestão sem resíduos não há sonho sem áreas de não-sonho.

16. Concluindo

Tenho esperança que este texto tenha estimulado experiências emocionais e trabalho de sonho no colega leitor. E que esse trabalho de sonho questione e amplie aspectos da rede simbólica que utilizei na tentativa de representar minhas próprias experiências. Minha inabilidade em colocar em símbolos escritos determinados aspectos pode, eventualmente, ter dificultado esse trabalho.

очитуван колега: Мило ми е да се има стимулираат неговата љубопитност. Се надевам дека читањето е помогнаа оо убаво да сонуваш. Рузвелт.

Nota

1. O vampiro não reflete sua própria imagem no espelho – não tem sombra. Sua dependência do objeto (1+1=1) impede diferenciação. Mais ainda: não se diferencia morte de vida, o que mantém o vampiro num estado de suspensão morto-vivo (Rosa, 2010). O analista frente a sonhos sem sombra (variedade de não-sonho) corre o risco de ser vampirizado, sem o perceber, mantendo-se nesse estado de suspensão, não vivo nem morto.

Referências

Abreu, A. A. (2006). The act of interpretation. *International Journal of Psychoanalysis, 87*, 953-964.

Apfelbaum, L. (2008). Some comments on "Break point" by Stella M. Yardino. *International Journal of Psychoanalysis, 89*, 249-252.

Austin, J. L. (1990). *Quando dizer é fazer*. Porto Alegre, RS: Artes Médicas.

Azevedo, A. M. A. (1994). Validation of the psychoanalytical clinical process: the role of dreams. *International Journal of Psychoanalysis, 75*, 1181-1192.

Azvaradel, J. R. (Org.). (2005). *Linguagem e construção do pensamento*. São Paulo: Casa do Psicólogo.

Balint, E. (1968). The mirror and the receiver. In *Before I was I: psychoanalysis and the imagination* (pp. 57-62). London: Guilford Press, 1993.

Baranger, M., & Baranger, W. (1961-1962). The analytic situation as a dynamic field. *International Journal of Psychoanalysis, 89*, 795-826, 2008.

284 REFERÊNCIAS

Baranger, M., Baranger, W., & Mom, J. (1982). Processo e não processo no trabalho analítico. *Revista FEPAL*, setembro de 2002, 114-131. (*Revista de Psicoanálisis, 39*, 4, 527-549; *International Journal of Psychoanalysis, 64*, 1-15, 1983).

Barros, E. M. R. (2000). Affect and pictographic image: the constitution of meaning in mental life. *International Journal of Psychoanalysis, 81*, 1087-1099.

Barros, E. M. R. (2002). An essay on dreaming, psychical working out and working through. *International Journal of Psychoanalysis, 83*, 1083-1093.

Barros, E. M. R. (2005). Trauma, símbolo e significado. In M. O. A. França (Org.), *Trauma psíquico: uma leitura psicanalítica e filosófica da cultura moderna* (pp. 109-127). São Paulo: SBPSP (Acervo Psicanalítico).

Barros, E. M. R. (2011). Reflections on the clinical implication of symbolism. *International Journal of Psychoanalysis, 92*, 879-901.

Barros, E. M. R. (2013). Formlessness: deformation, transformations. Dream, figurability and symbolic transformation. In *Congresso da Federação Europeia de Psicanálise*. Basel, Switzerland.

Barros, E. M. R., & Barros, E. L. R. (2014). The function of evocation in the working-through of the countertransference: projective identification, reverie and the expressive function of the mind. In H. B. Levine, & G. Civitarese, *The Bion tradition: lines of development — evolution of theory and practice over the decades*. London: Karnac.

Barros, E. M. R., Gabbard, G. O., & Williams P. (2005). IJP Rio Conference. *International Journal of Psychoanalysis, 86*, 609-613.

Bateman, A. W. (1998). Thick and thin-skinned organizations and enactment in borderline and narcissistic disorders. *International Journal of Psychoanalysis, 79*, 13-25.

Bernardi, R., & De León De Bernardi, B. (2012). The concepts of vínculo and dialectical spiral: a bridge between intra and inter-subjectivity. *Psychoanalytic Quarterly, 81*, 531-564.

Bianco, S. M. (1996). Distúrbios do sono, um fértil campo para a investigação psicossomática. *Boletim de Psiquiatria*, São Paulo, *30*, 37-40.

Bion, W. R. (1957). Differentiation of the psychotic from the non--psychotic personalities. In *Second thoughts: selected papers on psycho-analysis* (pp. 43-64). London: Heinemann, 1967.

Bion, W. R. (1958). On arrogance. In *Second thoughts: selected papers on psycho-analysis* (pp. 86-92). London: Heinemann, 1967.

Bion, W. R. (1959). Attacks on Linking. In *Second Thoughts — Selected Papers on Psycho-Analysis* (pp. 93-109). London: Heinemann, 1967.

Bion, W. R. (1961). *Experiences in groups*. London: Routledge, 2001.

Bion, W. R. (1962a). A theory of thinking. In *Second thoughts: selected papers on psycho-analysis* (pp. 110-119). London: Heinemann, 1967.

Bion, W. R. (1962b). *Learning from experience*. London: Heinemann.

Bion, W. R. (1963). *Elements of psychoanalysis*. London: Heinemann.

Bion, W. R. (1965). *Transformations*. London: Heinemann.

Bion, W. R. (1967). Notes on memory and desire. In E. B. Spillius (Ed.), *Melanie Klein today, vol 2, Mainly practice* (pp. 17-21). London: Routledge, 1988.

Bion, W. R. (1970). *Attention and interpretation*. London: Tavistock.

286 REFERÊNCIAS

Bion, W. R. (1975). *A memoir of the future: the dream.* Rio de Janeiro: Imago.

Bion, W. R. (1977). *Two papers: The grid and caesura.* Rio de Janeiro: Imago.

Bion, W. R. (1980). *Bion in New York and São Paulo.* Pertshire, Scotland: Clunie Press.

Bion, W. R. (1992). *Cogitations.* London: Karnac.

Bohleber, W., Fonagy, P., Jiménez, J. P., Scarfone, D., Varvin, S., & Zysman, S. (2013). Towards a better use of psychoanalytic concepts: a model illustrated using the concept of enactment. *International Journal of Psychoanalysis, 94,* 501-530.

Bollas, C. (1992). *A sombra do objeto: psicanálise do conhecido não pensado.* Rio de Janeiro: Imago.

Bollas, C. (2013). *O momento freudiano.* São Paulo: Roca.

Bokanowski, T. (2005). Variations on the concept of traumatism: traumatism, traumatic, trauma. *International Journal of Psychoanalysis, 86,* 251-265.

Bonaminio, V. (2008). The person of the analyst: interpretation, not interpretating and countertransference. *Psychoanalytic Quarterly, 77,* 1105-1146.

Borensztejn, C. L. (2009). El enactment como concepto clínico convergente de teorías divergentes. *Revista de Psicoanálisis, Buenos Aires, 46,* 177-192.

Botella, C., & Botella, S. (2001). A pesquisa em psicanálise. In A. Green (Org.), *Psicanálise Contemporânea* (pp. 421-442). Rio de Janeiro: Imago, 2003.

Botella, C., & Botella, S. (2003). *La figurabilidad psíquica.* Buenos Aires, Argentina: Amorrortu.

Botella, C., & Botella, S. (2013). Psychic figurability and unrepresented states. In H. B. Levine, G. S. Reed, & D. Scarfone, *Unrepresented states and the construction of meaning* (pp. 95-120). London: Karnac.

Brandão, J. S. (1986). *Mitologia grega* (Vol. 1). São Paulo: Vozes.

Brandão, J. S. (1992). *Mitologia grega* (Vol. 3). São Paulo: Vozes.

Britton, R. (1998). *Belief and imagination: explorations in psychoanalysis.* London: Routledge.

Britton, R. (1999). Getting on the act: the hysterical solution. *International Journal of Psychoanalysis, 80,* 1-14.

Brown, L. (2005). The cognitive effects of trauma: reversal of alpha function and the formation of a beta screen. *Psychoanalytic Quarterly, 74,* 397-420.

Brown, L. J. (2010). Klein, Bion, and intersubjectivity: becoming, transforming, and dreaming. *Psychoanalytical Dialogues, 20,* 669-682.

Brown, L. J. (2011). *Intersubjective processes and the unconscious: an integration of Freudian, Kleinian and Bionian perspectives.* New York: Routledge.

Brown, L. J. (2013). Bion at a threshold: discussion of papers by Britton, Cassorla, Ferro and Foresti. *Psychoanalytic Quarterly, 82,* 413-433.

Calich, J. C. (2009). What do our patients think when we do not think? In *IPA Congress,* Chicago.

Canelas Neto, J. M. (2003). Comentário sobre o caso Bernardo supervisionado por André Green. *Revista Brasileira de Psicanálise, 37,* 53-67.

Caper, R. (1995). Sobre a dificuldade de fazer uma interpretação mutativa. In *Tendo mente própria: uma visão kleiniana do self e do objeto* (pp. 59-75). Rio de Janeiro: Imago.

288 REFERÊNCIAS

Caper, R. (1996). Sobre a função alfa. In: *Tendo mente própria: uma visão kleiniana do self e do objeto* (pp. 189-202). Rio de Janeiro: Imago, 2002.

Caper, R. (1997). Uma teoria do continente. In *Tendo mente própria: uma visão kleiniana do self e do objeto* (pp. 203-226). Rio de Janeiro: Imago, 2002.

Caper, R. (1999). *Tendo mente própria: uma visão kleiniana do self e do objeto.* Rio de Janeiro: Imago, 2002.

Cassorla, R. M. S. (1985). Depression and suicide in adolescence. In Pan American Health Association (Org.), *The Health of Adolescents and Youths in the Americas* (pp. 156-169). Washington, DC: PAHO.

Cassorla, R. M. S. (1986). Reações de aniversário: aspectos clínicos e teóricos. *Jornal de Psicanálise, 38,* 25-39.

Cassorla, R. M. S. (1993). Complexo de Édipo, vista grossa, curiosidade e catástrofe psicológica. *Revista Brasileira de Psicanálise, 27,* 607-626.

Cassorla, R. M. S. (1995). Comunicação primitiva e contra-reações na situação analítica. *Arquivos de Psiquiatria, Psicoterapia e Psicanálise, 2,* 11-33.

Cassorla, R. M. S. (1997). No emaranhado de identificações projetivas cruzadas com adolescentes e seus pais. *Revista Brasileira de Psicanálise, 31,* 639-676.

Cassorla, R. M. S. (1998a). Objetividade, confidencialidade e validação: três problemas e uma surpresa na apresentação de material clínico. *Jornal de Psicanálise, 31*(57), 93-112.

Cassorla, R. M. S. (1998b). O tempo, a morte e as reações de aniversário. In *Do suicídio: estudos brasileiros* (2a ed., pp. 107-116). Campinas, São Paulo: Papirus.

Cassorla, R. M. S. (1998c). *Do suicídio: estudos brasileiros* (2a ed.). Campinas, São Paulo: Papirus.

Cassorla, R. M. S. (1998d). *Da morte: estudos brasileiros* (2a ed.). Campinas, São Paulo: Papirus.

Cassorla, R. M. S. (1998e). Suicídio, homicídio precipitado pela vítima e totalitarismo. In: Associação Brasileira de Psiquiatria (Org.), *Cidadania e direito à saúde mental* (pp. 1-14). São Paulo: Próxis.

Cassorla, R. M. S. (1998f). Psicanálise e surto psicótico: considerações sobre aspectos técnicos. *Revista Brasileira de Psicanálise, 32*, 721-746.

Cassorla, R. M. S. (2000). Reflexões sobre teoria e técnica psicanalítica com pacientes potencialmente suicidas. *Alter: Revista de Estudos Psicodinâmicos, 19*(1), 169-186 (parte 1); *19*(2), 367-386 (parte 2).

Cassorla, R. M. S. (2001). Acute enactment as resource in disclosing a collusion between the analytical dyad. *International Journal of Psychoanalysis, 82*, 1155-1170. (*Revista Brasileira de Psicanálise, 38*, 521-540, 2004).

Cassorla, R. M. S. (2003). Estudo sobre a cena analítica e o conceito de "colocação em cena da dupla" ("enactment"). *Revista Brasileira de Psicanálise, 37*, 365-392.

Cassorla, R. M. S. (2004). Procedimentos, colocação em cena da dupla ("enactment") e validação clínica em psicoterapia psicanalítica e psicanálise. *Revista de Psiquiatria do Rio Grande do Sul, 25*, 426-435.

Cassorla, R. M. S. (2005a). From bastion to enactment: The "non--dream" in the theatre of analysis. *International Journal of Psychoanalysis, 86*, 699-719. (*L'Année Psychanalytique Internationale, 4*, 67-86, 2006; *Revista Brasileira de Psicanálise, 41*, 51-

290 REFERÊNCIAS

68, 2007; *L'Annata Psicoanalitica Internazionale*, *3*, 75-94, 2008; *Revista de Psicoanálisis (Buenos Aires)*, *62*, 137-161, 2010).

Cassorla, R. M. S. (2005b). Considerações sobre o sonho-a-dois e o não-sonho a dois no teatro da análise. *Revista de Psicanálise da Sociedade Psicanalítica de Porto Alegre*, *12*, 527-552.

Cassorla, R. M. S. (2007). The analyst, his "Mourning and Melancholia", analytical technique and enactment. In L. G. Fiorini, T. Bokanowsky, & S. Lewkowicz (Ed.), *On Freud's "Mourning and Melancholia"* (pp. 71-89). London: IPA Publications.

Cassorla, R. M. S. (2008a). The analyst's implicit alpha-function, trauma and enactment in the analysis of borderline patients. *International Journal of Psychoanalysis*, *89*, 161-180. (*Internationale Psychoanalyse*, *4*, 83-112, 2009; *Livro Anual de Psicanálise*, *24*, 61-78, 2009; *Libro Anual de Psicoanálisis*, *24*, 55-70, 2009).

Cassorla, R. M. S. (2008b). Desvelando configurações emocionais da dupla analítica através de modelos inspirados no mito edípico. *Revista Brasileira de Psicoterapia*, *10*, 37-48.

Cassorla, R. M. S. (2008c). O analista, seu paciente e a psicanálise contemporânea: considerações sobre indução mútua, enactment e não-sonho-a-dois. *Revista Latinoamericana de Psicoanálisis*, *8*, 189-208. (*Alter: Revista de Estudos Psicanalíticos-Brasília*, *27*(1), 19-40, 2009).

Cassorla, R. M. S. (2008d). Depressão e suicídio no estudante de medicina e no médico. In K. B. S. Guimarães (Org.), *Saúde mental do médico e do estudante de medicina* (pp. 171-188). São Paulo: Casa do Psicólogo.

Cassorla, R. M. S. (2008e). Identificação precoce de obstruções do campo analítico: a pessoa real do analista e o efeito Orton. In *Congresso Latino-Americano de Psicanálise*. Santiago, Chile.

Recuperado de http://fepal.org/images/congresochile2008/clinico/cassorla2008.pdf.

Cassorla, R. M. S. (2009a). Reflexões sobre não-sonho-a-dois, enactment e função alfa implícita do analista. *Revista Brasileira de Psicanálise, 43*, 91-120. (Inglês, versão reduzida: Reflections on non-dream-for-two, enactment and the analyst's implicit alpha-function. In: Levine, H. B. & Brown, L. J. (Org.). *Growth and turbulence in the container-contained: Bion's continuing legacy.* London and New York: Routledge, 2013, pp. 151-176).

Cassorla, R. M. S. (2009b). O analista, seu paciente adolescente e a psicanálise atual: sete reflexões. *Revista de Psicanálise da Sociedade Psicanalítica de Porto Alegre, 16*, 261-278.

Cassorla, R. M. S. (2009c). Transtorno de pânico e estados primitivos da mente. In M. T. B. França, & T. R. L. Haundenschild (Ed.), *Constituição da vida psíquica (pp. 169-202).* São Paulo: Hirondel.

Cassorla, R. M. S. (2010a). A leste do Éden: loucura, feitiço e suicídio. *Revista Brasileira de Psicanálise, 44*, 147-157.

Cassorla, R. M. S. (2010b). Édipo, Tirésias, o oráculo e a esfinge: do não-sonho às transformações em sonho. In C. J. Rezze, E. S. Marra, & Petricciani, M. (Orgs.), *Psicanálise: Bion. Teoria e clínica (pp. 110-131).* São Paulo: Vetor.

Cassorla, R. M. S. (2012a). What happens before and after acute enactment? An exercise in clinical validation and broadening of hypothesis. *International Journal of Psychoanalysis, 93*, 53-89. (*Libro Anual de Psicoanálisis, 28*, 57-78; *Livro Anual de Psicanálise, 28*(1), 77-101, 2014).

Cassorla, R. M. S. (2012b). Transferindo aspectos inomináveis no campo analítico: uma aproximação didática. *Revista de Psicanálise da Sociedade Psicanalítica de Porto Alegre, 19*, 61.

292 REFERÊNCIAS

Cassorla, R. M. S. (2012c). Sonho sem sombras e sombrações não sonhadas: reflexões sobre experiência emocional. In C. Rezze, E. S. Marra, & M. Petricciani (Orgs.), *Afinal, o que é experiência emocional em psicanálise?* (pp. 195-232). São Paulo: Primavera.

Cassorla, R. M. S. (2013a). In search of symbolization. The analyst task of dreaming. In H. Levine, G. Reed, & D. Scarfone (Orgs.), *Unrepresented states and the construction of meaning. Clinical and theoretical contributions* (pp. 202-219). London: Karnac.

Cassorla, R. M. S. (2013b). When the analyst becomes stupid. An attempt to understand enactment using Bion's theory of thinking. *Psychoanalytic Quarterly, 82*, 323-360.

Cassorla, R. M. S. (2013c). Afinal, o que é esse tal enactment? *Jornal de Psicanálise, 46*(85), 183-198.

Cassorla, R. M. S. (2013d). O analista, seu paciente adolescente e a estupidez no campo analítico. *Calibán-Revista Latinoamericana de Psicanálise, 11*, 43-65.

Cassorla, R. M. S. (2013e). El trabajo de sueño del analista: en busca de la simbolización. *Revista de la Asociación Psicoanalítica de Madrid, 69*, 75-110.

Cassorla, R. M. S. (2014a). Em busca da simbolização: sonhando objetos bizarros e traumas iniciais. *Revista Brasileira de Psicanálise, 48*, 141-153.

Cassorla, R. M. S. (2014b). Commentary to case Ellen: the silent movies. *International Journal of Psychoanalysis, 95*, 93-102.

Cassorla, R. M. S. (2014c). Cuando el analista se torna estúpido: enactment como manifestación de dificultades en el proceso de simbolización. In A. Vertzner Marucco (Org.), *Metapsicología. Una clínica con fundamentos* (pp. 95-114). Buenos Aires, Argentina: Asociación Psicoanalítica Argentina y Lugar Editorial.

Cassorla, R. M. S., & Smeke, E. L. M. (1995). Autodestruição humana. *Cadernos de Saúde Pública, 10*(1), 61-73.

Cavell, M. (1998). Triangulation, one's own mind and objectivity. *International Journal of Psychoanalysis, 79*, 449-467.

Chang, K. (2004). What makes an equation beautiful. *New York Times*, October 24 2004. (*O Estado de S. Paulo*, 31 de outubro de 2004).

Chaves, L. P. (2012). Recent contributions from clinical research: on mental processing, on dreams and dreaming, and on the role of phantasies about parental couple relationships. *International Journal of Psychoanalysis, 93*, 750-775.

Churcher, J. (2008). Some notes on the english translation of "The analytic situation as a dynamic field" by W and M Baranger. *International Journal of Psychoanalysis, 89*, 785-793.

Chused, J. F. (1991). The evocative power of enactments. *Journal of the American Psychoanalytical Association, 39*, 615.

Chuster, A. (2003). *A Psicanálise: dos princípios ético-estéticos à clínica.* Rio de Janeiro: Cia. de Freud.

Civitarese, G. (2013a). The inaccessible unconsciuos and reverie as path of figurability. In H. B. Levine, G. S. Reed, & D. Scarfone. *Unrepresented States and the Construction of Meaning* (pp. 220-239). London: Karnac.

Civitarese, G. (2013b). *The violence of emotions: Bion and Post-Bionian Psychoanalysis.* New York: Routledge.

De León de Bernardi, B. (2013). Field theory as a metaphor and metaphors in the analytic field and process. *Psychoanalytic Inquiry, 33*, 247-266.

Deserno, H. (2007). Traumdeutung in der gegenwärtigen psychoanalytischen Therapie. *Psyche-Z Psychoanal., 61*, 913-942.

294 REFERÊNCIAS

Devereux, D. (2006). Enactment: some thoughts about the therapist's contribution. *British Journal of Psychotherapy, 22*, 497-508.

Dunn, J. (1995). Intersubjetividade em psicanálise: uma revisão crítica. In *Livro Anual de Psicanálise IX* (pp. 201-216). São Paulo: Escuta.

Ellman, S. J., & Moskovitz, M. (Eds.). (1998). *Enactment: toward a new approach to the therapeutic relationship*. Northvale, NJ: Jason Aronson.

Faimberg, H. (1996). Listening to listening. *International Journal of Psychoanalysis, 77*, 667-677.

Fédida, P. (1991). *Nome, figura e memória*. São Paulo: Escuta.

Ferro, A. (1995). *A técnica na psicanálise infantil*. Rio de Janeiro: Imago.

Ferro, A. (1998). *Na sala de análise*. Rio de Janeiro: Imago.

Ferro, A. (2000). *A psicanálise com literatura e terapia*. Rio de Janeiro: Imago.

Ferro, A. (2002). Some implications of Bion's thought: The waking dream and narrative derivatives. *International Journal of Psychoanalysis, 83*, 597-607.

Ferro, A. (2005). *Fatores de doença, fatores de cura — gênese do sofrimento e da cura psicanalítica*. Rio de Janeiro: Imago.

Ferro, A. (2006). Clinical implications of Bion thought. *International Journal of Psychoanalysis, 87*, 989-1003.

Ferro, A. (2009). Transformations in dreaming and characters in the psychoanalytical field. *International Journal of Psychoanalysis, 90*, 209-230.

Feldman, M. (1997). Projective identification: the analyst's involvement. *International Journal of Psychoanalysis, 78*, 227.

Figueiredo, L. C. (2003). *Elementos para a clínica contemporânea.* São Paulo: Escuta.

Figueiredo, L. C. (2006). Sense of reality, reality testing and reality processing in borderline patients. *International Journal of Psychoanalysis, 87,* 769-787.

Fogel, G. T. (2008). The origins of acts of love: a discussion of "Break point" by Stella M. Yardino. *International Journal of Psychoanalysis,* 253-258.

Fonagy, P. (1991). Thinking about thinking: some clinical and theoretical considerations in the treatment of a borderline patient. *International Journal of Psychoanalysis, 72,* 639-656.

Franco Filho, O. M. (2000). Quando o analista é alvo da magia de seu paciente: considerações sobre a comunicação inconsciente de estado mental do paciente ao analista. *Revista Brasileira de Psicanálise, 34,* 687-709.

Franco Filho, O. M. (2006). A experiência dos místicos e a do psicanalista sob o vértice de Bion. *Revista Brasileira de Psicanálise, 40*(3), 33-47.

França, J. B. N. (1997). Intersubjetividade e psicanálise. *Revista Brasileira de Psicanálise, 31,* 381-400.

Freud, S. (1900). *A interpretação dos sonhos.* Rio de Janeiro: Imago (Edição Standard Brasileira, Vols. 4 e 5).

Freud, S. (1905a). *Fragmento da análise de um caso de histeria.* Rio de Janeiro: Imago. (Edição Standard Brasileira, Vol. 7).

Freud, S. (1905b). *Sobre a psicoterapia.* Rio de Janeiro: Imago. (Edição Standard Brasileira, Vol. 7).

Freud, S. (1911). *Formulações sobre os dois princípios de funcionamento mental.* Rio de Janeiro: Imago. (Edição Standard Brasileira, Vol. 12).

296 REFERÊNCIAS

Freud, S. (1912a). *A dinâmica da transferência.* Rio de Janeiro: Imago. (Edição Standard Brasileira, Vol. 12).

Freud, S. (1912b). *Recomendações aos médicos que exercem a psicanálise.* Rio de Janeiro: Imago. (Edição Standard Brasileira, Vol. 12).

Freud, S. (1913). *Sobre o início do tratamento.* Rio de Janeiro: Imago. (Edição Standard Brasileira, Vol. 12).

Freud, S. (1914). *Recordar, repetir e elaborar.* Rio de Janeiro: Imago. (Edição Standard Brasileira, Vol. 12).

Freud, S. (1915). *O inconsciente.* Rio de Janeiro: Imago. (Edição Standard Brasileira, Vol. 14).

Freud, S. (1917). *Luto e melancolia.* Rio de Janeiro: Imago. (Edição Standard Brasileira, Vol. 14).

Freud, S. (1918). *Da história de uma neurose infantil.* Rio de Janeiro: Imago. (Edição Standard Brasileira, Vol. 17).

Freud, S. (1920). *Além do princípio do prazer.* Rio de Janeiro: Imago. (Edição Standard Brasileira, Vol. 18).

Freud, S. (1923). *O ego e o id.* Rio de Janeiro: Imago. (Edição Standard Brasileira, Vol. 19).

Freud, S. (1926). *Inibições, sintomas e angústia.* Rio de Janeiro: Imago. (Edição Standard Brasileira, Vol. 20).

Freud, S. (1930). *O mal-estar na civilização.* Rio de Janeiro: Imago. (Edição Standard Brasileira, Vol. 21).

Freud, S. (1933). *Novas conferências introdutórias à psicanálise.* Rio de Janeiro: Imago. (Edição Standard Brasileira, Vol. 22).

Freud, S. (1937). *Construções em análise.* Rio de Janeiro: Imago. (Edição Standard Brasileira, Vol. 23).

Freud, S. (1940). *Esboço de psicanálise*. Rio de Janeiro: Imago. (Edição Standard Brasileira, Vol. 23).

Friedman, L. (2008). Is there life after enactment? The idea of a patient's proper work. *Journal of the American Psychoanalytical Association, 56*, 431-453.

Gabbard, G. O. (1995). Countertransference: the emerging common ground. *International Journal of Psychoanalysis, 76*, 475-485.

Gabbard, G. O. (2000). Disguise or consent: problems and recommendations concerning the publication and presentation of clinical material. *International Journal of Psychoanalysis, 81*, 1071-1086.

Gabbard, G. O. (2006). Enactment contratransferencial e violação de fronteiras. In J. Zaslavsky, & M. J. P. Santos (Orgs.), *Contratransferência: teoria e prática clínicas* (pp. 236-243). Porto Alegre, RS: Artmed.

Galipeau, S. (2009). Journal review — papers on enactment: Cassorla, Ivey, Morgan. *Journal of Analytical Psychology, 54*, 561-564.

Gastaud, M. B., Padoan, C. S., & Eizirik, C. L. (2014). Initial improvement in adult psychodynamic psychotherapy. *British Journal of Psychotherapy, 30*, 243-262.

Gheller, J. H. (2010). Um *après-coup* do analista. *Revista Brasileira de Psicanálise, 44*, 61-72.

Ginzburg, C. (1986). Sinais: raízes de um paradigma indiciário. In *mitos, emblemas, sinais: morfologia e história* (pp. 143-180). São Paulo: Companhia das Letras, 1990.

Guignard, F. (1997). Universalidade e especificidade das contribuições de WR Bion a uma teoria psicanalítica do pensamento. In

298 REFERÊNCIAS

M. O. A. França (Org.), *Bion in São Paulo-Ressonâncias* (pp. 253-262). São Paulo: SBPSP.

Green, A. (1975). *La concepción psicoanalítica del afecto*. Ciudad de México, México: Siglo 21.

Green, A. (1988a). *Narcisismo de vida, narcisismo de morte*. São Paulo: Escuta.

Green, A. (1988b). *Sobre a loucura pessoal*. Rio de Janeiro: Imago.

Green, A. (1998). The primordial mind and the work of the negative. *International Journal of Psychoanalysis, 79*, 649-656.

Green, A. (2008). *Orientações para uma psicanálise contemporânea*. Rio de Janeiro: Imago.

Green, A. (2010a). *O trabalho do negativo*. Porto Alegre, RS: Artmed.

Green, A. (2010b). *El pensamiento clínico*. Buenos Aires, Argentina: Amorrortu.

Greenacre, P. (1950). General problems of acting-out. *Psychoanalytical Quarterly, 19*, 455-467.

Greenberg, J. (2013). Editor's Introduction: Bion across Cultures. *Psychoanalytical Quarterly, 82*, 271-276.

Grinberg, L. (1957). Perturbaciones en la interpretación por la contraidentificación proyectiva. *Revista de Psicoanálisis, 14*, 23.

Grinberg, L. (1967). Función del soñar y clasificación clínica de los sueños en el proceso analítico. In *Psicoanalisis — Aspectos teóricos y clínicos* (pp. 187-208). Buenos Aires, Argentina: Alex Editor, 1976.

Grinberg, L. (1982). Más allá de contraidentificación proyectiva. In *XIV Congreso Latinoamericano de Psicoanálisis*.

Grinberg, L. (1996). *El Psicoanalisis es Cosa de Dos*. Valencia, España: Promolibro.

Grotstein, J. S. (1984). A proposed revision of the psychoanalytic concept of primitive mental states, part II — the borderline syndrome-section 2: the phenomenology of the borderline syndrome 2. *Contemporary Psychoanalysis, 20*, 77-119.

Grotstein, J. S. (2000). *Who is the Dreamer Who Dreams the Dream? A Study of Psychic Presences.* Hillsdale, MI: Analytic Press.

Grotstein, J. (1990). Nothingness, meaningless, chaos and "the black hole": I — The importance of nothingness, meaningless and chaos in Psychoanalysis; II — The black hole. *Contemporary Psychoanalysis, 26*, 257-290 (part I); 26, 337-407 (part II).

Grotstein, J. (2007). *A Beam of Intense Darkness.* London: Karnac.

Grotstein, J. (2009). *"... But at the same time and on another level...": psychoanalytic theory and technique in the Kleinian/ Bionian mode.* London: Karnac.

Gus, M. (2007). Acting, enactment e a realidade psíquica em cena no tratamento analítico de estruturas borderlines. *Revista Brasileira de Psicanálise, 41*, 45-53.

Hartke, R. (2005). The basic traumatic situation in the analytical relationship. *International Journal of Psychoanalysis, 86*, 267-290.

Heimann, P. (1950). On countertransference. *International Journal of Psychoanalysis, 31*, 81-84.

Hinshelwood, R. D. (1999). Countertransference. *International Journal of Psychoanalysis, 80*, 797.

Imbasciati, A. (2006). Uma explicação da gênese do trauma no quadro da Teoria do Protomental. *Revista de Psicanálise da Sociedade Psicanalítica de Porto Alegre, 13*, 75-102.

300 REFERÊNCIAS

Isaacs, S. (1948). The nature and function of phantasy. In J. Riviere (Ed.), *Developments in psycho-analysis* (pp. 67-201). London: Hogarth, 1952.

Ivey, G. (2008). Enactment controversies: a critical review of current debates. *International Journal of Psychoanalysis, 89*, 19-38.

Jacobs, T. J. (1986). On countertransference enactments. *Journal of the American Psychoanalytical Association, 34*, 289-307.

Jacobs, T. (2001). On misreading and misleading patients: some reflections on communication, miscommunication and countertransference enactments. *International Journal of Psychoanalysis, 82*, 653-669.

Jacobs, T. (2006). Reflexões sobre o papel da comunicação inconsciente e do enactment contratransferencial na situação analítica. In J. Zaslavsky, & M. J. P. Santos (Eds.), *Contratransferência: teoria e prática clínica* (pp. 81-97). Porto Alegre, RS: Artmed.

Joseph, B. (1982). O vício pela quase-morte. In M. Feldman, & E. B. Spillius (Orgs.), *Equilíbrio psíquico e mudança psíquica: artigos selecionados de Betty Joseph* (pp. 133-143). Rio de Janeiro: Imago, 1992.

Joseph, B. (1985). Transferência: a situação total. In M. Feldman, & E. B. Spillius (Orgs.), *Equilíbrio psíquico e mudança psíquica: artigos selecionados de Betty Joseph* (pp. 162-172). Rio de Janeiro: Imago, 1992.

Joseph, B. (1989). *Psychic equilibrium and psychic change: selected papers of Betty Joseph*. M. Feldman, & E. B. Spillius (Eds.). London: Routledge.

Junqueira Filho, L. C. U. (2003). *Sismos e acomodações: a clínica psicanalítica como usina de ideias*. São Paulo: Rosari.

Kafka, F. (1961). *Parables and paradoxes in German and English*. New York: Schocken.

Keller, H. (1902). *The story of my life*. Recuperado de www.gutenberg.org/cache/epub/2397/pg2397.html.

Keller, H. (1908). *The world I live in*. Recuperado de www.gutenberg.org/files/27683

Kernberg, O. (1980). *Internal World and External Reality*. New York: Jason Aronson.

Kernberg, O. F. (1994). Validation in the clinical process. *International Journal of Psychoanalysis, 75*, 113-114.

Klein, M. (1932). *Psicanálise da criança*. São Paulo: Mestre Jou, 1969.

Kein, M. (1946). Notas sobre alguns mecanismos esquizoides. In *Inveja e Gratidão e outros trabalhos (1946-1963)* (Obras Completas, Vol. 3, pp. 17-43). Rio de Janeiro: Imago, 2006.

Klein, M. (1952). As origens da transferência. In *Inveja e Gratidão e outros trabalhos (1946-1963)* (Obras Completas, Vol. 3, pp. 70-79. Rio de Janeiro: Imago, 2006.

Klein, M. (1957). Inveja e gratidão. In *Inveja e gratidão e outros trabalhos (1946-1963)* (Obras Completas, Vol. 3, pp. 205-267). Rio de Janeiro: Imago, 2006.

Khan, M. R. (1963). The concept of cumulative trauma. *Psychoanalytical Study Child, 18*, 286-306.

Korbivtcher, C. F. (2010). *Transformações autísticas: o referencial de Bion e os fenômenos autísticos*. Rio de Janeiro: Imago.

Kundera, M. (1985). *A insustentável leveza do ser*. Rio de Janeiro: Nova Fronteira.

Langer, S. K. (1979). *Philosophy in a new key: a study in the symbolism of reason, rite and art* (3a ed.). Cambridge, England: Harvard University Press.

302 REFERÊNCIAS

Laplanche, J., & Pontalis, J. B. (1995). *Vocabulário da psicanálise.* Santos, SP: Martins Fontes.

Levenson, J. (2006). Response to John Steiner. *International Journal of Psychoanalysis, 87,* 321-324.

Levine, H. B. (2010). Partners in thought: working with unformulated experience, dissociation, and enactment. By Donnel B. Stern. *Psychoanalytic Quarterly, 79,* 1166-1177.

Levine, H. B. (2012). The colourless canvas: representation, therapeutic action and the creation of mind. *International Journal of Psychoanalysis, 93,* 607-629.

Levine, H. B., & Brown, L. J. (2013). *Growth and turbulence in the container/contained: Bion's continuing legacy.* New York: Routledge.

Levine, H. B., & Friedman, R. J. (2000). Intersubjectivity and interaction in the analytic relationship: a mainstream view. *Psychoanalytic Quarterly, 69,* 63-92.

Levine, H., Reed, G., & Scarfone, D. (2013). *Unrepresented states and the construction of meaning. Clinical and theoretical contributions.* London: Karnac.

Levy, R. (2012). From symbolizing to non-symbolizing within the scope of a link from drams to shouts of terror caused by an absent presence. *International Journal of Psychoanalysis, 93,* 837-862.

López-Corvo, R. (2006). *Wild thoughts searching for a thinker: a clinical application of W. R. Bion's theories.* London: Karnac.

Lothane, Z. (2009). Dramaturgy in life, disorder and psychoanalytic therapy: a further contribution to interpersonal psychoanalysis. *International Forum of Psychoanalysis, 8,* 135-148.

Lutenberg, J. (2007). *El vacío mental.* Lima, Perú: Siklos.

Luz, A. B. (2009). Truth as a way of developing and preserving the space for thinking in the minds of the patient and the analyst. *International Journal of Psychoanalysis, 90*, 291-310.

Mann, D. (2009). Enactment and trauma: the therapist's vulnerabily as the theatre for the patient's trauma. In D. Mann, & V. Cunningham (Eds.), *The past in the present: therapy enactments and the return of trauma* (pp. 9-30). New York: Routledge.

Mann, D., & Cunningham, V. *Past in the present: therapy enactments and the return of trauma.* Hove, England: Taylor & Francis.

Marchon, P. (2001). Para além da transferência e da contratransferência. *Revista Brasileira de Psicanálise, 35*, 503-529.

Marchon, P. (2006). Beyond transference, countertransference, the silences and the opinion. *International Journal of Psychoanalysis, 87*, 63-61.

Marchon, P. (2009). Roosevelt Cassorla e os enactments mútuos. In *Flutuando atentamente com Freud e Bion* (pp. 157-160). Rio de Janeiro: Imago.

Marks-Tarlow, T. (2014). Brain science as the analytic fourth: commentary on paper by Michael J. Gerson. *Psychoanalytical Dialogues, 24*, 236-246.

Marucco, N. C. (1998). *Cura analítica y transferencia. De la represión a la desmentida.* Buenos Aires, Argentina: Amorrortu.

Marucco, N. C. (2007). Between memory and destiny: repetition. *International Journal of Psychoanalysis, 88*, 309-328.

Melsohn, I. (2001). *Psicanálise em nova chave.* São Paulo: Perspectiva.

McDougall, J. (1989). *Teatros do eu.* Rio de Janeiro: Francisco Alves.

McDougall, J. (1991). *Teatros do corpo.* São Paulo: Martins Fontes.

McLaughlin, J. T. (1991). Clinical and theoretical aspects of enactment. *Journal of the American Psychoanalytic Association, 39*, 595-614.

McLaughlin, J. T., & Johan, M. (1992). Enactments in psychoanalysis. *Journal of the American Psychoanalytic Association, 40*, 827-841.

Meltzer, D. (1975). *Explorations in autism.* Pertshire, Scotland: Clunie Press.

Meltzer, D. (1978). *The Kleinian development 3: the clinical significance of the work of Bion.* Pertshire, Scotland: Clunie Press.

Meltzer, D. (1983). *Dream-life: re-examination of the psycho--analytical theory and techniques.* Strathtay, Scotland: Clunie.

Meltzer, D. (1986a). *Studies in extended metapsychology. Clinical Applications of Bion's ideas.* Reading, England: Clunie Press.

Meltzer, D. (1986b). What is an emotional experience. In D. Meltzer, *Studies in extended metapsychology* (pp. 21-330). Reading, England: Clunie Press.

Meltzer, D. (2005). *The vale of the soulmaking: The post-kleinein model of the mind.* London: Karnac.

Mendonça, B. H. C. (2000). A identidade de ficção. In *Anais do II Encontro do Núcleo de Psicanálise de Campinas e Região.* Campinas, SP: NPCR, pp. 22-32.

Michels, R. (1994). Validation in the clinical process. *International Journal of Psychoanalysis, 75*, 1133-1140.

Minerbo, M. (2009). *Neurose e não neurose.* São Paulo: Casa do Psicólogo.

Money-Kyrle, R. E. (1956). Normal counter-transference and some of its deviations. *International Journal of Psychoanalysis, 37*, 360-366.

Moss, D. (2013). Recent contributions: clinical research. In *IPA Congress*, Mexico.

Nos, J. P. (2014). Collusive induction in perverse relating: Perverse Enactments and Bastions as a Camouflage for Death Anxiety. *International Journal of Psychoanalysis*, 95, 291-311.

Ogden, T. (1989a). Sobre el concepto de una posición autista-contigua. In *Libro Anual de Psicoanálisis 1989* (pp. 153-166). Lima, Perú: Imago SRL.

Ogden, T. (1989b). *The primitive edge of experience*. Northvale, NJ: Jason Aronson.

Ogden, T. (1996a). O terceiro analítico: trabalhando com fatos clínicos intersubjetivos. In *Os sujeitos da psicanálise* (pp. 57-101). São Paulo: Casa do Psicólogo.

Ogden, T. (1996b). O conceito de ato interpretativo. In *Os sujeitos da psicanálise* (pp. 103-132). São Paulo: Casa do Psicólogo.

Ogden, T. (1996c). *Os sujeitos da psicanálise*. São Paulo: Casa do Psicólogo.

Ogden, T. (2005). *This art of psychoanalysis: dreaming undreamt dreams and interrupted cries*. Hove, England: Routledge.

Ogden, T. (2013). *Reverie e interpretação: captando algo humano*. São Paulo: Escuta.

Orbach, S. (2009). Enactment and informative experience in the light of the analyst as a new object. In *IPSO*, Chicago.

Panel. (1999). Enactment: an open panel discussion. *Journal Clinical Psychoanalysis*, 8, 32-82.

Paz, C. A. (2007a). Del agieren al enactment: un siglo de cambios y avances. *Revista de Psicoanálisis (Asociación Psicoanalítica de Madrid)*, 50, 59-71.

306 REFERÊNCIAS

Paz, C. A. (2007b). Desde el baluarte al enactment. El no sueño en el teatro del análisis, de Roosevelt M. Smeke Cassorla. *Revista de Psicoanálisis (Madrid), 50*, 218-225.

Paz, C. A. (2009). Lugar y importancia de los sueños en los pacientes borderline: acerca de nuestras posibilidades interpretativas en estos análisis. *Revista de Psicoanálisis (Asociación Psicoanalítica de Madrid), 57*, 109-125.

Person, E. S., & Klar, H. (1994). Establishing trauma: the difficulty distinguishing between memories and fantasies. *Journal of the American Psychoanalytical Association, 42*, 1055-1081.

Pichon-Rivière, E. (1980). *Teoría del vínculo*. Buenos Aires, Argentina: Nueva Visión.

Pick, I. B. (1985). Working through in the countertransference. *International Journal of Psychoanalysis, 66*, 157-166.

Pistiner de Cortiñas, L. (2011). *Sobre el crecimiento mental: ideas de Bion que transforman la clinica psicoanalitica*. Buenos Aires, Argentina: Biebel.

Ponsi, M. (2012). Evoluzione del pensiero psicoanalitico. Acting out, agieren, enactment. *Rivista di Psicoanalisi, 58*, 653-670.

Racker, H. (1948). La neurosis de contratransferencia. In *Estudios sobre Técnica Analítica* (pp. 182-221). Buenos Aires, Argentina: Paidós, 1977.

Racker, H. (1953). Los significados y usos de la contratransferencia. In *Estudios sobre Técnica Analítica* (pp. 222-295). Buenos Aires, Argentina: Paidós, 1977.

Reed, G. S. (2013). An empty mirror: reflections on nonrepresentation. In H. Levine, G. Reed, & D. Scarfone (Eds.), *Unrepresented states and the construction of meaning. Clinical and theoretical contributions* (pp. 18-41). London: Karnac.

Renik, O. (1998). The analyst's subjectivity and the analyst's objectivity. *International Journal of Psychoanalysis, 79*, 487-497.

Renik, O. (1999). Playing one's cards face up in analysis: an approach to the problem of self-disclosure. *Psychoanalytic Quarterly, 68*, 521-539.

Rey, H. (1994). *Universals of psychoanalysis in the treatment of psychotic and borderline states.* London: Free Association.

Rezende, A. M. (1995). *Wilfred R. Bion: uma psicanálise do pensamento.* Campinas, SP: Papirus.

Rezze, C. J. (2001). O sonho, o quase sonho e o não sonho. In M. O. A. França, M. C. I. Thomé, & M. Petricciani (Orgs.), *Transformações e Invariâncias: Bion SBPSP: Seminários Paulistas* (pp. 97-116). São Paulo: Casa do Psicólogo.

Ribeiro, M. M. M. (1999). Rêverie hostil e rêverie benigno. *Revista Brasileira de Psicanálise, 33*(3), 431-447.

Ribeiro, P. M. M. (2007). Sonhando sonhos com quem não aprendeu a sonhar. In Associação Brasileira de Psicanálise. *Prática psicanalítica: especificidade, confrontações e desafios: Anais do Congresso Brasileiro de Psicanálise* (pp. 1-16). São Paulo: Casa do Psicólogo.

Rocha, N. J. N. (2009). Enactment como modelo para pensar o processo analítico. *Revista Brasileira de Psicanálise, 43*, 173-182.

Roughton, R. E. (1993). Useful aspects of acting-out: repetition, enactment, and actualization. *Journal of the American Psychoanalytical Association, 41*, 43-471.

Rosa, A. M. (2010). Coisas de vampiro. *Jornal do Centro de Estudos Luis Guedes, 21*(68), 14-15.

Rosas de Salas, C. (2010). *Dolor psíquico en las fronteras de lo analizable.* Buenos Aires, Argentina: Psicolibro.

308 REFERÊNCIAS

Rose, J. (Ed.). (2007). *Symbolization: representation and communication*. London: Karnac.

Rosenfeld, H. (1965). *Psychotic states: a psychoanalytical approach*. New York: International University Press.

Rosenfeld, H. (1987). *Impasse and interpretation*. New York: Tavistock.

Ruvinsky, D. (2012). What happens before and after acute enactments? An exercise in clinical validation and the broadening of hypotheses. Roosevelt. M. S. Cassorla. *Revista de Psicoanálisis (Asociación Psicoanalitica de Madrid), 66,* 228-229.

Sanchez Grillo, M. R. (2004). Juego y "enactment" en psicoanálisis de niños. *Asociación Psicoanalítica de Buenos Aires, 26,* 407-419.

Sandler, J. (1976). Countertransference and role-responsiveness. *International Review of Psychoanalysis, 3,* 43-47.

Sandler, J. (1993). On communication from patient to analyst: not-everything is projective identification. *International Journal of Psychoanalysis, 74,* 1097-1107.

Sandler, P. C. (1997). The apprehension of psychic reality: extensions in Bion's theory of alpha-function. *International Journal of Psychoanalysis, 78,* 43-52.

Sandler, P. C. (2005). *The language of Bion.* London: Karnac.

Sandler, P. C. (2009). *A clinical application of Bion's concepts: dreaming, transformation, containment and change* (Vol. 1). London: Karnac.

Sandler, P. C. (2011). *A clinical application of Bion's concepts: analytic function and the function of the analyst* (Vol. 2). London: Karnac.

R. M. S. CASSORLA 309

Sandler, P. C. (2013). *A clinical application of Bion's concepts: verbal and visual approaches to reality* (Vol. 3). London: Karnac.

Sapienza, A. (2001). O trabalho de sonho-alfa do psicanalista na sessão: intuição-atenção-interpretação. In M. C. I. Thomé, M. O. A. F. França, & M. Petricciani (Orgs.), *Transformações e invariâncias: Bion-SBPSP: seminários paulistas (pp. 17-25).* São Paulo: Casa do Psicólogo, 2001.

Sapienza, A. (2009). Função alfa: ansiedade catastrófica-pânico--continente com rêverie. In C. Rezze, E. S. Marra, & M. Petricciani (Orgs.), *Psicanálise: Bion – transformações e desdobramentos* (pp. 51-59). São Paulo: Casa do Psicólogo.

Sapisochin, G. (2007). Variaciones post-freudianas del Agieren: sobre la escucha del puesto en acto. *Revista de Psicoanálisis, 50,* 73-102.

Sapisochin, G. (2012). A escuta da regressão no processo analítico. *Revista Brasileira de Psicanálise, 46*(3), 90-105.

Sapisochin, S. (2013). Second thoughts on Agieren: listening the enacted. *International Journal Psychoanalysis, 94*(5), 967-991.

Scarfone, D. (2013). From traces to signs; presenting and representing. In H. Levine, G. Reed, & D. Scarfone (Eds.), *Unrepresented states and the construction of meaning: clinical and theoretical contributions* (pp. 75-84). London: Karnac.

Schreck, A. (2010). Eugenia: la "puesta en acto" en el proceso analítico. *Publicación del Instituto de Psicoanálisis, Asociación Psicoanalítica Mexicana,* México.

Schultz, L. M. J. (2010). Comentários sobre uma entrevista: Bion e o método. *Alter-Revista de Estudos Psicodinâmicos, 28,* 141-154.

Schwartz, H. P. (2013). Neutrality in the field: alpha-function and the dreaming dyad in psychoanalytic process. *Psychoanalytic Quarterly, 82*, 587-613.

Segal, H. (1957). Notes on symbol formation. *International Journal of Psychoanalysis, 38*, 391-397.

Segal, H. (1981). The function of dreams. In *The work of Hanna Segal — A kleinian approach to clinical practice*. New York: Jason Aronson.

Sófocles (1989). Édipo Rei. In *A trilogia tebana*. Rio de Janeiro: Jorge Zahar.

Spillius, E. B., & O' Shaughnessy, E. (Eds.). (2012). *Projective Identification: The Fate of a Concept*. New York: Routlege.

Steiner, J. (1993). *Psychic Retreats: Pathological Organizations in Psychotic, Neurotic and Borderline Patients*. London: Routledge.

Steiner, J. (1996). The aim of psychoanalysis in theory and in practice. *International Journal of Psychoanalysis, 77*, 1073-1083.

Steiner, J. (2000). Containment, enactment and communication. *International Journal of Psychoanalysis, 81*, 245-255.

Steiner, J. (2006). Interpretative enactments and the analytic setting. *International Journal of Psychoanalysis, 87*, 315-320.

Steiner, J. (2009). Can the analyst think while enacting? In *IPA Congress*, Chicago.

Stern, D. N., Sander, L. W., Nahum, J. P., Harrison, A. M., Lyons-Ruth, K., Morgan, A. C., . . . Tronick, E. Z. (1998). Non-interpretive mechanisms in psychoanalytic therapy: the "something more" than interpretation. *International Journal of Psychoanalysis, 79*, 903-921.

Steyn, L. (2013). Tactics and empathy: defences against projective identification. *International Journal of Psychoanalysis, 94*, 1093-1113.

Strachey, J. (1934). The nature of the therapeutic action of psychoanalysis. *International Journal of Psychoanalysis, 15*, 127-159. Republicado *50*, 275-292, 1969.

Strauss, L. (2012). Sexuality in analysis: analytic listening and enactment. *International Journal of Psychoanalysis, 93*, 753-754.

Symington, N. (1983). The analyst act of freedom as agent of therapy change. *International Review of Psychoanalysis, 10*, 283-291.

Symington, J., & Symington, N. (1996). *The clinical thinking of Wilfred Bion*. London: Routledge.

Tabak de Bianchedi, E. (Org.). (1999). *Bion Conocido, Desconocido*. Buenos Aires, Argentina: Lugar.

Tabak de Bianchedi, E. (2008). Volviendo a pensar sobre la misteriosa funcion alfa. In *Bion en Roma*.

Tuckett, D. (1994). Developing a grounded hypothesis to understand a clinical process: the role of conceptualisation in validation. *International Journal of Psychoanalysis, 75*, 1159-1180.

Tustin, F. (1981). *Autistic states in children*. London: Routledge.

Verissimo, L. (2000). Comentarios del trabajo de R. Cassorla. *Revista Uruguaya de Psicoanálisis, 92*, 63-68.

Wieland, C. (2008). Chronic and acute enactment: the passive therapist and the perverse transference. In D. Mann, & V. Cunningham (Eds.), *Past in the present: therapy enactments and the return of trauma* (pp. 182-197). Hove, England: Taylor & Francis.

Winnicott, D. (1949). Hate in the countertransference. *International Journal of Psychoanalysis, 30*, 69-75.

Winnicott, D. (1974). Fear of breakdown. *International Review of Psychoanalysis, 1*, 103-107.

312 REFERÊNCIAS

Yardino, S. (2008). "Break point": a significant moment in the transference. *International Journal of Psychoanalysis, 9*, 241-247.

Yerushalmi, H. (2013). On the therapist's yearning for intimacy. *Psychoanalic Quarterly, 82*, 671-687.

Zaslavsky, J. (1997). A questão da intersubjetividade na prática clínica. *Revista Brasileira de Psicanálise, 31*, 309-321.